연결合 도시

과학과 예술, 도시에서 만나다

엮은이 / 박영선
펴낸이 / 강동권
펴낸곳 / (주)이학사

1판 1쇄 발행 / 2017년 4월 20일

등록 / 1996년 2월 2일 (등록번호 제 03-948호)
주소 / 서울시 종로구 윤보선길 65(안국동 17-1) 우 03061
전화 / 02-720-4572 · 팩스 / 02-720-4573
홈페이지 / ehaksa.kr
이메일 / ehaksa1996@gmail.com
페이스북 / facebook.com/ehaksa · 트위터 / twitter.com/ehaksa

© 고등과학원, 2017, Printed in Seoul, Korea.
ISBN 978-89-6147-293-7 94000
　　　978-89-6147-185-5 94000(세트)

이 책의 저작권은 저자가 가지고 있습니다.
저작권법에 의해 보호를 받는 저작물이므로 이 책 내용의 일부 또는 전부를 재사용하려면
저작권자와 (주)이학사 양측의 동의를 얻어야 합니다.

이 서적 내에 사용된 일부 작품은 SACK를 통해 VG Bild-Kunst와 저작권 계약을 맺은 것입니다.
저작권법에 의하여 한국 내에서 보호를 받는 저작물이므로 무단 전재 및 복제를 금합니다.

* 책값은 뒤표지에 표시되어 있습니다.

이 도서의 국립중앙도서관 출판시도서목록(CIP)은 e-CIP 홈페이지(http://www.nl.go.kr/
ecip)와 국가자료공동목록시스템(http://www.nl.go.kr/kolisnet)에서 이용하실 수 있습니다.
(CIP제어번호: CIP2017008349)

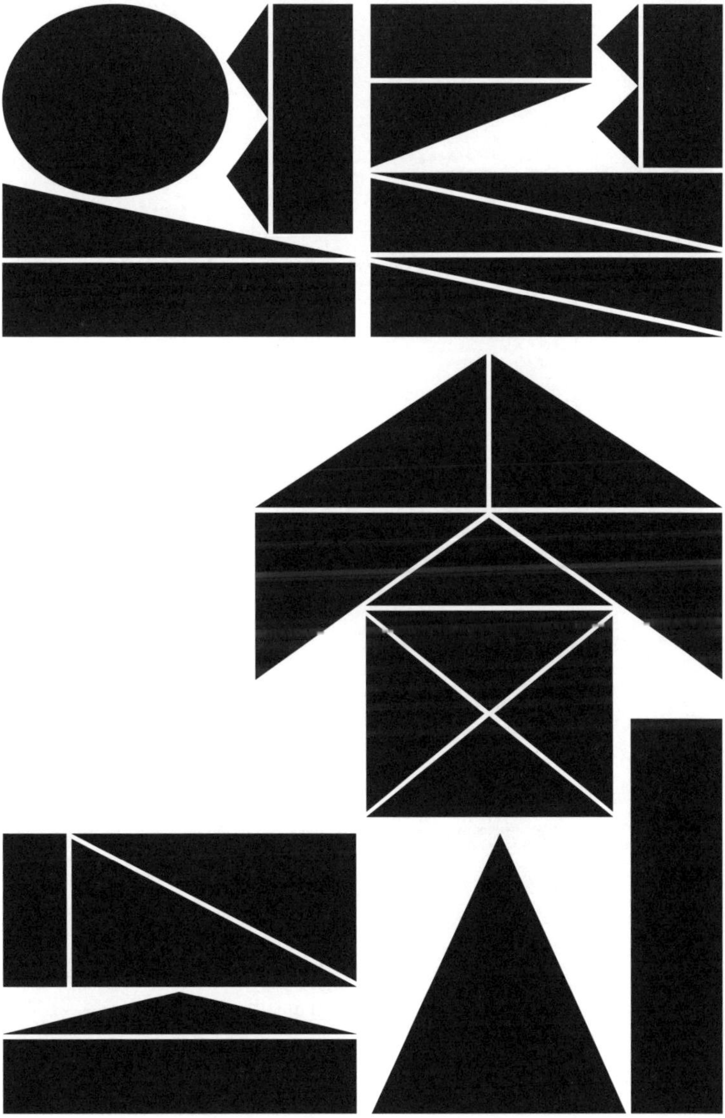

연결合 도시

박영선 엮음

KIAS
고등과학원 초학제연구총서
007

과학과 예술, 도시에서 만나다

이학사

일러두기

1. 이 책은 고등과학원이 주관하는 초학제 연구 프로그램에서 2014년부터 2015년까지 수행된 인디트랜스 협업 팀 도시-에의 연구 과정과 결과물을 정리해서 엮은 것이다.
2. 과학자들과 인문·사회 분야의 연구자들, 예술가들이 3년 동안 자유로운 대화와 초학제연구를 지속해온 인디트랜스의 활동 과정을 정리해서 「부록」으로 실었다.
3. 부호의 쓰임은 다음과 같다.

    『 』: 도서, 잡지, 학회지 제목

    「 」: 논문, 시, 장 제목

    〈 〉: 그림, 사진, 영화, 작품, 공연 제목

    《 》: 연작, 전시 제목

    ( ): 부연 설명, 출전, 한자 및 원어 병기

    [ ]: 음이 다른 한자 병기

머리말

이 책의 구성

고등과학원 초학제연구총서 제6권 『체계와 예술』, 제7권 『연결합 도시: 과학과 예술, 도시에서 만나다』는 고등과학원에서 주관하는 초학제 연구 프로그램에서 2012년부터 2015년까지 약 3년간 지속되었던 과학자와 인문·예술가의 연구 그룹 인디트랜스(Indie-Trans)의 활동에서 생산된 자료들의 일부를 정리한 것이다. 이 두 권의 책은 같은 시기에 대위법적으로 진행된 두 갈래의 세미나의 내용을 담고 있다. 따라서 내용과 형식 면에서 서로 조응하고 연결되는 하나의 쌍을 이루고 있다. 두 권의 책 모두에 동일한 「부록: 인디트랜스의 활동 과정」을 덧붙였다. 고등과학원의 수학자와 물리학자, 인문·사회 분야의 연구자, 예술가들이 장기간 대화를 지속해온 인디트랜스의 사례가 국내외적으로 흔치 않기 때문에 소략하나마 그 과정의 흐름을 정리했다. 초학제 연구의 특성상 동일한 어휘를 다양한 분야의 연구자들과 예술가들이 매우 다른 개념의 층위에서 사용할 수밖에 없다. 어휘의 다양한 용례를 독자들이 일목요연하게 파악할 수 있도록 각 권의 끝에

「찾아보기」를 넣었다. 지은이들의 다채로운 어휘 사용법을 통해서, 독자들은 경계를 넘어서 새로운 앎과 삶을 지향하는 초학제적 대화 과정에 접근할 수도 있을 것이다. 「참고문헌」에서는 지은이들이 인용한 자료 외에 책의 내용 전반을 이해하는 데 필요하다고 생각되는 문헌들을 추가했다.

연결합 도시: 과학과 예술, 도시에서 만나다

이 책은 2014년부터 2015년까지 인디트랜스 협업 팀 도시-에의 연구가 진행되던 과정의 흐름을 보여준다. 팀원들이 협업 초기에 그려간 밑그림들, 그리고 1년여의 집중된 대화의 기록과 협업 과정에서 생산된 다양한 형식의 설계도와 협업을 마무리하는 심포지엄의 자료들, 과학자들과 예술가들의 대담 내용이 담겨 있다.

이 책의 첫 번째 부분인 '스케치들: 공감각적 도시를 위하여'는 대위법적으로 구성되어 있다. 왼쪽 면에서는 파란 글씨로 세미나 내용 중 협업의 개념 설정 과정에서 중요했던 부분을 정리한 「대화」가 전개되고, 오른쪽 면에서는 검은 글씨로 함성호가 제안한 최초의 기획안 「도시는 어떻게 인간의 마음을 담을 수 있는가?」를 필두로, 수학자 최재경의 「4차원 인간」, 물리학자 전응진의 「숨겨진 차원?」, 소설가 서준환의 「서울과 프라하, 근대적 시공간이 형성될 무렵의 몸살」과 같은 다양한 아이디어 스케치들이 동시에 전개된다. 협업 전반기에 팀원들이 월 2-3회 열리는 세미나에서 지속적인 대화를 나누면서 각자의 작업 영역에서 도시 공간과 위상 및 차원의 문제를 어떻게 조망하고 접근하면서 밑그림을 그려나갔는지를 보여주는 글과 그림들을 생산했는데, 이 과정을 독자에게 전달하기 위한 배치이다.

사실 도시-에 팀이 생산한 여러 형식의 성과들 중에서 특별한 의미를 갖는 것은 끝날 줄 모르고 이어지던 흥미진진한 대화의 과정 자체이다. 팀원들이 만날 때마다 네댓 시간씩, 종종 그보다 더 길게 이어지던 세미나의 세밀하고 집중된 대화 내용은 협업 팀의 연구와 작업, 그리고 과학자들과 예술가들의 이해와 연대에 풍부한 자양을 제공했다. 많은 녹취 기록이 남아 있지만, 현실적인 여건상 일부만을 정리할 수밖에 없었다. 오른쪽 면에 실린, 대화 과정에서 생산된 다양한 글과 그림은 '공감각적 행위 중심의 도시'를 염두에 두면서 팀원들이 자신의 관점에서 그려본 아이디어 스케치들이다. 대화의 내용과 함께 읽어가면서 책 뒤의 「부록」에 정리된 협업 팀의 활동 과정을 참고한다면, 도시-에 팀이 어떻게 연구를 진행해갔는지 어느 정도 짐작할 수 있을 것이다.

두 번째 부분인 '설계도 1: 수미쌍관-튜브맨-없'에서는, 수학자 최재경, 소설가 서준환과 한유주가 그간의 논의를 거쳐 교감하고 또 나름대로 구상한 도시를 표현하기 위해 창작한 세 편의 소설을 실었다. 세 편의 소설은 각 작가가 도시-에 팀의 협업에서 추구되는 공감각적 행위 중심의 도시에 어떻게 다른 각도와 방법으로 접근하고 있는지를 흥미롭게 보여준다.

스케치에서 설계도 1, 2, 3으로 이행하는 과정에서, 공감과 새로운 관계 생성이 가능한 도시 공간을 모색해보자는 함성호의 발상에 화답하며 수학자 최재경이 제안한 위상학적 '연결합' 개념이 팀원들의 생각을 이어주고 넓히는 역할을 하면서, 협업 과정뿐 아니라 인디트랜스 활동 전반을 아울러도 무방할 '연결합 도시'라는 표제어를 얻을 수 있었다.

세 번째 부분인 '설계도 2: 사이의 잠재태를 위한 연결합 도시'에서는, 함성호의 작업 노트와 설계도를 위한 드로잉들, 그리고 앞서 생산된 세 편의 소설 설계도를 바탕으로 함성호가 만든 〈사이의 잠재태를 위한 연결합 도시의 설계도〉를 담았다. 설계도에서 함성호는 최재경, 서준환, 한유주의 소설들을 분석해서 지도의 일부로 재배치하고, 거기에 연결합에 의한 차원들의 변용과 이동, 그러한 시공간 안에서의 인간 행위(동작)의 사례로서 허먼 멜빌(Herman Melville)의 소설의 주인공 필경사 바틀비의 태도를 배치한다. 이러한 관계도의 연쇄는 대립 쌍으로 정의되어 온 이분법적 개념들을 연결합의 다른 차원으로 변환하며, 시공간의 꼬임을 생성하는 천장지구(天長地久)의 뫼비우스의 띠와 남인도의 콜람(kolam)을 이어가면서 순간과 과정의 흔들림이 사유되는 흔적이 새겨지는 우연한 도시로 이행한다. 그것은 물리적 실체가 없는 그러나 관계로서 흐르고 구조로서 정밀하게 생동하는 열린 체계들의 확장도라 할 수 있다.

네 번째 부분인 '설계도 3: 연결합 도시, 그 조우'에서는, 인디트랜스 협업을 이끌어간 함성호의 글을 가장 앞에 실었다. 함성호는 1년여에 걸쳐 도시-에 팀의 세미나를 진행하는 과정에서 최초의 '공감각적 행위 중심의 도시'라는 의도된 기획으로부터 '연결합 도시'와의 조우로까지 이행해간 과정을 술회한다.

이어서 협업을 마무리하는 심포지엄 '연결합 도시'에서 행해진 공연 〈흩어진 합〉의 기록을 정리했다. 전체 팀원이 스스로의 행위를 결정하고 공연자로 참여하는 열린 공연을 연출가 김제민이 제안했고, '흩어진 합'의 아이디어를 제시한 전자음악 작곡가 김윤철이 공연을 위한 알고리즘을 제작하고 공간 디자인을 맡았다. 연결합 도시 개념을 도시-에 팀원들이 행위하는 공연의 시공간으로 재구성하는 과정에서 김윤철은 다양한 자료들과 아이디어 ― 스케치 드로잉, 알고리즘 악보, 콘트롤러 박스들을 생산했다. 〈흩어진 합〉에서는, 한편으로 연결합을 희구하면서도 자신의 몸과 개성으로 인하여 섬처럼 흩어지는 행위자들이 빛과 소리로 구현되는 생성적 알고리즘의 시공간 속에서 애초의 의도와 다른 연결합이 되어가는 예기치 않은 과정에 연루되고야 만다.

　이어지는 「또 다른 합」 역시 첫 번째 부분 '스케치들'에서처럼 대위법적으로 구성했다. 왼쪽 면에서는 파란 글씨로 2015년 7월에 배윤호, 오재우와 함께 진행한 과학자와 예술가들의 대담 내용이 흘러가고, 오른쪽 면에서는 협업과 인디트랜스 참여자들이 인디트랜스 이전과 이후를 교차하면서 남긴 흔적들로서의 드로잉과 글, 작업의 기록들이 흘러가도록 배치했다. 고등과학원에서의 인디트랜스 활동이 일단락되고 나서 참여자들이 이전처럼 자주 만나지는 못하지만, 각자의 삶의 시공간으로 흩어져서 남기는 흔적들은 또 다른 합의 과정을 통해 새롭게 연결될 것이라고 생각한다. 대담에서는 약 3년간 인디트랜스 활동에 적극 참여해온 고등과학원의 과학자들과 예술가들이 각자의 연구와 작업을 통해 던지는 질문들, 그리고 인디트랜스를 통한 과학자와 예술가 간의 만남에 대한 소회를 밝히고 있다. 공연과 대담을 기록한 동영상은 고등과학원의 공식 경로를 통해 유튜브에 공개되어 있다.[1]

이 책은 제6권 『체계와 예술』과 함께 지난 3년 동안의 고등과학원 초학제 인디트랜스 팀의 활동으로 축적된 과학자와 예술가 간의 '느린' 융합과 '느슨한' 변환의 어떤 가능성을 한국 문화계에 쏘아 올리는 작은 신호탄과 같은 것이다. 인디트랜스 활동의 성공과 실패에 대한 다양한 논의와 평가가 있을 수 있다. 하지만 인디트랜스가 과학자와 예술가 사이의 장기 지속적인 교류와 대화를 바탕으로 '함께 변화하는' 진정한 융합의 경험을 얻어내기 위해 다양한 방법적 시도를 해왔다는 점에서 하나의 사례로서 참조될 수는 있을 것이다. 초학제 연구에 대한 관심과 배려를 아끼지 않으신 전 고등과학원장 김두철 선생님과 금종해 선생님, 그리고 이용희 고등과학원장님께 감사드린다. 그리고 여러 어려움 속에서도 인디트랜스를 격려하고 지지해주신 고등과학원의 과학자들과, 홍릉까지 먼 길을 마다하지 않고 곳곳에서 찾아주신 예술가들과 연구자들께, 그리고 언제나 묵묵히 우리의 활동을 도와주신 고등과학원 직원들과 연구 보조원들께 감사드린다. 이 두 권의 책이 나오기까지 까다로운 작업 과정을 감내하면서 훌륭한 책을 만들어주신 이학사의 대표님과 편집진께 감사의 마음 전한다. 인디트랜스로 인해서 가능했던 모든 만남이 나에게는 큰 행운이었다.

2017년 3월 31일
박영선

---

1. 과학자와 예술가의 대담 영상 〈연결합 도시〉 https://youtu.be/PDILt9-YFLI
공연 영상 〈흩어진 합〉 https://www.youtube.com/watch?v=CV3ioxXL-bw&feature=youtu.be

차례

머리말 5

**스케치들
공감각적 도시를 위하여** 15

대화
최재경, 함성호, 서준환, 한유주, 박영선 **18**

도시는 어떻게 인간의 마음을 담을 수 있는가?:
인디트랜스 협업 프로젝트를 기획하며
함성호 **19**

4차원 인간
최재경 **27**

숨겨진 차원?
전웅진 **33**

서울과 프라하, 근대적 시공간이 형성될 무렵의 몸살
서준환 **43**

**설계도 1
수미쌍관-튜브맨-없** 83

수미쌍관
최재경 **88**

튜브맨
서준환 **128**

없
한유주 **154**

설계도 2
사이의 잠재태를 위한 연결합 도시 171

설계도 3
연결합 도시, 그 조우 185

연결합 도시, 그 조우
함성호 196

흩어진 합
김윤철, 김제민, 김태용, 박영선, 배윤호, 서준환, 오재우, 최재경, 한유주, 함성호 214

또 다른 합
대담
전웅진, 한유주, 함성호, 서준환, 최재경, 이기명, 배윤호, 박영선, 오재우, 김제민, 김윤철, 김태용 234

전웅진, 배윤호, 최재경, 김제민, 이기명, 오재우, 김태용, 박영선 235

부록: 인디트랜스의 활동 과정 335
참고 문헌 360
엮은이와 지은이의 자기소개 362
찾아보기 366

스케치들

공감각적 도시를 위하여

대화

최재경
함성호
서준환
한유주
박영선

도시는 어떻게
인간의 마음을 담을 수 있는가?

인디트랜스 협업 프로젝트를 기획하며

함성호

1

최재경
함성호
서준환
박영선
2014. 6. 5.
고등과학원 세미나실 1424호

사실과 인식

함 현시대는 사실과 진실이 부재하고 공허한 기표와 무의미한 정보가 범람하는, 일종의 정신 분열적인 시대라고 말할 수도 있겠습니다. 만약 우리가 이야기하는 "숨겨진(다차원적) 차원들"이 열리게 된다면, 그 안에서 사실이나 진실은 무엇이라고 말할 수 있을까요? 아마도 존재하지 않는 것은 아닐까요?

서 물리적 층위에서 나타나는 사실, 진실과 한 개인이 그것을 해석하고 의미를 부여하는 것은 서로 별개의 문제라고 말할 수 있겠죠. 그리고 전자에 대한 인지적 한계는 우리 논의 속에서 이미 전제되어 있다고 할 수 있겠습니다.

최 사실, 진실이란 항상 상대적인 것이죠. 즉 개인들이 받아들이고 있는 각각의 사실, 진실이 모두 동등하게 유의미한 것입니다.

함 그렇다고 하더라도 한 대상이 무엇인지 말하려면 여전히 근대 이후, 여행은 현대인의 삶에 중요한 것으로 자리 잡게 되었다. 사람들은 여행을 통해서 자기의 자리를 벗어나고 낯선 장소에서 원래 자기의 모습을 바라보기를 원한다. 바르셀로나 사람들은 서울로 오고 서울 사람들은 바르셀로나로 간다. 특별한 풍경이 있어서도 그렇지만 현대인들은 익숙한 자리를 떠나본다는 것만으로도 기꺼이 낯선 곳으로 간다. 그만큼 현대적 삶은, 자아가 필요 없는 철저한 조직 체계를 구성하고 있기 때문이다. 낯선 곳에서는 우연과 실수, 착각, 의외성, 놀라움, 긴장이 있고, 우리는 그런 낯섦 속에서 그 무엇과도 연결되어 있지 않은 나의 얼굴을 본다. 예술이 주는 즐거움도 그러하다. 우리는 예술을 통해 조직과 체계가 강요하는 것들 외에 다른 가치를 경험하고, 때로는 막연하게나마 나를 묶고 있는 조직과 체계의 전체적인 그림을 보게 된다. 그 경험은 일상에서 주어진 매뉴얼대로 타인을 대하는 데 그치게 하지 않고 '그 사람에 대한 나의 마음이 진정 이것일까?' 하는 생각을 하게 만들기도 한다. 이미 우리 속에 존재하는 그런 마음을 이 도시가 담을 수 있을까? 이 기획은 그 가능성을 위해 출발한다.

목적

이 프로젝트를 통해 수학적 모델을 바탕으로 물리적 토대를 마련하고 거기에 예술을 통해 관리와 효율이 아닌, 행위 중심의 도시를 계획하고자 한다.

각 개인에게 공통된 하나의 기술, 아니면 일종의 기준은 존재해야 하는 것 아닌가요?

최 수학적 차원에서 보자면, 중요한 건 하나의 대상을 우리가 어떻게 규정하느냐가 아니라, 그것이 어떤 기능을 갖고, 어떤 관계를 맺고 있는지입니다.

박 각 관점에서 상호 모순되는 일이 벌어질 경우 어떤 식으로 판단해야 할까요?

최 만약 어떤 객관적 지표도 존재하지 않는다면, 결국에는 각 개인의 판단에 맡기는 수밖에 없습니다. 그때는 시비나 증명이 아니라 합리적 설득이 필요한 것이죠.

서 그러한 문제는 현재로서도 마찬가지입니다. 사실이나 진실이 무엇이든 개인들 사이에서 반복되는 다양한 해석, 인지적 분열을 벗어나긴 어려우니까요. 이것은 일상적인 삶 속에서 다차원 공간, 하이퍼큐브가 발현하는 사례라 말할 수 있을 듯합니다.

최 물자체는 하이퍼큐브와 비교될 수 없을 만큼 복잡다단하며, 그것을 인식하는 투사 과정은 각 개인마다 다른 모형을 가지고 진행되겠죠. 더 올바른 혹은 더 바람직한 현상 인식이란 그런 결과물들 중 더 합리적이고 더 설득력 있는 것이라고 생각할 수 있을 겁니다.

문학 1

서 제가 알기로 현대 양자역학, 불확정성원리 등이 주는 교훈 중의 하나는 물자체와 인식주체가 분리되어 있지 않다는 것, 말하자면 사실이나 진실이란 객관적 차원에서 정립되어 있는 것이 아님을 보여준다는 점입니다. 실제로 현대문학의 기조 역시 이러한 성격을 반영하고 있죠.

함 2차원 거주자들이 3차원 대상을 사유하려면 일종의 그림자나 대상의 단면에 의존할 수밖에 없는 것처럼, 문학 역시 고차원적인 현실을 언어를 통해

방향

1. 이 프로젝트는 2013년 1년 동안 고등과학원에서 열린, 과학과 예술의 상호작용 및 근접 가능성을 모색한 인디트랜스 세미나를 바탕으로 한다.

1-1. 지난 1년의 세미나를 통해 우리는 과학과 예술이 자연과 인간을 이해하는 데 있어 서로 대립할 수 없는, 서로 이어지는 파도와 같은 것임을 공통으로 인식한다.

2. 과학과 예술이 만나는 하나의 공간을 가정한다.

3. 그것은 도시다.

3-1. 이제까지의 도시에 내재된 효율과 관리의 목적에서 벗어나 행위 중심의 도시를 구상한다.

3-2. 행위란 인간 행위를 위시한 자연과 생태·문화·역사를 포함한다.

4. 그러나 관리와 효율을 완전히 무시할 수는 없다.

5. 관리와 효율을 위해 수학적 모델을 바탕으로 한다.

5-1. 수학적 모델을 바탕으로 물리적·예술적 행위가 좀 더 자유로워질 것을 기대하기 때문이다.

6. 수학적 모델 위에 시각, 청각, 촉감, 미각, 후각 등 느낌이 표현되는 도시를 표현한다.

7. 행위는 느낌에서 나온다.

8. 행위를 통해 물리적 토대가 바뀌고, 수학적 모델이 변형될 수도 있다.

표현해야 한다는 점에서 현실 그 자체를 다룰 수 없다는 한계를 갖죠. 물론 바로 이런 한계로부터 문학의 가치가 생겨난다고 할 수도 있습니다.

최 수학 역시 투사된 그림자를 통해 본체를 찾아내고자 한다는 점은 같습니다.

서 실제로 예를 들어 『난장이가 쏘아올린 작은 공』에서 작가가 중요하게 생각했던 것은 그것이 표현하고 있는 노동 현실이나 철거 문제가 아니라 언어적 차원, 혹은 메르헨적인, 동화적인 요소일 수도 있겠죠. 개인적으로 메르헨, 동화를 좋아해서 그런지 언젠가는 저도 그렇게 한번 써보고 싶습니다.

최 일전에 읽었던 비평에선 『어린 왕자』를 전쟁에 대한 묘사로 분석하기도 했습니다. 즉 제2차 세계대전에서 프랑스가 패배하게 된 원인이 추상화에만 의존한 채 현실을 직접 대면하지 않는 사고방식에 있다고 은유적으로 비판한다는 겁니다. 물론 많은 사람이 받아들이진 않았지만요.

서 마크 트웨인(Mark Twain)의 『허클베리 핀의 모험』역시 마찬가지라 할 수 있겠어요. 작품의 핵심인 "흑인 노예를 인간으로 대접하고 그가 탈출할 수 있게 도와야 하는가"에 대한 주인공의 내적 갈등과 분열은 기독교 윤리관에 한 축을 두고 있고, 작가는 이를 통해 백인 중산층의 위선과 오류를 아주 신랄하게 비판하고 있습니다. 단순한 소년소설이 아닌 거죠. 작가의 의도를 굴절시키는 것은 문학적 측면에서 일어나는 일상적인 분열의 한 양상이라 생각해요.

함 『난장이가 쏘아올린 작은 공』, 『시간 여행』 등을 쓴 조세희 작가는 결국 카메라를 들었죠. 언어를 배제하고 사진을 통해 사실을 있는 그대로 받아들이고자 했던 게 아닐까요?

박 사진이 물질 연관성을 갖는건 사실이지만, 그 역시 물자체를 담아내기엔 충분치 않죠. 사

예상되는 표현

1. 가상 도시 시뮬레이션

2. 게임의 형태를 띠어도 괜찮음

3. 3D 모델링

4. 도시에 대한 스토리(제임스 조이스)

5. 미디어 아트 - 가상 도시를 바탕으로

6. 도시 전체를 사용한 퍼포먼스

진은 말과 문자언어처럼 역사가 길지 않아 미답의 가능성을 가진 것으로 보일 수 있지만, 그 역시 한계를 가진다고 봅니다. 사진은 서구 근대가 만들어낸 독특한 언어가 아닌가 해요.

서 영상 혹은 사진이 포착하는 사물의 한계 역시 분명 존재해요. 어쨌든 작가들 중에 언어로써 진실을 잡아낼 수 없다는 절망을 느끼고 더 이상 글을 쓰지 못하게 되는 경우가 종종 있어요.

최 천문학자들도 천체 관찰에 몰두하다가 눈이 머는 경우가 있습니다. 플래토(Plateau)나 갈릴레오처럼요.

함 어느 분야에서건 절대적인 것 혹은 물자체에 매혹되어 그것을 계속 바라보고, 그림자를 통해서라도 그것을 이해하고 표현하려는 과정은 엄청난 끈기를 필요로 하죠.

문학 2

함 서준환 선생님은 아까 메르헨에 대해 언급하면서 동화를 쓰고 싶다고 하셨는데, 따로 구상하신 바가 있는 건가요?

서 아직은 막연하게 생각만 하고 있는 거죠. 모두가 문학적 원체험, '문학이란 무엇이다'라고 생각하게 되는 그 첫 체험을 가지고 있잖아요? 개인적으로 그것을 『인어 공주』나 『눈의 여왕』 같은 안데르센 동화로부터 얻었기에, 그런 지점을 표현해보고 싶습니다.

함 우리나라 시는 이를테면 '어른 시'지만, 동시로부터 많은 영향을 받는 듯합니다. 특히 우리나라 서정시는 동화, 동심적인 부분을 굉장히 많이 갖고 있어요. 윤병무 시인은 어렸을 때 『인어 공주』 원작 결말을 보면서 굉장히 슬퍼했는데, 나중에 디즈니 판은 행복한 결말로 바뀐 걸 보고 굉장히 실망했다고 해요. 아이들에게 도덕을 가르치기엔 슬픔만 한 것이 없는 것 같아요.

서 타인에 대한 슬픔과 공감이

4차원
인간

최재경

도덕의 출발점이라는 데 정말 동감합니다. 『플랜더스의 개』나 〈토이 스토리 3〉에 대한 어른들의 감상에서도 비슷한 공감을 발견할 수 있어요.

함 레오 리오니의 동화책 『잠잠이』(현재 국내에는 『프레드릭』으로 번역 출간되어 있다)를 보면 다른 들쥐들이 여름내 일하는 동안 혼자서 햇살, 이야기 등을 모았다가, 겨우내 다른 들쥐 무리에게 이야기를 들려주는 '잠잠이'란 들쥐가 나와요. 그런데 『개미와 베짱이』에서와 달리, 이 이야기의 들쥐들과 잠잠이는 서로를 비난하거나 무시하지 않고 함께 먹이와 이야기를 나누면서 겨울을 이겨내요. 타인에 대한 폭력성이 없이 개개인의 삶이 행복하게 공존할 수 있는 그런 지점을 그리고 있다고 할까요.

서 굉장히 다사로운 이야기네요. 서로 다른 스펙트럼을 가진 대상들이 함부로 자신의 의견을 강요하여 상대를 억압하거나 짓누르지 않고 서로를 자연스레 받아들여준다는 점에서요. 그렇지 못했을 때 발생하는 정신적 외상은, 프로이트가 말한 것처럼, 아이들에게 굉장한 상처가 될 수 있어요. 어느 프랑스 소아과 의사는 그런 상처가 뇌의 호르몬 변화 등에 실제로 영향을 미친다는 내용을 책으로 쓰기도 했습니다. 아무런 전제 없이 타인에게 '무채색의 관심'을 주는 일은 정말로 중요하다고 생각해요.

매체

서 아까 언어의 그림자와 한계, 시각적인 직접성에 호소하고 싶은 예술가들의 욕망에 대해서 이야기했었는데요, 언어가 가진 한계란 분명히 존재하지만, 그것 자체가 대단한 가능성이라고 말할 수도 있는 것 같아요. 물론 문학을 일종의 근본으로 생각하는 선입견일 수도 있겠지만, 문학 원작을 영화화했을 때 영화라는 영상 매체가 가

도시에는 거리가 있다. 동서로 향하는 거리는 남북으로 가로지르는 거리와 만나 네거리를 만든다. 동서로 향하는 거리는 1차원을 이루고 남북으로 가로지르는 거리는 또 다른 1차원을 이루어 도시는 2차원이 덮고 있다. 그래서 도시는 한 장의 종이로 지도를 만들 수 있다. 그런데 도시가 살기 좋아지면 많은 사람이 몰려와 같이 살고 싶어 한다. 너도나도 같이 모여 살다 보면 흥겹기는 하지만 각자 누릴 수 있는 공간이 비좁아진다. 그래서 2층 집이 생긴다. 그래도 모자라 3층집이 생긴다. 너도나도 좋아하는 도시에는 이렇게 하여 고층 빌딩이 나타난다. 고층 빌딩은 위로 쭉 뻗어 있다. 그래서 도시에 새로 생긴 방향이 또 다른 1차원을 이뤄서 도시에서는 쉽게 3차원을 볼 수 있다. 동서, 남북, 상하의 3차원 공간을···.

도시에서 흔히 보이는 6면체 빌딩은 3차원 공간의 기본 구성체이다. 여기도 6면체 빌딩, 저기도 6면체 빌딩. 각 빌딩마다 우리는 세 방향을 본다. 동서 방향, 남북 방향, 상하 방향. 그러면 그게 다인가? 또 다른 방향은 없는가? 혹자는 있다고 말한다. 시간의 방향이 그게 아니냐고. 누가 쓴 소설 『잃어버린 시간을 찾아서』처럼 시간에서 새로운 방향을 찾을 수도 있다고. 그러나 그 흔한 방향 말고 다른 것은 없는지?

우리는 6면체 빌딩으로 이루어진 3차원 공간의 도시에서 시간 말고 다른 차원을 도입하고 싶다. 새로운 차원을 만들어보고 싶다. 동서, 남북, 상하 위에 추가로 새로운 방향을. 4차원 방향을. 그 방향은 인간의 상상이 만들어내는 방향이다. 아니 만들어낼 방향이다. 빌딩의 한 창가에 어느 사람이 앉아 있다. 그는 꿈꾸고 있다. 그가 꿈꾸는 방향으로 새로운 1차원이 만들어진다.

진 강렬함, 시각적인 볼거리에도 불구하고 정작 영화가 원작이 주는 감동의 질을 대체하는 경우는 그리 많지가 않아요.

함 텍스트를 통해 독자가 가지게 된 나름의 상상을 영화가 깨버린다는 점에서 영화는 좀 밋밋한 측면이 있다고 말할 수 있겠죠.

서 네, 문학에서 저자와 독자는 항상 상상을 대동하고 움직이는 반면에, 영상은 시각적으로 직접 전달한다는 점에서 관객의 반응을 빨리 불러올 수는 있지만, 그 대가로 상상력을 증발시켜버리죠. 상상하는 즐거움이 사라지고 경험이 얄팍해집니다. 자신이 상상했던 것과 다르게 원작이 영화로 만들어졌을 때 일종의 배신감이나 거리감을 느끼게 되는 경우가 많잖아요.

함 또 영화는 관객이 자신의 생각에 따라 작품을 다시 보거나 앞으로 되돌아가는 것이 불가하기에 다양한 관점에서 살펴보기 어렵죠. 그 나름의 장르적 한계와 단점이 있어요.

박 몽타주를 통해 그러한 매체적 특성을 역으로 탐구하는 작가주의 영화, 실험 영화들이 꾸준히 생산되어왔죠. 기승전결식의 서사 구성을 무너뜨리고, 편집을 통해 액자적인, 부분적인 구성을 시도하는 영화들이요. 비록 소수지만 영화나 사진에서 그런 시도는 꾸준히 진행되었어요. 그런데 요새처럼 관람자가 자기 PC에서 디지털 파일을 다운받아 영화를 보는 경우, 말씀하신 그런 문제가 사라집니다. 마치 책을 보듯이 여기저기 뒤적거리며 영화를 볼 수 있거든요.

함 만화도 나름의 특징을 갖고 있죠. 컷과 컷 사이에 존재하는 빈틈은 독자가 읽기를 멈추고 잠시 쉬거나 생각할 지점을 만들어줍니다. 특히 웹툰이라는 형식이 도입되고 스크롤 방식이 나타나면서 연출 역시 강화되고 있죠. 정병식 작가의『가

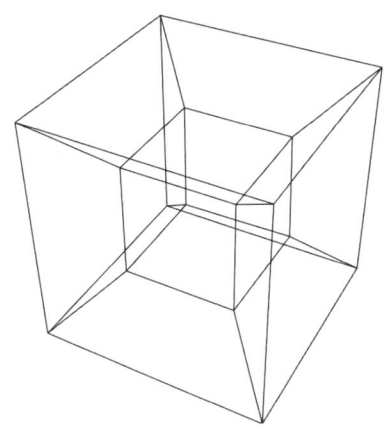

4차원 하이퍼큐브

또 다른 빌딩의 한 창가에 있는 사람은 시를 쓰고 있다. 그 시의 공간으로도 새로운 1차원이 만들어지고 있는데 이 직선은 꿈꾸고 있는 사람의 직선으로 연결되고 있다. 인간의 꿈꾸는 행위와 시 쓰는 행위가 새로운 차원에서 연결되는 것이다. 어느 빌딩 속의 방에서 소설을 쓰고 있는 사람은 다른 곳에서 영화를 제작하는 사람과 4차원째의 직선으로 연결돼 있다.

이렇게 우리는 도시에 고차원을 도입하여 다양한 인간의 행위와 사고와 예술 활동을 고차원의 직선으로 연결해보고자 한다. 과학에서 정의하는 공간을 예술적으로 승화시키고 싶다. 어느 소설가는 "날개야, 다시 돋아라, 날자, 날자, 날자, 한 번만 더 날자꾸나. 한 번만 더 날아보자꾸나"라고 했는데 인간이 창밖으로 날면 떨어지고야 만다. 우리는 새로운 관계의 방향으로 날아서 다른 인간과 만나보고자 한다. 그림의 하이퍼큐브에서처럼 새로운 방향의 차원 속으로 날아보고 싶다.

족사진』처럼, 카메라 없이도 착시를 통해 영화를 볼 때와 유사한 경험을 독자에게 전달하는 경우도 있고 말이죠.

문학 3

함 서준환 선생님은 비평을 해보신 적은 없나요?

서 비평을 많이 읽긴 했지만 비평을 쓰는 작업에 끌리거나 한 적은 없어요. 등단하여 작가가 된 이후에는 더 그런 듯해요. 비평보다는 직접적인 창작에 더 관심이 가는 게 사실이죠.

함 그러고 보니 『이상한 나라의 앨리스』를 쓴 루이스 캐럴(Lewis Carroll)은 수학자였는데?

서 루이스 캐럴은 현대문학에 영향을 끼친 작가를 꼽는다면 다섯 손가락 안에 들 수 있는 작가죠. 아주 현대적인 메르헨을 19세기 사람이 완성해서 소수 작품이나마 자신만의 우주를 가지고 있다는 게 놀랍죠.

최 루이스 캐럴과 관련된 비평 중에서 캐럴이 옆집 꼬마 아이를 귀여워해서 『이상한 나라의 앨리스』 초판본을 보여줬다는 이야기를 읽은 적이 있어요.

서 실제로 캐럴이 아이들과 찍은 사진을 보면 기묘한 뭔가가 있어요. 최재경 선생님이 말씀하신 그 옆집 여자아이가 『이상한 나라의 앨리스』 주인공의 실제 모델이라고 할 수 있는데, 그 소녀를 찍은 사진을 보면 표정이나 복장 등에 아주 묘한 무언가가 있어요. 마치 아이처럼 보이지 않는다고 해야 할까요. 그래서 당대에도 캐럴이 소아성애자가 아닌지 의심을 많이 받았는데, 옥스퍼드대학 조사 결과는 무혐의였어요. 그래서 캐럴은 죽을 때까지 수학 교수로 계속 재직할 수 있었죠. 지금도 확실하게 결론이 나오진 않았고요.

최 근래 어떤 비평을 보면, 최근 미국에서는 소설을 출판할 때 책 내용에 관하여 미리 경고하는 추세가 있다고 해요. 예컨대 "이 소설에는 인종차별적 요

숨겨진
차원?

전응진

소가 포함되어 있다"는 식으로 실제로 관련된 경험을 가진 사람들이 충격을 받지 않도록 미리 경고하는 거죠. 그런데 해당 비평가는 이것이 자연스런 독서 경험을 방해한다고 비판했어요.

서 네, 동의해요. 그건 일종의 딱지를 붙이는 거죠. 소설은 맥락(context)이 핵심인데, 일부 자극적인 장면이 포함되어 있다는 점만을 강조하는 건 독자들이 선입견을 갖게 하고 소설을 미리 재단하게 만들죠.

서 메르헨 이야기를 계속하자면, 『피터 팬』도 이야기할 수 있을 것 같아요. 성장한 웬디를 떠나보내고 또 다른 웬디를 찾아야 하는 피터 팬의 슬픔, 전형적인 가부장인 웬디의 아버지가 말하는 소리를 개 짖는 소리로 표현한 것 등등 읽어보시면 동화가 단순히 아이들만을 위한 것은 아님을 잘 알 수 있어요.

최 정신분석학에서 이야기하는 피터팬신드롬을 가지고 『어린 왕자』를 분석하기도 하죠. 정착하지 못하고 이리저리 떠도는 생텍쥐페리의 성향이 그런 점을 보여준다고 말이에요.

함 모든 남자는 조금씩은 피터 팬 증상을 보이지 않나요? 여자는 출산을 겪게 되면 남자에 비해 변화나 경험의 폭이 커서 조금 다를지 몰라도, 남자는 확실히 소년 때부터 계속 유지되는 무언가가 있는 것 같아요.

어떻게 할까?

서 최종 생산물의 형태는 미정인가요?

박 아직 정해진 것은 아니지만, 이 팀 내에서 일종의 소설적인 모델, 틀을 만들어 제시하면, 작가들이 그것을 읽으면서 상호작용을 하는 작업을 해보는 건 어떨까요?

함 지금까지 이런저런 소설 이야기가 많이 나왔는데, 복잡한 인간의 시각, 마음 상태와 같은 것들을 한번 도식적으로 표현해보는 것도 좋을 것 같아요. 일

우리가 살고 있는 시공간은 1차원의 시간, 3차원의 공간이 상대론적으로 연관 관계를 맺고 있는 4차원 공간이다. 아인슈타인(Albert Einstein)의 일반상대성이론에 따르면 시공간의 기하학적 구조는 그 안에 담겨 있는 물질-에너지의 분포에 의해 결정된다. 이에 따라 중력은 공간이 휘어져서 일어나는 현상으로 이해할 수 있고, 우리 우주의 진화를 잘 설명해주는 빅뱅 우주론의 팽창하는 우주 방정식도 도출할 수 있다.

4차원 시공간의 구조는 하나의 시간 좌표($t = x_0$)와, 세 개의 공간 좌표($x_{1,2,3}$)의 함수인 축척함수(metric) $g_{\mu\nu}(x_0, x_1, x_2, x_3)$; $\mu\nu = 0, 1, 2, 3$으로 기술되는데, 이것은 중력장을 기술하는 함수이기도 하다. 거리 제곱에 반비례하는 힘으로 이해되던 뉴턴(Isaac Newton)의 중력이론이 시공간 좌표의 함수로 기술되는 상대론적 중력장이론으로 확대·재해석된 것이다. 이로써 뉴턴 이론으로는 설명할 수 없는 많은 현상이 일반상대성이론의 틀 안에서 완벽히 이해되었으나, 일반상대성이론의 핵심이라고 할 수 있는 중력장의 요동 현상, 즉 중력파의 존재는 아직도 직접적으로 입증되고 있지 않다(지난 3월 BICEP라는 남극 천체망원경 실험에서 우주 초기 급팽창 시기에 형성된 중력파의 효과로 보이는 신호를 검출했다는 소식은 아주 뜨거운 반향을 일으켰으나, 아직 신뢰할 만한 수준은 아닌 것으로 판명되기도 했다). 여기서 주목해야 할 것이, 전자기력도 전자기 함수 $A_\mu(x_0, x_1, x_2, x_3)$로 표현되는 상대론적 전자기장으로 기술된다는 점이다. 물론 빛(광자)이라는 것이 전자기장의 파동, 전자기파라는 것은 누구나 알고 있는 상식일 것이다.

광전효과, 특수상대성이론, 일반상대성이론을 차례로 발표하면서 세기적인 과학혁명을 이끌었던 아인슈타인이 마지막으로 몰단은 구조를 만들어놓고, 이야기를 씌워보거나 지워보거나 하는 식으로요.

서 역할을 분담하여 일종의 공동 창작을 진행하는 것이라 생각하면 될까요?

함 역할을 나누기보다는 지금처럼 함께 이야기하면서 얼개를 만들고, 굳이 창작이 아니더라도 기존 이야기를 활용하여 그 얼개에 붙이거나 하는 식으로 진행하는 게 나을 것 같아요. 가능한 한 복잡하지 않고 단순하게, 많은 이야기를 품을 수 있게요.

서 그게 가장 어려운 일이죠. 아주 간단한 스토리로 수백 가지 이야기가 튀어나올 수 있게 하는 건 모든 작가의 꿈이잖아요.

박 어떤 구조를 만드는 것도 하나의 방법이 될 수 있겠죠. 아까 이야기에 따르면 모든 인간의 작업들이 그림자이기 때문에, 그 그림자들을 연결하는 구조를 만들어보는 방향으로 작업하는 건 어떨까요?

서 주제와 형식은 '도시', '도시의 삶과 형태'로 계속 가는 건가요?

박 네, 그러면서 그건 하이퍼큐브나 위상학적 가능성에 대해 열려 있는 것이겠죠.

함 소설이란 설계도가 일단 나오게 되면, 그로부터 이야기를 통해 어떤 하나의 공간이 만들어질 수 있다는 거죠. 필요하면 사진이나 그림, 어쩌면 수학 공식도 그 안에 들어갈 수 있고요. 그러면서 물질-행위 팀과의 공동 작업이나 워크숍, 공동 논문 등 여러 방향으로 진행할 수 있을 것 같네요.

칼라비야우 다양체

인간의 직관에 의하면 우주는 4차원으로 이루어져 있다. 인간이 어떤 사건을 기술할 때 네 개의 숫자(공간3+시간1)면 충분하다. 그러나 세상에 다른 차원이 더 있다고 가정할 수 있다. 초끈이론은 세상이 10차원, 즉 인식하는 4차원+인식하지 못하는 6차원으로 이루어져 있다고 주장한다. 이 인식하지 못하는 6차원 공간을 칼라비야우 다양체라 부른다.

2

최재경
서준환
한유주
한성호
박영선
2014.7.14
고등과학원 세미나실 1424호

도시 1

박 공동 작업을 시작할 때가 된 것 같은데 어떻게 생각하시는지요?

함 일단 지금까지 한 이야기를 가지고 수학적인 모델을 재정비해야 할 것 같아요. 렘 콜하스(Rem Koolhaas)의 「정크 스페이스」라는 글을 보면, 여기서 제일 자극적인 단어는 "정크 스페이스(junk space)"라고 생각합니다. 이건 매우 빠른 주기로 생겨나고 다시 폐기되는 과정이 반복되는 공간, 예컨대 쇼핑몰로 대표되는, 현대 산업사회의 소비문화에 따라 아주 짧은 주기로 그 용도가 변화하는 공간을 지칭합니다.

박 정체성 없는 공간이라 생각하면 될까요?

함 그렇게 말할 수도 있겠네요. 정크 스페이스나 가상공간 등에 대한 서구 문화권 사람들의 이야기를 듣고 있으면, 그들의 도시는 불교의 '공(空)' 사상을 반영하고 있는 것 같아요. 불교

두했던 것은 통일장이론의 완성이었다. 20세기 초 인류에게 알려진 두 개의 기본적인 상호작용(힘) 가운데 전자기력은 맥스웰이 완성한 전자기장 방정식에 의해, 중력은 아인슈타인의 중력장 방정식에 의해 완전히 이해되었던 것인데 이 둘을 하나의 원리 안에서 이해할 수 있다는 아이디어가 1920년대 칼루차-클라인에 의해 제시되었다. 그것은 아인슈타인의 방정식을 5차원으로 "단순히 수학적인 일반화"를 하는 일이었다. 공간에 한 차원(x_4)을 더해서, 5차원에서 축척함수를 다시 쓰면 $g_{MN}(x_0, x_1, x_2, x_3, x_4)$; $M, N = 0, 1, 2, 3, 4$ 가 되고 g_{MN}의 여러 성분 중 $g_{\mu 4}$는 전자기장 A_μ로 해석할 수 있다: $g_{\mu 4}(x_0, x_1, x_2, x_3, x_4) \Leftrightarrow A_\mu(x_0, x_1, x_2, x_3)$

그렇다면 위 식에서 x_4로 표시되는 5차원은 어디로 간 것일까? 하나의 답은 현재 인류의 능력으로는 검출할 수 없는 아주 작은 크기의 공 또는 도넛 같은 형태로 말려 있다는 것이다(위의 그림 참조). 또 하나, g_{44}는 무엇인가? 아직 알려지지는 않았지만, 모종의 힘을 기술하는 또 다른 장인 것이다.

우리가 살고 있는 시공간이 사실은 5차원이며, 나머지 한 차원은 너무 작게 말려 있어서 관측할 수 없을 뿐이라면 아인슈타인의 5차원 일반상대성이론은 중력, 전자기력을 포함하면서, 아직 발견되지 않은 새로운 힘의 존재도 예측하는 궁극의 통일이론이 되는 것이다.

그런데 현재 우리는 우주를 지배하는 네 개의 기본적인 상호작용의 하나로 강력과 약력도 있다는 것을 알고 있다. 더욱이 중력을 제외한 강력, 약력, 전자기력은 고전적인 장이론이 아닌 양자역학적 장이론(양자장이론)으로 기술되어야 하며, 이를 바탕으로 한 입자물리의 '표준 모형'은 최근 힉스 입자의 발견의 '공' 역시 단순히 비어 있다는 게 아니라 아직 채워지지 않은, 정체성의 부재 상태를 의미하거든요. 즉 행위를 통해 새롭게 채워질 수 있는 가능성으로 충만하다는 의미를 포함하고 있는 거죠.

박 현대 자본주의가 심화되면서 나타나는 현상을 우리가 어떻게 받아들이는지에 대한 문제가 있는 것처럼, 결국 이 도시-에 프로젝트도 우리가 그에 대해서 어떤 입장을 가지고 만들어갈 것인가가 관건일 텐데, 여기에 대해서 어떻게 생각하시나요?

함 전 우리의 입장이 무엇인지가 중요하다고 생각하진 않아요. 주어진 현상이 이미 그러하니까 그에 대해서 어떤 태도를 취하건 그걸 바꿀 수는 없다고 봐요.

박 그렇다면 이처럼 정체성 없이 끊임없이 유동하는 공간에서, 지난번 이야기했었던 감정의 전달과 같은 부분은 어떻게 진행될 수 있는 건가요?

함 근대도시에선 굉장히 기능주의적인 도시계획이 나타나게 되거든요. 예컨대 도로나 학교 시설, 상업 지구 등을 고려하게 되죠. 특히 교육에 대한 고려가 중요합니다. 그런데 여기엔 기능적 요소는 들어가 있지만 인간에 대한 문제는 빠져 있어요. 하지만 정크 스페이스에서 이뤄지는 소비문화, 대표적으로 쇼핑이란 것에는 반드시 인간의 심리 문제가 들어갑니다. 결국 여기서 일어나는 공간의 변화는 인간의 마음을 움직이기 위한 거죠. 기능적인 시스템을 구축하여 인간의 욕망을 제어하는 것이 현재까지 이뤄진 근대적 도시계획이라면, 앞으로의 도시는 공적인 것에서 사적인 것으로 점점 변화하고 분화되면서 개개인의 욕망을 긍정적이건 부정적이건 가장 잘 드러낼 수 있는 방식을 추구하게 될 것 같아요.

박 현재의 대도시라는 현상 자

으로 완성되었다는 것도 알고 있다. 그렇다면 중력과 표준 모형은 통일이 가능할 것인가? 궁극의 통일이론을 향한 아인슈타인의 꿈은 아직도 현재진행형이다. 일단 통일을 향한 첫걸음인 양자중력이론을 찾아나서는 데 유일한 희망의 빛을 던져주었던 것이 초끈이론이다. 만물을 구성하는 최종의 단위가 점 입자가 아니라 1차원의 물체인 끈이라는 가설에서 출발하여 논리적, 수학적 모순이 없는 일반상대성이론을 만들려면, 초대칭성과 10차원의 시공간이 요구된다는 것이 알려져 있다. 나머지 차원의 존재는 임의로 가정한 게 아니라 정합적 이론의 필연적인 결과인 것이다. 더 나아가서 나머지 6차원의 구조가 어떤가에 따라서 표준 모형의 여러 요소를 설명할 수 있다고 밝혀져, 초끈이론은 '만물의 이론'으로 각광을 받아왔다.

정말 나머지 6차원은 존재하며, 있다면 어떤 모습으로 얼마나 작게 숨겨져 있으며, 어떻게 찾아나갈 수 있을까? 왜 하필 시간을 포함한 4차원만 드러나 있을까? 숨겨진 시간의 차원은 정녕 없는 것인가?

체가 이미 그것을 가장 잘 보여주는 건 아닌가요? 그야말로 자본주의의 욕망을 가장 잘 드러내고 있으니까요.

함 도시의 형태는 그렇지가 않아요. 현재의 도시는 여전히 욕망을 제어하려 하거든요.

서 도시의 형태가 욕망을 제어한다는 걸 좀 더 구체적으로 설명해주실 수 있을까요?

함 근대도시의 계획 이론들은 개인의 욕망보다 그 사회가 추구하는 가치를 더 중요하게 생각하고, 그것을 바탕으로 도시를 재단하고자 합니다. 예컨대 학교에 필요한 인구수를 최소 단위로 놓은 뒤 전체 학교 수를 조정하여 전체 인구수를 정하고, 그에 비례하여 상업 지구를 결정하여 도시 구획을 결정하는 식이죠.

박 공간의 정체성을 강요한다는 것이겠네요.

함 맞아요. 우리나라의 평촌 같은 신도시의 경우는 전부 이런 식으로 설계된 겁니다. 지금 이 책에서 저자들이 이야기하고 있는 건 더 이상 이런 식의 계획이 사람들에게 받아들여지지 않는다는 거죠. 사람들의 욕망은 그런 방식으로 제어될 수 없고, 따라서 사람들의 욕망 각각은 분화된 공간을 필요로 한다는 거예요. 물론 이들이 어떤 해결책을 내놓는 건 아니기에, 우리 프로젝트에서 그런 대안을 찾아보자는 겁니다.

박 콜하스가 실제로 서울 같은 도시를 굉장히 좋아한다더군요. 남대문시장 같은 재래시장과 빌딩들이 바로 맞닿아서 이리저리 섞여 있는 그런 느낌 때문에요.

함 네, 실제로 콜하스가 경복궁을 좋아하죠. 경복궁 자체가 아니라 경복궁과 그 처마선 사이로 보이는 빌딩 숲처럼, 옛것과 새것이 혼재되고 뒤섞여 겹쳐 있는, 맥락 없이 존재하는 그런 공간을 매력적이라고 생각한다고 해요.

함 우리가 할 수 있는 일은 어

서울과 프라하,
근대적 시공간이 형성될 무렵의 몸살

서준환

떤 가치판단이라기보다는 도시의 표면이라는 게 우리의 욕망을 얼마나 빨리 해결해줄 수 있는가를 생각해보는 게 아닐까 해요.

한 해결이 될까요?

박 일종의 컨트롤이 아닌가요?

함 개인적으로 저 같은 경우는 영화를 보거나 쇼핑을 하러 안 가거든요. 거기까지 가는 게 너무 귀찮으니까. 그런 점을 얼마나 빨리 해결해줄 수 있느냐 그런 문제요.

한 그건 개인 차이가 있으니까요.

박 그러다 보면 우리가 만드는 도시란 일종의 게으른 자들의 도시 그런 게 될 수 있겠네요.

도시 2

함 여기서 우리가 해야 할 건 두 가지가 있겠죠. 우리가 흔히 생각하는 유토피아를 만드느냐, 아니면 디스토피아를 만드느냐.

한 DDP나 세빛둥둥섬 같은 거대 건축물을 보고 있으면 서울과 너무 어울리지 않는다는 생각이 들어요. 하지만 아까 이야기하셨던 혼재성 등을 생각해보면, 일종의 기념비 같은 건물로 느껴지기도 하거든요. 유토피아라는 게 무엇일지 잘 모르겠지만, 그것이 가능할까 하는 생각이 좀 들어요. 유토피아라는 말 자체가 너무 뜬구름 잡는 것 같은 그런 느낌도 좀 들거든요.

서 여기서의 유토피아라는 건 욕망을 보여주는 거울일 뿐, 저자 자신도 실제로 그러한 도시를 상정하고 있는 것은 아니겠죠.

함 그래서 도시계획가들이 빠져 있는 고민이 두 가지예요. 우리가 계속 가치를 가지고 가야 하느냐, 아니면 욕망을 있는 그대로 해결하는 방식을 도입해야 하느냐. 그런데 후자를 취하는 즉시, 도시는 망하게 되어 있거든요.

서 도시계획은 기본적으로 공공성에 기반한다는 대전제에

1. 지난 모임 때 함성호 선생님이 시공간의 좌표축을 삼각뿔 입방체 모형으로 설명해주셨습니다. 그런데 거기에 보이지 않는 좌표 하나를 더 추가할 수 있다며, 이 지점을 보고 표현하는 게 바로 예술가의 몫이라고 주장하셨죠. 그 설명을 듣는 순간, 제 머릿속에는 두 작가가 떠올랐습니다. 그 두 작가는 「서울, 1964년 겨울」의 작가 김승옥과 「변신」을 쓴 카프카(Franz Kafka)였습니다. 이 두 사람은 우리가 살고 있는 시공간의 지평에 보이지 않는 또 하나의 좌표축이 있음을 그 작품들로 표현하려 했다는 생각이 들어서였지요.

실은 그렇지 않아도 저는 이번 인디트랜스 세미나에서 잡은 주제가 '도시'라는 말을 듣자마자 문학과 연관 지어 이 두 작품을 떠올리고 있었습니다. 첫 모임 때 어떤 선생님이 도시라는 주제와 연관 지어 논할 만한 작품이 뭐냐고 물으셨을 때도 저는 대뜸 두 작품을 거론하기도 했지요.

예술가 또는 작가는 누구보다 예민한 촉수로 현재의 시공간적 지평에 새로운 차원이 도래하고 있다는 것을 감지합니다. 그래서 함성호 선생님이 말씀하신 대로 삼각뿔 입방체에 그려지지 않는 비가시적 좌표축을 파악하는 게 아닌가 싶습니다. 남들이 태평하게 일상을 살아갈 때 작가와 예술가는 자기가 살고 있는 시공간적 지평의 진동을 느낍니다. 그리고 그렇게 느껴진 진동을 몸살로 앓습니다. 어쩌면 작품이란 그 몸살의 체현일지도 모르겠습니다.

2. 한 작품에는 서울이라는 도시가 전면에 등장해서 말 그대로 꿈틀거리고 있습니다. 반면, 카프카의 「변신」에는 특정 도시가 드러나 있지 않습니다.

위배되기 때문인가요?

함 그렇죠. 공공성이란 개념이 사라져버린 도시가 인간의 욕망을 가장 잘 살린 도시일 텐데, 공공성이 없어진다면 도시라는 기반 자체도 사라져버리니까요.

서 공공성의 포장만 남겨두고 내용물은 바꿔버리는 일이 가능하지 않을까요? 공교롭게도 함 선배님이 아까 교육을 이야기하셔서 묻고 싶은 것이기도 했는데요, 교육은 분명 공공성의 영역으로 헌법에도 교육의 권리와 의무가 명시되어 있죠. 지금 이 대전제를 부정하는 사람은 없겠지만, 실제 알맹이를 들여다보면, 현재의 교육이 그런 공공성에 부합하는 것인지는 잘 모르겠거든요. 도시문제에서도 마찬가지로 공공성이란 대전제를 위반하지 않는다는 일종의 자기암시, 환상을 잘 유포하고 알맹이는 바꿔버릴 수 있지 않을까요.

박 일종의 자기기만 전략을 쓰는 것이네요.

서 다른 영역에서도 그런 일이 많이 나타나고 있죠. 예컨대 우리가 민주주의에 대해 문제를 제기하는 것도 현재의 민주주의가 제도상으로, 명목상으로 존재할 뿐 실제로는 자본에 의한 과두제로 진행되고 있기 때문이란 이야기도 하니까요. 욕망이 공공성이란 대전제를 넘어선다면 어떤 식으로든 그걸 수정하려는 전략이 나올 수 있을 것 같아요. 예컨대 교육 측면에서도, 현재 논술은 학교에서 가르치지도 않으면서 대학 입시에선 요구하고 있죠. 사실상 사교육 시장에 교육을 내맡긴 셈이죠.

함 작은 정부라는 말이 나오기 시작하면서, 공직 사회도 공공성을 포기하고 있죠. 전에는 건물을 지으면 구청 직원이 직접 시설 검사를 하고 시정 조치를 내렸었는데, 이제는 그 일을 하는 사람이 다른 건축가들로 바뀌었죠. 그러고는 사고가 나면

하지만 주인공 그레고르 잠자(Gregor Samsa)가 벌레로 변신하기 이전까지의 빠듯한 직장 생활과 다른 가족들의 대화 등을 통해 이들이 도시에 살고 있다는 유추가 충분히 가능해 보입니다. 그렇다면 그 도시가 프라하라고 유추해볼 수도 있겠습니다. 프라하라는 보헤미아의 수도에서 태어나고 자란 카프카가 프라하 말고 하필 다른 도시를 이 가족의 공간적 배경으로 택했을 가능성은 희박한 것 같으니까요. 말하자면 「변신」은 프라하라는 대도시에 사는 어느 가족 이야기입니다.

이 말을 뒤집어 가족 이야기를 통하여 프라하라는 대도시의 '내적 풍경'을 보여주려 했다고 할 수 있을지도 모르겠네요. '나'에서 '그'로, 개인적 체험에서 집단의 공감대로, 좁은 데서 넓은 데로 넘어가는 게 문학의 순방향이니까요.

김승옥과 카프카는 제각기 서울과 프라하라는 도시에서 이전까지 사람들이 경험해보지 못한 변화에 주목하고 있습니다. 이 '변화'를 시공간의 좌표축 이동 또는 새로운 차원의 형성으로 고쳐 말해도 무방하리라고 봅니다. 그러니까 서울과 프라하라는 삼각뿔 입방체에 새로운 시공간의 차원이 덧씌워지고 있는 광경을 예리하게 통찰해서 표현하고자 한 것 같다는 말입니다.

2-1. 어떤 역사적 시공간(도시는 그 자체로 역사적 시공간입니다)의 변화를 나타낼 수 있는 측정 기준으로 흔히 윤리가 채택됩니다. 그런데 윤리에는 특정한 관점의 가치판단이 뒤따를 수밖에 없습니다. 다른 자리에서라면 '문학'의 이름으로 그냥 넘어갈 수 있는 문제인데 (이 자리가) 인디트랜스인 만큼 난관으로 여겨질 수도 있는 대목이네요. 하지만 이 말을 작가가 어떤 윤리적 입장

책임을 질 사람이 없어요. 세월호 사건만 봐도 그렇죠.

박 함 선생님이 욕망이란 말을 사용하는 맥락이 좀 다중적이고 무규정적이라 할 수 있을 것 같아요. 저는 인간의 욕망이 원초적인 것이라기보다는 이데올로기의 소산일지 모른다고 생각해요. 동물의 욕망과 인간의 욕망은 다르다는 거죠. 아까 우리가 도시의 문제를 욕망을 통해 접근할 때, 선생님이 말하는 욕망에 기반을 두는 도시라는 게 자본주의적인, 자본가들의 욕망을 채워주기 위해 재편성된 소비 공간을 의미하는 것은 아니죠?

함 그렇죠. 하지만 사실 저는 자본 자체도 욕망의 일종으로 표현할 수 있다고 봐요. 현시대의 재벌 같은 사람들도 자본이란 욕망의 포로가 아닐까요? 그들이 자본의 증식을 위해 소비 대중을 조종하려 하는 것처럼, 그들 자체도 자본이란 것에 빠져 휩쓸리고 있다는 거죠. 저는 자본주의라는 건 근본적으로 인간의 저 밑바닥에, 인간 자체에 내재하고 있던 욕망이 산업화를 통해 극단적으로 나타난 것이라고 생각해요. 어떤 의미에선 짐승의 욕망과 비슷하지 않을까요?

박 짐승은 인간과 달리 사고파는 행위를 하지 않죠. 우리는 쇼핑을 근현대적인 것이라 생각하는데, 기원전부터 인간들은 어떤 식으로든 거래를 계속해 왔다는 점이 이야기되고 있어요. 그런 의미에서 인간의 욕망은 짐승의 욕망과는 다른 것이 아닐까요?

서 하지만 침팬지나 유인원들은 실제로 그런 거래를 한다고 하더군요.

서 이야기를 조금 돌려서, 앞으로 공동 작업은 어떤 방식으로 진행해야 할까요?

박 대안 도시를 추구했던 프로젝트들이 접근하는 방식을 살에 서서 자신의 윤리관을 설파했다는 식으로 받아들이는 것은 곤란합니다. 여하튼 이 두 작가가 윤리의 변화에 주목해서 그 변화상의 몸살과 진통을 표현했다는 선에서 이해하시면 될 듯합니다. 여기서 '윤리'란 말도 어떤 선악을 재단하는 잣대 같은 게 아니라 그저 사람들이 어울려 사는 동안 세워진 최소한의 기본 도리(사람이 사람답게 산다고 할 때 사람답게 어울려 사는 건 뭐냐 따위…. 제가 아는 한, 문학의 관심은 이 주제에서 결코 벗어나본 적이 없습니다. 온갖 위악적 발광을 일삼은 난장질이나 차가운 탈주체적 구조주의와 교감한 프랑스 현대문학의 일부 유파조차도)를 가리킵니다. 문학이 굴러가도록 움직이는 힘은 가볍고 자유로운 상상력임에 틀림없지만 그 근간에는 항상 반성의 욕망이 깔려 있는 것 같습니다.

2-2. 깜빡하고 넘어갈 뻔했는데, 이 두 작품에 공통적으로 제시된 시공간적 좌표축은 '근대'를 가리키고 있습니다. 사람들이 이전까지 전혀 체험해보지 못한 '근대사회'라는 시공간적 좌표축을요. 조국 근대화, 박정희 근대화, 근대사회의 필요에 따라 형성된 대도시들과 그 도시 안에서 근대라는 공기를 떠안고 새롭게 형성된 사람들 또는 가족 사이의 윤리, 조상 대대로 살아온 고향 땅을 떠나 어찌 된 영문인지도 모르고 도시로 유입된 정신적 난민들…. 무엇을 근대라고 하냐며 저한테 따져 묻지 마시길. 어쩌면 '근대'란 몇 마디로 간단히 정의될 수 있는 용어가 아니라 지금껏 막연히 떠도는 풍문이거나 징후 따위에 붙여진 호명일지도 모르겠다는 생각이 드니 말입니다.

3. 작품을 이야기하면서 그 텍스트의 유일한 창작 주체로 작

펴보면 될 것 같아요. 그러고 나서 최 선생님이 이야기하시는 위상학적 공간과 소설을 접목시켜 하나의 틀이 제시되면, 그다음에 다른 작가들과도 이야기를 할 수 있지 않을까 합니다. 하지만 사실 이것도 미리 결정된 것은 아니고 그런 방향으로 진행하는 것이 괜찮지 않겠나 하는 제안일 뿐입니다. 작업을 구체적으로 어떻게 진행할지, 아니면 이런 방향으로 진행하는 것이 과연 타당한지에 대해서 너무 앞질러 판단하지 말고, 함께 논의해서 결정하는 것이 좋겠어요. 지금 굉장히 다양한 분야 간의 협업이 이뤄지고 있으니, 이야기나 이미지 등 여러 영역을 소화할 수 있는 유효한 플랫폼으로 게임을 다시 적극적으로 생각해볼 수도 있을 것 같아요. 아니면 게임적 요소와 다른 것들을 접목해서 좀 더 잡종스러운 포맷을 만들 수도 있겠고요.

함 하이퍼큐브이건 아니면 최소 곡면을 이용한 도시 인프라 구성이건 여기서 우리가 만드는 모델이 무엇을 위해서 쓰이는가를 생각할 때, 저는 그것이 욕망을 위해서 쓰일 수 있겠다고 생각했어요. 그런데 그러면 굉장히 어두운 도시가 될 수도 있겠다는 생각이 들어요. 소돔과 고모라처럼요. 그러다 보니 우리 생각의 실마리를 소설로 풀어보는 건 굉장히 재밌겠다는 생각이 들었죠.

최 이 작업을 하는 데 있어서 꼭 수학적인 내용을 집어넣는다고 생각하면 어려울 것 같아요. 극소 곡면이나 위상수학 내용을 결부시키려 할 필요는 없을 것 같고, 자유롭게 도시의 욕망을 채워 넣는 이야기를 만들어가는 게 좋지 않을까요?

박 네. 그런데 처음에 위상수학, 하이퍼큐브를 이야기하면서 자연스레 소설로 연결이 되었거든요.

최 그렇긴 하지만 그 뼈대를 계속 유지하면서 이야기를 진행가를 거론하는 게 별로 내키지는 않습니다만 「서울, 1964년 겨울」의 대도시 체험과 충격적 이질감에 대해 쉽게 말머리를 풀기 위해 편의상 이 소설의 작가 김승옥 얘기부터 꺼내보는 것도 나쁘지 않아 보입니다.

김승옥의 고향은 전남 순천입니다. 연보를 보면 그곳에서 고등학교까지 마친 후 1960년대 초 대학에 진학하기 위해 서울로 왔습니다. 도농 간 격차가 많이 줄어들었다고는 하지만 지금도 지방에서 성장한 사람이 서울로 오면 엄청난 문화적 충격에 휩싸인다더군요. 그러니 1960년대 초반이야 오죽했을까요. 당시에는 대도시를 중심으로 우리도 '양코배기'들처럼 살아보자는 식의 근대화 욕망이 꿈틀거리기 시작할 무렵이었을 테니까요. 평평한 전근대적 2차원의 지평에 머물러 있던 존재가 근대화의 욕망으로 들끓는 3차원의 삼각뿔 입방체로 진입하게 되면 이 세계가 어떻게 보일까요? 신기하면서도 낯설고 그래야 한다는 믿음이 생기면서도 어쩐지 이건 아니다 싶기도 하고…. 매 순간 갈팡질팡하며 심한 몸살을 앓을 수밖에 없을 겁니다.

밤이 되면 적막에 빠져드는 지방과 달리 서울은 통금 전까지 불야성을 이룹니다. 이 작품에서 어둠을 가르며 번쩍거리는 허공의 네온사인과 담벼락에 붙은 비어홀의 광고 포스터는 이곳의 시공간적 지평이 근대도시라는 것을 일깨워주는 지표들입니다. 말 그대로 사방이 입체적으로 들썩거립니다. 그러니 비어홀 광고지에서 활짝 웃고 있는 여자 모델이 화자 '나'에게 '그저 그래요', '추운들 별 수 없지 않느냐'며 말을 건네는 것처럼 여겨지는 것도 무리가 아니겠지요. 이런 주변 풍경이 눈에 들어온다는 것은 작가나 화자에게 서울이 낯설고 신기한 시공간이기 때문하는 건 쉽지 않을 것 같아요. 넣으면 좋긴 하겠지만요.

함 예전엔 백화점을 설계할 때 "어떻게 하면 사람들을 최대한 오래 그 안에 머물게 하는가"가 최대 관건이었어요. 그래서 엘리베이터 대신 에스컬레이터를 만드는 것처럼, 모든 환경, 음악 등의 초점을 사람들을 더 오래 머물게 하는 데 맞췄죠. 그런데 이제는 사람들이 백화점을 원하지 않아요. 여성들도 인터넷이나 TV를 통해 쇼핑을 하니까요. 사람들이 백화점에 부여하는 사회적 가치가 사라진 것이라고 볼 수도 있겠죠. 그런 의미에서 명품관이 아니면 백화점은 다소 위태로운 공간이라고 말할 수도 있을 겁니다.

한 실제로 백화점에서 파는 물건을 인터넷에서 사면 더 싼 경우도 있으니까요. 백화점에선 물건만 보고, 실제 구매는 인터넷에서 하는 거죠. 백화점 자체가 일종의 쇼룸 역할만 한다고 할까요.

서 정크 스페이스네요, 정말.

서 그러면 정말로 소설 형태로 결과물을 내놓아야 한다는 이야기일 텐데요.

박 그게 진행상 더 좋을 것 같아요. 그래야 다른 매체를 사용하는 작가들도 참여가 잘 될 것 같고요. 아까 욕망 이야기를 하셔서 다시 여쭤보면, 위상학에서 다른 것을 겹쳐 붙이는 게 있잖아요. 다른 관계들이 만나는 것, 한 면과 다른 면이 만나서 형태를 이루고, 다시 또 변하고, 차원이 올라가고, 저는 그게 굉장히 재밌는 부분인 것 같거든요. 그런 게 소설에서의 공간들과 구조적 동형성 같은 게 있다는 이야기를 했었는데요. 그런 아이디어를 살리면서 소설 작업을 하면 자연스럽게 소설의 시공간과 위상학적 차원이 서로 포개지고 다른 분야로도 잘 연결될 수 있을 것 같아요. 그 플랫폼 중 하나로 게임을 생각할 수 있지 않을까 하고요. 선생님

아닐까요? 작중 화자도 작가처럼 지방에 살다가 육군사관학교에 진학하기 위해(비록 낙방하긴 했지만) 서울로 굴러들어 온 '유민'의 한 사람이지요. 근대 세계의 유민이 서울이라는 가변적 시공간을 바라보는 셈입니다.

그 저편에 대학원생 안이라는 인물이 있습니다. 1960년대에 대학원생이라, 어떤 세계에 속한 사람일지 대충 짐작이 갈 만합니다. 게다가 부잣집 도련님이기까지 하네요. '나'와는 달리 서울 토박이처럼 보이기도 하고요. 작중인물은 이미 그 자체로 역사적 시공간이 암시되어 있는 각각의 좌표축을 형성합니다. 대학원생 안은 서울이라는 근대적 지향점이 형상화되어 있는 인물로 보입니다. 시종일관 그에게 두드러진 것은 '개인주의'적 성향입니다. 요즘 사람들에게 개인주의를 어떻게 생각하는지 물으면 대개 긍정적으로 본다는 응답을 내놓을 텐데요, 저는 정말이지 1960년대 한국 사람들이 개인주의를 어떻게 여기고 있었을까 궁금합니다. 그 단서가 있긴 합니다. '서울 뺀질이', '서울깍쟁이'… 이런 말이 괜히 나온 게 아니겠지요? 다 그 시대 사람들이 서울 토박이들의 행태를 보고는 정나미가 떨어져 붙인 별칭이 아니었을까 싶네요. 요즘 말로 하면 매사에 '쿨'하게 구는 것을 재수 없어 하는 반응쯤 될까요?

우리도 '양코배기'들처럼 한번 제대로 갖춰놓고 살아보자는 물질적 근대화의 욕망은 필연적으로 그쪽 사람들의 대타 관계와 가치관을 이식해오지 않을 수 없도록 했을 겁니다. 그것들이 우리한테 아주 생경하거나 윤리적으로 이질적일 때, 이식되는 순간의 저항값이 큰 건 당연한 노릇일 테고요. 거시적으로는 모두 근대적인 생활 방식을 지향하지 않을 수 없지만 미시적으이 말씀하신 욕망을 일종의 '공감하고자 함', '새로운 관계를 만들고자 함'으로 이해한다면 위상학적인 차원의 상승과 하강, 말하자면 '위상 이동의 욕망'이라고 말할 수도 있을 것 같고요.

함 지금 소설이 필요한 이유가, 우리가 지금까지 현상에 대해서 많은 이야기를 했잖아요. 욕망 해소를 위한 인프라 등을 우리가 잡았다고 하더라도 거기에서 어떤 행위가 일어나는가가 문제인데, 그것을 알기 위해서 소설이 필요한 거죠. 예컨대 아까 이야기 나온 쇼핑을 위해 인터넷에서 '클릭하는' 사람, 이런 사람들의 행위 같은 거요. 그런 것을 소설을 통해 살펴봄으로써 공간 자체도 보다 구체적으로 잡아나갈 수 있다는 거죠. 게임은 그 이후에야 가능성을 따져볼 수 있을 것 같아요.

서 그런데 갑자기 게임은 왜 생각하신 건가요? 게임에 대해 부정적으로 생각하지 않으셨나요?

박 여러 영역이 입체적으로 만날 수 있는 매체가 게임이 아닐까 하는 생각이 들었어요. 또 우리 프로젝트와 잘 맞을 수 있는 부분이, 우리 프로젝트는 현실적인 것이라기보다는 게임과 마찬가지로 가상성과 관련이 있으니까요.

최 저는 백화점은 싫어하는데 영화관에 가는 건 좋아해요.

박 사실 집에서 영화를 보는 것과 극장에서 영화를 보는 것은 느낌이 다르죠.

서 최재경 선생님은 지난번 유운성 선생님 발표 때 못 오셨죠? 좋아하셨을 텐데. 그때 극장을 '구시대 공동체의 마지막 폐허'라고 이야기하셨죠.

박 유운성 선생님이 극장의 경험을 굉장히 좋아하는 분이죠. 재밌는 발표였어요.

함 극장의 스크린 때문에 가시는 건가요?

최 꼭 그런 건 아녜요. 사람들

로는 거기서 생겨나는 충돌과 길항의 양상들에 진저리 치면서 그 현상들을 반성해보게 되는 거지요. 그리고 그 반성은 언제나 문학의 몫으로 남는 것 같습니다. 하긴 문학을 시대에 뒤떨어진 엔터테인먼트로만 여긴다면 미시적인 반성의 몫이야말로 문학에 주어져 있다는 주장 자체를 납득하기 어려울 수도 있겠네요. 여하튼 이 소설에서는 물질적 근대화의 육신에 빙의한 근대정신의 대표 단수로 개인주의를 끄집어내고 있습니다.

서양의 근대를 연 게 부르주아들이고 부르주아들을 떠받쳐준 정신적 주춧돌이 개인주의와 자유주의였다는 것은 주지의 사실이지요. 자유주의, 참 멋있는 말이죠. 자유를 최우선적 가치로 내세우자는 데 반박할 사람 없지요. 하지만 그 자유가 국가나 왕정의 간섭을 받지 않고 부르주아 개개인이 자기 사업에서 최대한의 영리를 추구할 수 있도록 보장해달라는 장사의 자유라면 어떤가요? "너는 너, 나는 나, 네가 장사하다 망하든 말든 상관하지 않고 나도 장사하다 망하든 말든 어디에 도와달라 손 내밀지 않겠다. 오케이?"

김승옥은 원래 이 작품을 유머소설로 쓰려 했답니다. 그러니 작품 초장에 개인주의적인 유희가 말장난 같은 대화로 길게 이어지는 거겠지요. '화신백화점 2층 화장실 두 번째 칸에 음란한 손톱자국이 나 있는 것을 본 사람은 나밖에 없다. 그러니 이건 온전히 나만의 몫이다. 오호, 그러냐? 저녁 7시 30분 현재 시각에 망원동 버스 정류장 앞에는 젊은 여자 두 명과 중고등학생 세 명이 기다리고 있었다. 이것을 헤아린 사람은 오로지 나뿐이니 이것도 온전히 나만의 몫이다.'

이 대목까지만 해도 작가 김승옥은 우리 위에 덧씌워지고 하고 같이 경험할 수 있다는 것도 있죠. 또 큰 극장은 별로 안 좋아하고, 좀 작은 극장을 좋아해요.

서 큰 화면이 아니어도 극장이 갖는 그 아우라가 있죠. 심지어 광고 나오는 것, 그동안 사람들의 수런거림까지요.

박 특히 예술영화 같은 경우엔 그 극장에 오는 사람들 사이의 말 없는 연대감 같은 것도 있죠.

함 개인적으로 인도에서 영화관에 갔을 때 좀 놀랐어요. 왜 인도 영화 보면 뜬금없이 춤추잖아요? 관객들도 그때 같이 일어나서 막 춤을 추는 거예요. 인도 사람들은 그것 때문에 영화관에 올 수도 있겠다는 생각이 들었어요. 사람들하고 같이 춤추고, 노래하고, 영화 보고 하는 경험이요.

서 '구시대 공동체'의 극단적 형태라고 할 수 있겠네요.

함 근데 또 대도시 근처 가니까 그런 게 없더군요.

박 다시 좀 돌아가서, 세 선생님이 일단 위상학과 소설이 겹치는 틀을 간단하게라도 만들어주시면 공동 작업에 진전이 좀 있을 것 같아요.

최 어떤 목적을 염두에 두고 일을 하자니 쉽진 않네요. 일단은 그냥 소설을 쓰는 것이라고 생각한다면 좀 쉬울 것 같아요.

박 네, 부담 갖지 마시고 그렇게 진행하시면 될 것 같아요. 지금까지 이야기하셨던 맥락에서 그런 작업을 해주시면 좋겠어요.

서 한 가지 제안을 드리자면, 도시 공간 탐구라는 대전제를 한 축에 놓고, 그 위에서 두 가지 모델을 상정하고, 그에 맞춰서 소설적 작업을 해보면 어떨까 해요. 제가 생각하ㅁ는 두 가지 모델 중 하나는 오히려 공간성을 느낄 수 없는 소설 텍스트 모델이에요. 왜냐하면 공간성이 없어야 공간 탐구라는 대전제를 빚어낼 수 있을 테니까요. 다른 하나는 최재경 선생님이 구체적으로 위상수학 관련한 내용

있는 개인주의의 지평과 사회적 좌표 이동을 경쾌하게 즐기면서 깐죽거리는 에피큐리언에 지나지 않습니다.

그런데 이야기가 진행되면서 소설은 근대화의 문턱에 들어선 서울의 암영을 비춰 보이기 시작합니다. 말하자면 대학원생 안과 화자 '나'가 은근히 동경해왔을 개인주의적 성향을 유쾌하게 탐닉한 끝에 (그렇지 않았다면 '나'가 그토록 신이 나서 나만이 보고 간직한 것을 화제로 치열한 대화 배틀에 뛰어들었을 리 없겠지요? '나'는 이미 만원 버스에서 어여쁜 아가씨들과 살을 맞대고 있을 수 있다는 이유만으로 도시의 일상에 깊이 매혹되었음을 고백하고 있기도 합니다. 자기 고향에서라면 엄두도 내지 못했을 일이라는 말까지 덧붙여가면서 말이지요) 자신의 탐닉과 유희에 대해 진지한 자성의 시선을 던지는 셈이지요. 그러면서 "앞으로 이런 방향으로 세상이 내달려갈 텐데 우리, 정말로 괜찮을까요?"라고 묻습니다. 김승옥이 보기에는 전근대적 공동체에 새로운 차원이 덧씌워지며 윤리적 파열음을 내는 근대적 시공간, 이게 서울입니다.

소설이 유희와 탐닉에서 자성과 반문으로 갈라져 나오는 분기점은 정확히 아내의 시신을 몇 푼의 보상비로 대학 병원에 팔아넘긴 사내가 등장하는 대목이지요. 이 시점 이후부터 소설의 주인공은 사실상 돈입니다. 김승옥은 개인주의와 자유주의와 돈 문제가 서로 떼려야 뗄 수 없는 불가분의 관계로 얽혀 있다는 것을 냉철히 들여다본 것 같아요.

사내는 돈으로 대학원생 안과 '나'의 저녁 시간을 삽니다. 그런데 그 돈은 아내의 시신을 팔아넘긴 죄의식과 수치심의 침전물입니다(이 시점부터 소설에는 윤리가 적극적으로 개입해 들어옵니다). 그러니까 사내는 죄의식과 수치심의 침전물로 다른 사람을 가지고, 예컨대 '소설의 구성과 위상'처럼 서로 호환될 수 있는 모형을 제시해주시면 좋을 것 같아요. 공간성이 없는 소설 텍스트 모델의 한 예로 떠오르는 작품은 지난 시간에도 이야기가 많이 나왔던『필경사 바틀비』(이하『바틀비』)입니다. 욕망을 아주 이상한 방식으로 탐구한 작품이죠. 또 '공(空)'이나 '죽음', 더 심층적으로는 '글쓰기'란 문제도 여기서 끄집어낼 수 있을 것 같고요. '공간성'이란 문제도 끄집어낼 수 있겠지만 저는 아직은 못 발견했어요. '법률사무소'나 '수취인 불명의 우편물 보관소'처럼 다양한 공간이 등장하긴 하지만요. 우리가 지금 탐구하고자 하는 도시 공간의 문제는 좀 희미한 것으로 다가왔는데, 이런 부분과 연관해서 형상화해보면 어떨까 해요.

박 조금 정리해보면,『바틀비』를 모티브로 다시 쓰기를 하는 방식이 좋겠다는 말씀이신 거죠?

서 네. 우리 작업은 도시 공간에 대해 탐구했던 작품과 연계하기 쉬울 텐데, 역으로 도시 공간에 대한 탐구가 빠져 있는 작품이되, 다른 선생님들도 흥미 있게 본 작품을 하나의 모델로 삼을 수 있지 않을까 해요. 도시 공간에 대한 탐구를 토대로『바틀비』라는 하나의 사례 모델과 최재경 선생님의 수학적 상상력 혹은 위상학에 근간한 모델 두 가지를 제시하는 정도로 기본 틀을 정리할 수 있겠죠. 최재경 선생님께서는 소설도 쓰시고 문학적 상상력도 있으시니까 작업도 더 수월할 것 같아요.

최 예를 들어서 다들 '뫼비우스의 띠'라는 건 알고 계실 텐데요, 우리가 사는 공간도 어쩌면 뫼비우스의 띠 같을지도 몰라요. 그렇다면 예컨대 내가 우주선을 타고 빠른 속도로 아주 멀리까지 갔다 오고 나면, 출발할 때는 오른손잡이였는데 도착할 때는 왼손잡이가 되어 있다들과의 관계를 매매하는 데 쓰고 있는 셈이지요. 그러다 남은 돈 뭉치를 돌멩이에 매달아 화재 현장에 던져버리고 맙니다. 그러고는 할부 책값을 받아낼 테니 계속 같이 있어달라고 다른 두 사내에게 애원하며 때아닌 소동을 벌입니다. 그러더니 결국 혼자 남은 여관방에서 자살을 택합니다.

'그 사내를 홀로 두지 않고 한방에서 같이 묵었다면?' 하고 화자는 자문해봅니다. 하지만 대학원생 안은 이런 죽음 앞에서도 끝끝내 냉담한 태도를 잃지 않습니다. 오히려 혼자 두면 괜찮을 줄 알았다고 강변하기까지 합니다. 혼자 둬서 괜찮은 사람은 도대체 어떤 유형의 인간들일까요? 역사적 시공간 속에서 자기를 혼자 좀 내버려놓아달라고 외친 인간들은 누구였을까요? 그리고 그런 사고방식은 어디서 온 걸까요?

김승옥이 서울이라는 역사적 시공간에서 마주친 근대의 표정이란 외관상 활기차면서도 이토록 모질고 냉랭했던가 보네요. 황지우 같은 시인의 표현을 변주해서 빌려보자면 아마도 '활달한 산송장'쯤?

4. 「변신」은 어느 대도시에 모여 사는 한 가족의 이야기입니다. 하지만 이 작품의 공간적 배경은 「서울, 1964년 겨울」과 달리 도시의 거리가 아니라 그레고르 잠자의 가정으로 제한되어 있습니다. 한 가정의 울타리 안으로 공간적 배경이 제한되어 있다 보니 당연히 소설의 중심인물은 가족일 수밖에 없습니다. 말하자면 이 소설의 초점은 대도시의 한 귀퉁이에 가정을 꾸리고 오순도순 모여 사는 가족의 일상에 맞춰져 있는 셈입니다.

그럼 이게 훈훈한 홈드라마나 애증 어린 소프 오페라냐? 전거나 할 수 있죠. 백화점의 어떤 특수한 방, 영화관 등 어떤 공간에 갔다 오면 좌우가 뒤집어진다거나 하는 식으로도 우리가 소설적으로 뫼비우스의 공간을 만들어볼 수 있겠어요.

한 그러면 그런 식으로 '갔다 오는' 것이 함성호 선생님이 이야기하신, 욕망을 해소할 수 있는 방향으로 가면 될까요? 『바틀비』에서 재밌었던 건, 바틀비가 사실 일반인의 입장에서 보면 정신이 나간 사람이죠. 사회생활을 할 의지도 없고, 일종의 정신이상자인 건데, 이 사람을 처리할 공간이 없어요. 마지막에는 구치소로 가는데 사실 그곳조차도 적절한 공간은 아니었어요. 즉 어떤 의미에서 바틀비는 전혀 이동하지 않아요. 수동적으로 옮겨질 뿐이죠.

최 어떤 면에서 바틀비는 그런 뫼비우스 공간에 갔다 온 사람인지도 모르죠.

서 실제로 일종의 외계인처럼 보이죠.

함 바틀비는 무언가를 안 하는 건가요?

서 『바틀비』를 보면, 월 스트리트 변호사 사무실에서 주인공 화자(나)가 서기관을 구해요. 그러다가 구한 사람이 바틀비인 건데, 처음에는 일도 잘하고 화자가 좋아했어요. 그런데 어느 날부터 화자가 일을 시키면 바틀비가 "저는 그런 일을 안 하고 싶습니다"로 일관해요. 그래서 화자가 도저히 못 견디고 바틀비에게 나가라고 하니 "저는 안 나가고 싶습니다"라고 대답하고요. 그래서 화자가 결국 자신이 나간다고 변호사 사무실을 이전했는데, 바틀비는 계속 그 장소에 남아서 문제를 일으켜요. 결국 경찰이 화자한테 와서 이 사람을 데려가라고 이야기해요. 그래서 데려갔다가 나중에 구치소로 보내죠.

한 어떤 일을 하지 않는 쪽을 선택하죠. "I would prefer not to"라고요. 영어에서도 잘 쓰지 않는 표현이라고 하더군요. 또 제혀 그렇지 않습니다. 카프카는 가족의 일상사 따위에 아무런 관심도 없습니다. 이 소설에서 정작 그가 관심을 두고 있는 것은 도시에 모여 사는 사람들의 변화와 흐름입니다. 그에 관하여 가장 첨예하고 극명하게 드러낼 수 있는 대상으로 가족을 골랐을 뿐입니다. 그리고 그 표현 방식은 내밀한 묵설법과 초현실주의적인 환상, 연극 무대 같은 공간적 폐쇄성 등으로 짜여 있습니다.

카프카는 외관상 소설의 무대를 가정 내부로 좁혀두고 있으면서도 공간적 배경이 도시라는 역사적 시공간으로 확장될 수 있도록 구성의 마디마디에 다양한 층위의 행간들을 적절히 배치해두고 있습니다. 거의 모든 카프카의 작품이 그렇지만 「변신」은 그야말로 침묵과 여백의 정수입니다. 이 작품에서 가장 충격적인 것은 주인공이 벌레로 변한 과정이나 의미에 대해 끝까지 납덩이같은 침묵으로 봉인해두고 있다는 점입니다. 인간이 벌레로 변한 현상만 덩그마니 나타나 있을 뿐 아무도 그가 왜, 어떤 과정을 통하여 벌레로 변하게 되었는지 해명해주지 않습니다. 아무도 그 사실에 관하여 말하려 들지 않습니다. 심지어 벌레로 변한 당사자조차도 벌레가 된 기분이 어떤지, 직장인의 일상에서 벗어나 벌레로 살아보니 어떤지, 이 황당한 변신을 어떻게 받아들이고 있으며 어떻게 해석하고 있는지 아무런 소회도 전혀 늘어놓고 있질 않습니다. 이에 대한 침묵은 이 텍스트의 블랙홀이라고 할 만합니다. 거대하고 무시무시한 구멍이죠.

말하자면 카프카의 「변신」은 아무 말도 않는 척하면서도 수많은 말들을 쏟아내고, 폐쇄적인 가족 이야기를 다루는 척하면서 이들의 거주 공간인 도시를 넓게 전경화하며, 환상적인가 하면 극도로 사실주의적이기도 하고, 주인공이 그레고르 잠자인

목은 정확하지 않은데, 『바틀비와 바틀비들』이란 스페인 작가 소설도 있거든요. 바틀비 증후군에 걸린, 글을 안 쓰게 된 작가들에 대한 소설인데 그것도 재밌어요.

한 말하기 나름이긴 한데, 『바틀비』는 공간성이 굉장히 강한 소설이 아닌가 해요. 다른 예로 이상의 「지도의 암실」 같은 걸 보면 제목에는 '지도'가 들어가는데 내용상 이동을 전혀 안 하거든요. 「날개」에서도 마지막에 주인공이 백화점 옥상에 올라가잖아요. 이런 작품도 지금 우리 연구에는 적합하다는 느낌이 들어요.

최 『바틀비』의 어떤 점에 공간성이 있는 건가요?

한 처음에 주어지는 월 스트리트라는 공간, 변호사 사무실, 벽 등이요. 뉴욕에서 개인적으로 재밌었던 것 중 하나가 "아, 이곳에선 도망칠 곳이 없구나" 하는 거였어요. 기본적으로 골목이 없는 격자 형식의 도시니까 요. 어디 있건 내가 노출될 수 있다는 느낌이었어요.

박 그런 공간은 계산 가능하니까요.

한 네. 또한 소설에서 바틀비는 그를 받아줄 곳이 아무 데도 없는, 즉 가족, 친구, 아무도 없이 마치 점처럼 존재하는 인간이죠. 또한 이 사람은 우리가 가진 모든 윤리적 체계, 법적 제도에서 비껴 나가는 존재예요. 말하자면 우리가 나는 몇 살이고 지금 이 공간 안에 있을 수 있는 어떤 자격 같은 것을 부여받은 상태로 일종의 격자 형태 안에 존재한다면, 바틀비는 그런 모든 것으로부터 벗어나 있는 거죠. 우리는 이 사람을 포섭하려 하지만 그것이 불가능하니 다른 곳으로 계속 보내기만 하고, 바틀비는 결국 어디에도 어울리지 못한 채 소멸해버리죠. 그래서 오히려 역으로 근대가 끝나고 현대가 시작되는 시점의 공간들을 드러내주는 게 아닐까 해요.

줄로만 알았더니 그레고르 잠자는 이야기의 발단에 구멍을 내는 존재일 뿐 그 구멍으로 드나드는 여타 인물들의 반응에 더 많은 무게중심이 쏠려 있는 '탈중심적 텍스트'입니다.

제가 탈중심적 텍스트라는 말에 작은따옴표를 친 것은 그 말이 동어반복 또는 형용모순일 수도 있기 때문입니다. 텍스트란 원래부터 중심적인 전언의 목소리가 배제된 여러 이야기 실올들의 얽힘과 짜임을 뜻하는 용어니까요. 그런데도 여기서 굳이 '탈중심적'이라는 관형사를 덧붙인 것은 그만큼 카프카의 작품이 한 가지 말로 단출하게 갈무리되지 않고 장방형으로 퍼져나가고 있다는 것을 강조하기 위해서라고 이해해주시기 바랍니다.

그렇다면 카프카는 도시의 변화와 시공간적 좌표축 이동에 맞춰 왜 하필 가정과 가족이란 소재를 택한 것일까요? 에둘러 가지 않고 단도직입적으로 결론만 말씀드리자면 거기서 변화와 이동의 '윤리적 몸살', 또는 한 차원이 산산이 부서져나가는 형해화 과정이 가장 극단적으로 표출될 수 있기 때문 아니었을까 싶습니다. 시대상의 격동에 민감한 작가는 이렇게 항상 의도적으로 극단적인 지점에 서서 과격한 표현 방식을 택하기 일쑤입니다. 그만큼 작가가 그 흐름과 변화의 격통을 예민하게 겪어서이기도 하겠지만 그러지 않고서는 우리가 현재 어떤 실상에서 살고 있으며 어떤 역사적 시공간을 가로질러 지나가고 있는지 선연하게 드러내기 어려울 테니까요. 작가가 극단적일수록 텍스트 안의 현실은 실제 현실의 근저에 은폐되어 있는 전율의 요인들을 더욱 선명하게 되비춰 보일 수 있는 게 아닐까 싶습니다.「변신」은 정말이지 극단적인 소설입니다.

그렇다면 가족이란 도대체 뭔가요? 흔히들 가족을 두고 '정

박 함 선생님이 계속 말씀하신 근대의 도시가 가지고 있는 강요된 정체성, 한 인간을 규정하려고 하는 공간성을 바틀비는 거부한다고 해야 할까요, 일종의 충돌을 보여준다고 할 수 있는데요. 그리고 이상의 「날개」 이야기도 한 선생님이 하셨는데, 백화점 옥상에서 떨어지거나 날거나 하는 그 이후를 생각해볼 수 있지 않은가를 얘기하신 거죠? 아까 최재경 선생님도 「날개」를 언급하셨으니 이 정도 작품들을 참고해서 진행해나가면 어떨까요?

서 공간성과 관련한 방향도 지금 한번 생각을 해봤으면 합니다. 『바틀비』가 상징적인 공간성, 말하자면 강요된 정체성, 포섭, 바코드가 찍히지 않은 탈공간적 존재 같은 것들을 보여주는 텍스트라는 지적은 참고할 만한 흥미로운 지점인 것 같아요. 향후 우리 작업에서도 그렇게 상징적인 측면에 초점을 맞출 것이냐, 아니면 누가 읽어도 이해할 수 있도록 만들 것이냐에 대해 생각해봐야겠죠. 현대 소설로 올수록 「지도와 암실」과 같은 형식의 소설들은 많아요. 단적으로 베케트도 그런 소설을 썼고, 독일 작가들의 관념적 소설들, 전혀 외재적인 공간성 없이 마음의 풍경을 그려나가면서도 의식의 흐름과도 다른, 행동과 행동이 이뤄지는 배경으로서의 공간을 완전히 배제해버린 채 관념적 사변으로만 그리는 소설도 현대 유럽 쪽에 많이 있거든요. 최재경 선생님이 이야기하신 위상학적 공간성과 관련하여 전면적으로 참고를 한다면, 그런 식의 소설적인 구성이나 유형에 가장 적합한 모델로 프랑스의 누보로망 작품들도 있고요. 로브그리예 같은 경우 정말 정밀하게 탐구되는 공간성을 가지고 거의 모든 작품을 썼어요. 방향을 어떻게 잡느냐에 따라서 선택의 여지가 있을 것 같아요. 어쨌든 이런 식으로 모델을 잡의(情誼)'의 공동체라고 하잖아요? 정의의 공동체란 뭔가요? 어떤 거래상의 이해타산 없이 오로지 정으로만 뭉친 관계, 혈연에 따라 맺어진 본능적 심성의 관계를 가리키는 말쯤으로 헤아려볼 수 있을 듯합니다. 요즘도 아무나 길 가던 사람 붙잡고 '가족'을 뭐라고 생각하느냐 물으면 대충 이와 비슷한 대답을 내놓기 십상일 겁니다. 그런 대답은 멀쩡한 가족 사이에도 얼마든지 권력 추구나 착취 또는 이해타산에 따른 거래, 배신 등이 횡행할 수 있다는 사실을 은닉 또는 억압하고 있습니다. 가족이란 정의의 공동체여야 한다는 당위적 관념에 따라.

그런데「변신」은 가족이 정의의 공동체여야 하고 실제로도 그럴 거라는 당위적 관념의 좌표와, 언제까지나 정의의 공동체일 수밖에 없나고 여겨져온 가족마저도 뒤흔드는 벡터 변화 사이의 괴리를 문제 삼고 있습니다. 그리고 그 문제의식의 지평에 자리하고 있는 것은 서구인들이 새로운 삶의 터전으로 발을 딛고 살아가는 근대의 대도시입니다. 우리가 고등학교 시절 사회 시간에 배운 대로 전근대적 관념 가운데 가장 핵심적인 게 바로 정의입니다. 전근대적 관념은 하나의 공동체 사회가 결속할 수 있는 최고의 규약으로 사람 사이의 정의를 내세웁니다. 이는 냉철한 합리적 판단이나 공과 사의 사리 분별을 준거 삼는 근대의 사고방식과 대비됩니다.

우리는 조국 근대화나 박정희 근대화까지 다 포함하여 근대란 좋은 것이고 전근대란 미개한 것이라고 배워왔습니다. 우리가 이럴진대 자유주의 부르주아들에 의해 근대의 문이 활짝 열린 서구 사회는 더하지 않았을까요? 근대의 물살이 전근대의 잔재를 씻어내고 그 바람이 대도시를 일궈냅니다. 그렇다면 지금까지고 가면 막막함이 좀 덜할 것 같아요.

함 이야기를 쭉 듣고 보니 생각이 드는 게, 인간은 자기동일성이 텅 비어 있는 존재라고 하잖아요. 그래서 나는 누구인지 끊임없이 묻는다고. 그런데 근대, 지금까지의 모든 사회는 "너는 무엇이다"라는 것을 자꾸 쥐어주려고 하는데, 결국 그것을 거부하고 자신의 자기동일성이 비어 있다고 말하는 것이 『바틀비』인 것 같아요. 나의 텅 빈 동일성을 손상하고 싶지 않다, 채우려고 하지 않겠다는 게 『바틀비』이고, 거기에 무언가를 채우려고 계속 돌아다니다가 결국 추락하는 게 이상의 「날개」인 것 같아요.

서 『바틀비』의 중요한 시사점으로 아까 한유주 선생님 얘기처럼 소설 초반의 법, 공간, 사회에 의한 재단과 격리를 연관해서 생각해볼 수 있을 것 같아요. 이 소설에서 공간이란 법으로 존재를 규정하고 재단하는 투사지대가 되는 거죠.

함 월 스트리트라는 게 그런 규정, 텅 빈 정체성의 공간을 계속 채우려는 법, 제도 등을 상징하는 것이라고 볼 수 있겠죠.

서 법이라는 게 감시망이라는 점에서도 흥미로운 주제라고 생각돼요.

박 그래서 바틀비가 그 공간에서 하는 유일한 행위는 그 공간이 요구하는 행위를 거부하는 것이죠. 그래서 만약 어떤 새로운 공간이 있다면 그 안에서 바틀비가 어떤 행위를 할 것인지도 상상해볼 수 있을 것 같네요. 그를 계속 규정하려 하지 않는 그런 공간에서라면요.

함 제가 욕망이라는 것을 통해서 계속 만들려고 하는 도시도 그런 거예요. 근대가 더 이상 개입하지 못하는 공간들, 교육이 관여하지 못하는 공간들, 그런 것들을 거부하고 인간의 텅 빈 내면에 자리하고 있는 욕망, 적어도 순수한 자신의 욕망을 알고 그것을 이루려고 하는 공간도 누구나 정의의 공동체로 여기고 있는 가족은 어떻게 되는 거지요? 가족은 근대적 변화의 무풍지대이자 치외법권인가요?

그러니까, 가족이라는 2차원적 정의의 공동체 위에 정립되고 있는 3차원적 근대도시와 사회 공동체가 그 물살과 바람 앞에 놓인 가족 공동체와 어떤 상호작용을 나누는가? 그게 바로 카프카의 질문입니다. 그런 의미에서라면 카프카와 김승옥은 사회적 차원 이동에 대해 서로 엇비슷한 문제의식과 질문을 공유하고 있었던 것으로 볼 수도 있겠네요. 아무쪼록 저로서는 외관상 거리가 멀어 보이는 두 작가 사이에 보조선을 긋는 일이 황당무계한 아전인수이거나 견강부회로 비치지 않기만을 바랄 따름입니다.

물론 소설의 앞쪽만 훑어보면 「변신」은 가족 간의 애증을 다룬 소프 오페라처럼 여겨질 수도 있습니다. "아니, 가족이라는 게 미워하기도 하다 화해하기도 하고 앙금을 쌓아두고 있다가도 어쩔 수 없는 핏줄의 이끌림으로 관계를 회복하기도 하고 그러는 거지, 그런 게 뭐 대수라고 인간이 벌레로 변하는 괴담씩이나 동원하고 그런담? 역시 글쟁이들은 허파에 헛바람만 잔뜩 들어서 황당한 침소봉대나 일삼는 치들이야. 케이블만 틀면 주구장창 재방송되는 가족 갈등사 따위가 무슨 불후의 명작이나 된다고…" 그럼 그냥 책장을 덮고 문학이라는 병신 인증을 아예 무시해버리고 말까요? 그럼 참 속이 편하고 사는 게 단순할 것만 같아요.

그런데 그러자니 이 소설은 자꾸만 문을 여닫으며 이게 가족 갈등사에 머무는 이야기가 아니라는 것을 암시합니다. 열린 문 사이로 그레고르 잠자 가족이 살고 있는 대도시의 탁한 공기와 잔뜩 찌푸린 하늘이 엿보이네요.

소설의 초장만 보면 굳이 가족 갈등사를 떠올릴 여유도 없들이요. 잘 연결되는지는 아직 모르겠지만, 바틀비도 어떤 욕망은 가지고 있지 않을까요? 누군가가 주는 것이 아니라 스스로 가지고 있는 욕망이요.

최 바틀비는 비범한, 평범하지 않은 인물이죠. 공간 위상도 그렇거든요. 우리가 중고등학교에서 배운 유클리드공간은 매우 평범한 공간이에요. 별로 재미가 없는데, 그보다 좀 더 복잡한 공간으로 갈수록, 그러니까 뫼비우스의 띠나 클라인의 병 같은 공간이 수학적으로 좀 더 재밌고 비범한 공간이죠. 비범한 인간과 비범한 공간을 잘 융합시키는 그런 이야기도 괜찮겠죠.

함 소설에는 타자가 있어야 하잖아요?

서 『바틀비』에선 바틀비가 타자죠.

한 잘 모르겠는 건, 자꾸 소설적인 도식을 가지고 생각을 하게 되는데, 예를 들어 지금 2014년 현대 서울 같은 도시에서 우리가 욕망을 추구한다는 게 사실 뻔한 일이잖아요. 그리고 그것이 충족될 수 없다는 것도 다들 알고 있고요. 어떤 의미에선 욕망 자체가 무엇인지도 잘 모르겠는 상황이죠.『마담 보바리』에서는 주인공이 욕망을 좇다가 자살하는데, 여기서의 욕망이란 함성호 선생님이 이야기하시는 근대가 주입한 욕망의 전형이란 느낌을 줘요. 반면 이상 같은 경우는 근대에서 현대로 넘어가는 시점에서 좌절되는 욕망을 보여주고요. 하지만 그런 시대들은 이미 끝났고, 지금은 사실 보바리 같은 인물도 있고, 바틀비도 있고, 이상도 있잖아요. 그렇다면 어떤 현대 인물의 전형을 뽑아낸다고 해서 그게 소설적 인물로 유의미하고 매력적일 수 있을까요? 그런 인물은 아침 드라마에 나오는 여주인공에 더 가까울 것 같아요. 어쩌면 인물 자체가 없어야 하는 것은 아닐까요?

이 빨리 일어나서 출근해야 할 한 직장인 남성이 벌레로 변해 어쩔 바 몰라한다는 내용의 유치한 환상 기담처럼만 보이죠. 그러고는 이어서 가족이 나와 어리둥절해하다 벌레로 변해버린 아들 내미와 오빠의 모습에 대경실색! 여기까지 읽노라면 아하, 이거 벌레로 변한 가족 구성원을 통해 그동안 쌓인 앙금이 불거진다는 이야기로구나, 정도로 짐작할 만합니다.

그런데 「서울, 1964년 겨울」에서 아내를 대학 병원에 팔아넘긴 아저씨가 이야기의 흐름에 변곡점을 찍었다면 여기서도 그런 인물 하나가 이 가정의 문을 열고 카메오처럼 잠깐 등장했다 사라집니다. 그 인물이 나타났다 문을 닫고 사라진 이후부터 이 가정은 격통과 몸살을 앓고 있는 대도시의 환유로 떠오르는 셈입니다. 그러니까 이 인불이야말로 카프카적인 묵설법의 요체라고 말할 수 있겠습니다.

그러고 보면 작가들은 참 음흉한 요물이나 진배없어 보이기도 합니다. 순진해빠진 사람은 아무리 글재주가 뛰어나도 작가 못할 것 같아요. 오히려 텍스트 안에서 중요한 전환의 기점일수록 이처럼 시치미 뚝 떼고 스쳐 지나가듯 처리해서 독자들을 혼돈의 수렁 속에 몰아넣는 데 익숙해져야 하니 말이지요. 이렇게 말하고 나니 오르테가 이 가세트(José Ortega Y Gasset)라는 철학자가 했다는 말이 문득 떠오르네요. "우리를 혼돈의 수렁 속에 빠뜨리는 예술가들이 골칫거리로 여겨진다면 해결 방법은 두 가지 중에 하나밖에 없다. 그들을 모조리 총살에 처해서 말끔히 정리하든가, 그러지 못할 바에는 차라리 그들의 작품을 될 수 있는 한 이해해보려고 머리를 싸매든가." 참고로 오르테가 이 가세트는 끔찍이도 대중사회를 혐오하였을 뿐 아니라 대중들의 편의와 오락

함 바틀비가 그 시대의 전형은 아니지 않나요?

한 바틀비가 그 시대의 전형은 아니지만 그 시대를 상징할 수는 있죠.

함 그 시대를 상징하는 것이지 그 시대와 관계있는 인물은 아니지 않나요?

한 약간은 있을 수 있지 않나요?

서 관계는 있는데, 전형이라고 생각하지는 않아요. 그런 전형성에 구멍을 냈다고 말해야 하지 않을까요?

함 오히려 그렇죠.

한 그렇긴 한데 오히려 너무 독보적이어서 문제가 아닐까요? 제가 아는 한, 없는 욕망을 그렇게 관철시킨 바틀비 같은 인물은 그 이전에도 이후에도 없었어요.

서 바틀비가 변주되어서 나타난 몇몇 예는 있죠. 예컨대 바틀비가 보여준 여러 모습 중 소극적인 형태의 단절 같은 거요.

한 그게 의미가 있을까요? 바틀비의 일부를 가져와 어떤 작업을 하는 것이?

서 일부를 가져온다는 것이 아니라 바틀비의 여러 모습 중 하나와 어떤 인물과의 연결성을 찾는 건 충분히 가능하다는 거죠. 특히 구멍을 낸다는 측면에서 보자면 『이방인』의 뫼르소 같은 인물도 충분히 생각해볼 수 있을 것 같아요.

한 제가 하고 싶은 말은, 지금까지 나왔던 인물들은 전부 어떤 욕망을 가지고 있고 그것을 추구하려고 노력을 하는데, 오늘날에 와서는 욕망이란 단어가 너무 남용되는 측면도 있고, 그 욕망을 구현하려다가 결국 실패해서 죽음을 맞는 사례들을 우리는 너무 많이 봐왔어요. 대도시에 사는 현대인들이 추구할 수 있는 욕망이라는 것이 한정되어 있다는 것도 우리는 잘 알고 있잖아요. 그래서 사소한 욕망을 아주 피상적이고 자극적으로 충족시키는 것 이외엔 다른 방법이 없는 상황이 된 게 아닐까 하는 거예요. 포르노그

제공만을 최우선적인 고려 대상으로 보는 현대사회에서 사실상 예술은 끝장났다고 본 니체의 후예였습니다. 요즘 같았으면 인터넷에서 집단 다구리를 당하고도 남았을 비호감형이죠. 모두가 대중에 아부 못해 안달인데 중뿔난 듯 자기 혼자만 잘났다고···.

자, 그건 그렇다 치고···. 그 인물이 누구게요? 그렇습니다. 소설이 시작되고 나서 처음으로 이 가정의 문을 열고 등장한 외부인, 바로 그레고르 잠자가 다니고 있는 직장의 지배인입니다. 그는 잠깐 등장하는 엑스트라에 불과하면서도 대화 도중 제법 의미심장한 단서들을 많이 흘려놓고 사라집니다. 그의 말을 통하여 그레고르의 직장에서 이 가정에 꽤 큰 액수를 빌려주었으며 그 빚을 갚느라 그레고르가 여기 근무하지 않을 수 없다는 사실 등이 드러나지요. 하루 무단결근한 것도 아니고, 일과가 시작되고 나서 정시 출근을 하지 않았다는 이유만으로 직접 이 집에 쳐들어와서 말입니다.

그런데 이상합니다. 지배인이 자꾸만 그레고르의 여동생 그레테를 힐끔거리네요. 카프카는 이 대목을 그저 묘사해 보이는데 그칠 뿐 이 작자가 도대체 왜 그러는지, 무슨 꿍꿍이속이 있는 건지, 아니면 그레테에게 반한 건지 가타부타 아무 말도 해주지 않고 있습니다. 참으로 답답할 노릇 아닌가요? 행간과 여백, 복선! 복선이라는 말이 가물거리시는 분들은 네이버 사전창이라도 열어놓고 무슨 뜻인지 복습해보시기 바랍니다.

열나게 빚과 돈 얘기를 하다 자꾸만 그레테에 눈길을 준다···. 텍스트란 이런 것일 겁니다. 여기에 남아 있는 실올을 폐기 처분하지 않고 나중에 옮겨다 다른 맥락의 실올에 잇대 새로운 직물이 짜일 재료로 재활용하는 게 바로 텍스트라는 말이죠, 제

래피와 같은 말초적이고 찰나적인 것에 만족하는 수밖에 없어진 거죠. 원대한 욕망들은 전부 농담의 대상이 되고요.
함 맞는 것 같아요.
서 정형화된 인물 하나를 모델로 삼아 도시 공간이나 욕망의 문제를 그려보자는 건 아니었어요. 단지 지금의 논의가 막연한 측면이 있으니 기존의 텍스트를 하나 잡아서 우리가 변주할 수 있는 준거점으로 삼으면 완전히 다른 지점으로 넘어갈 수 있으니까요.

함 좀 다른 이야기인데, 어떤 시대를 가장 잘 대변하는 인물의 전형을 가지고 쓴 소설들 꽤 많잖아요. 『안나 카레니나』, 『적과 흑』처럼요. 이런 것들은 세태소설인가요? 그러면 우리가 말하는 현대적인 의미에서의 소설이란 범주에 들어가는 게 맞겠죠?
한 네, 들어가죠.
함 한 시대를 가장 잘 드러내는 인물을 창조하는 것이 세태소설인 건가요?
한 톨스토이나 스탕달 같은 사람들이 세태소설을 써야겠다는 생각을 했을 것 같지는 않아요.
서 『경마장 가는 길』 같은 경우는 세태소설인데, 인물의 전형을 보여주거나 풍속적인 면을 보여주지는 않죠. 당시 너무 미화되거나 왜곡되거나 추상화되어 있는 지식인의 초상을 가지고 그런 지식인이 1990년대 한국에서 어떤 모습을 보여주는가에 대해서 쓰고 있거든요. 세태소설의 스펙트럼이 의외로 넓어요.
박 아까 한유주 선생님이 이야기한 인물이 없는 소설이란 어떤 걸까요?
한 사실 「정크 스페이스」 같은 글도, 저자 이름 떼고 소설이라고 내면 믿을 것 같아요. 하지만 여기엔 주인공이 없죠.

서 소설 형태로 작업을 할 때 어떤 방식을 취해야 할지도 문제 얘기인즉슨.

　자, 지배인이 한바탕 이 가정을 휘젓고 나간 이후부터 소설의 전면에 등장하는 주요 대상은 어느 등장인물이 아니라 돈입니다. 참 이 소설만큼 끈질기게 돈 얘기가 반복되는 문학작품도 아마 드물 겁니다. 매사에 돈, 돈, 돈…. 문학이란 고상한 관념에 대해서만 떠들어야 한다고 믿으시는 분들은 이쯤에서 책장을 덮는 게 좋을 수도 있습니다. 그렇습니다. 「서울, 1964년 겨울」과 마찬가지로 「변신」 역시 궁극적으로는 돈 얘기입니다. 가족 간의 갈등이 심한 홈드라마 비슷하게 시작하더니 돈 얘기로 변곡점을 찍은 이후부터 끝까지 돈 얘기로만 일관합니다. 가족과 돈. 그것도 아주 지독한 돈 얘깁니다.

　아버지가 내던진 사과 한쪽에 그레고르가 절명하게 된 것도 결국 하숙이라도 쳐서 먹고 살려는 가족의 돈벌이 작전을 방해했기 때문입니다. 하지만 제가 이 「변신」이야말로 정말이지 극단적인 작품이라고 주장한 이유는 따로 있습니다. 이 소설에서 가장 충격적인 게 주인공이 벌레로 변한 현상만 있을 뿐 그 경위에 관한 제시나 해명이 없다는 점이라면, 이 소설에서 가장 괴이한 대목은 그레고르의 시체를 치워버린 후 그레테와 부모가 열차에 올라 야외 나들이를 떠나는 마지막 장면입니다. 이야기에 변곡점을 찍으며 돌연 이 폐쇄적인 가정에 도시의 음울한 공기를 불어넣은 지배인의 시선이 고무줄 매듭 놀이처럼 이야기의 실올로 다시 짜입니다. 그런데 여기서 그레테를 바라보는 시선의 주체는 부모입니다. 그들의 열띤 시선이 향하는 곳은 요염하게 기지개를 켜는 딸내미의 몸입니다. 그레고르를 사과로 살해하기 전 부친은 이미 그레테의 바이올린 연주 솜씨를 미끼로

인데요. 예컨대 한유주 선생님, 최재경 선생님 그리고 제가 일정 분량을 정하고 각자 작업을 할 것인지, 아니면 서로 내용을 맞춰갈 것인지…

함 각각 따로 글을 쓰고 나서 서로 보는 편이 낫지 않을까요?

박 제 생각에도 같이 쓰는 건 힘드실 것 같아요. 일단 각자 작업하셔도 괜찮지 않을까요? 최종적인 판단은 소설을 쓰실 분들께서 해주시면 됩니다.

최 공동 저자가 썼던 작품이 있나요?

서 80년대 노동 문학에서 시도된 적은 있는데 사실 평가가 좋진 않았어요. 그래서 아까 말했던 대로 공통의 주제를 정하고 각자 변주를 해나가는 것이 어떨까 해요.

함 이후 제가 세 분이 쓰신 작품을 두고 건축적으로 합치거나 한꺼번에 공간으로 묶는 작업을 하면 되니까요. 각자 자유롭게 써주시면 될 것 같아요.

최 공통의 등장인물이 있으면 좋지 않을까요? 한 인물에 대해서 각기 독립적으로 이야기를 전개시키는 거죠. 물론 인물 전체는 아니고 이름 혹은 첫 장면만 같게 시작하거나 하는 식으로요.

함 그런데 이 소설은 설계도이고 완성품이 아니니까 굳이 그럴 필요는 없을 것 같아요. 일단 각자 독립적으로 작업하고 초고를 서로 보면서 이야기한 뒤, 나중에 하나의 공간, 도면 안에서 조합하면 될 것 같아요. 물론 공간을 구성할 때도 다시 이야기를 해야겠죠.

최 마지막 작업은 어떻게 진행되는 거죠? 선생님께서 건축 작업을 하시는 건가요?

함 네, 각각의 소설이 전개되는 내용을 가지고 전체 도시를 만들어나가는 거죠. 아주 개념적으로 만들 수도 있고, 실질적으로 만들 수도 있고요. 개념적으로 만드는 게 향후 작업에서 보다 구체적으로 만들어가기에 더 좋을 것 같아요.

이 집에서 하숙할지 말지 망설이는 청년들과의 협상에 나선 적이 있습니다. 이 순간 그레고르가 기를 쓰고 마루로 기어 나오는 바람에 산통이 다 깨지고 말았지요. 누이를 음악학교에 보내고 싶어 하는 그레고르는 왜 이 순간 죽을지도 모른다는 위험부담까지 무릅쓰면서 마루로 기어 나와 그레테의 바이올린 연주를 제지하려 들 수밖에 없었던 걸까요?

이 부모가 그레테에게서 장밋빛 미래를 기약할 수 있을지도 모른다는 희망에 부풀었다고 할 때 그 근거는 바로 딸내미의 농익은 몸이지 다른 게 아닙니다. 말 그대로 딸내미의 몸입니다. 이게 무슨 뜻인지 아시겠지요? 여기서 카프카는 전근대적인 윤리의 폐허 위에 세워지고 있는 근대의 악몽을 보고 있는 것 같습니다.

5. 이번에는 여기까지만 하겠습니다. 제가 무슨 문학 연구자나 이 작가들의 전공자도 아니고, 나름 심도 있는 텍스트 분석을 하는 척하려니 힘드네요. 그런 시늉조차 내지 못한 것 같지만요. 이미 요설적인 말투에서 짐작하셨겠지만 이 글은 예전에 이 작품들을 읽은 기억에 의존해서 그저 붓 가는 대로 써본 잡설에 지나지 않습니다. 무슨 텍스트 분석이나 비평 같은 글이 전혀 아니에요. 하지만 나중에 기회가 되면 다시 한번 생각을 정리해보고 싶긴 하군요.

올해의 인디트랜스 세미나의 주제가 도시다 보니 그나마 제가 열심히 읽은 이 두 텍스트들을 세미나 주제와 연관 지어볼 여지가 없을지 한번 낚싯대를 던져봤을 뿐입니다. 낚싯대에 뭔가 걸리면 다행이고 안 걸려도 할 수 없지요. 이런 걸 두고 직관이니 뭐니 정당화하기도 남사스럽군요.

최재경 교수가 과학과 예술이 만나기 위한 공감의 4차원 도시 공간의 모델로서 하이퍼큐브를 제안했다.
2014년 2월 17일 고등과학원 세미나실 1424호.

최재경 교수의 하이퍼큐브에 대한 설명을 듣고 예술가들이 차원의 문제에 대해 질문하자, 전웅진 교수가
종이를 접어 차원의 변화에 대해 설명했다. 2014년 2월 17일 고등과학원 세미나실 1424호.

최재경, 전응진 교수의 차원에 대한 설명을 듣고 나서, 함성호 시인은 예술가들이 포착하는 미지의 차원의 점 e를 그림을 그려서 설명했다. 2014년 2월 17일 고등과학원 세미나실 1424호.

설계도

1

수미쌍관-튜브맨-없

화이 電無…
이 응화와
화이 수화
히 노래
수이 아름다옹
되하 無굼도
통 ㄱ 노래
림와이 그림와
래이 그림와
뚜하 노래
래이 몸페

113

존재의 무게
속하지 않아
재의 그림자
밀지의 그림자
울 속 존재
거리의 無모습
숨의 아름다움
존재의 무게

수미쌍관

최재경

나에게는 세 명의 친구가 있다. 그들의 이름은 순원, 정태, 서혁이다. 순원은 시인이고, 정태는 제빵사이며 서혁은 수학자이다. 이들은 각자 다양한 체험을 하였다. 순원은 시인이면서 소설을 쓰고 영화제작에도 참여하였다. 정태는 원래 화가가 되려고 했으나 결국 제빵사가 됐다. 서혁은 소설과 시 읽기를 좋아하는 수학자이다. 여기서 나는 이 세 친구에 대해 이야기를 해보고자 한다. 아니, 이 친구들로 하여금 이야기보따리를 풀어보게끔 해보려고 한다.

1

순원은 애초부터 시인을 꿈꾼 것은 아니다. 그는 학창 시절 단편소설을 썼다. 신춘문예에 여러 번 응모도 하였다. 그러나 매번 미끄러지기만 하였다. 그것도 최종심에 오른 적은 한 번도 없었다. 낙담한 그는 결국 시로 전향을 하였고, 힘들게 쓴 시를 들고 이곳저곳, 이 사람 저 사람을 찾아다니곤 했다. 그렇게 몇 년을 보내던 순원은 어렵사리 등단을 하는 데 성공하였다. 의기양양하던 그는 나에게 등단주를 샀다. 나는 기쁜 마음으로 그와 술잔을 나누며 진심으로 그의 등단을 축하해주었다. 그때 순원이 나에게 한 말이 아직도 기억에 또렷이 남아 있다.

한 작가가 말하기를 시인이란 신이 말을 걸어주는 자라는 것이다. 그러면서 순원은 신이 자기에게 말을 걸어주어서 시를 쓴 것인지 아직 확신이 안 선다는 것이었다.

등단 이후 활발하게 문예지에 시를 발표하던 순원은 어느 날 내게 단편소설 한 편을 읽어보라며 가져왔다. 시를 쓰다가 힘들어서 지지부진하던 중 옛날에 구상했던 것으로 최근에 다시 써본 작품이라는 것이다. 읽어보니 예전 습작 시절 그의 작품보다는 한 단계 발전한 단편이었다. 그후로도 순원은 몇 편의 단편소설을 써서 내게 보여주었다. 괜찮은 수준의 작품들이긴 했으나 그는 발표 지면을 찾지 못했다. 한동안 뜸하던 순원은 그 단편소설들을 시나리오로 개작하였다. 그리고 영화인들을 접촉하며 자기의 시나리오를 단편영화로 만드는 작업을 추진하기 시작하였다.

한번은 순원이 연락해 와 오랜만에 시내에서 저녁 식사를 같이하였다. 그런 뒤 둘이 자주 들르던 술집에 가서 그동안 쌓인 이야기를 나누었다. 그는 치열한 작업을 해오고 있었다. 시와 소설 쓰기, 그리고 영화 만들기에 몰두하고 있다는 것이었다. 술잔이 여러 번 오가며 서로 나누는 말들이 거침이 없을 때쯤 순원이 한마디 하였다.

"예술 작품에 너무 많은 기술이 쓰이면 지루한 작품이 되고 말아. 시 쓰는 요령만 터득해서는 좋은 시인이 될 수 없지. 누가 말했듯이 시인에게는 모름지기 이 세상의 비밀스런 떨림을 느낄 줄 아는 감수성이 가장 필요한 게 아닌가? 하지만 시적 재주만으로 버티는 시인이 하고 많은 게 현실이지."

처음 순원이 소설을 쓸 당시 그는 술을 좋아하긴 해도 과음하지는 않았다. 그러나 시인이 되면서부터 그는 술을 많이 마셨다. 과음할 때는 그야말로 필름이 끊어지곤 한다는 것이었다. 이 날도 순원은 문학과 예술 전반에 관해 장광설을 늘어놓더니 기어코 과음을 하였다. 결국 몸을 주체 못하는 그를 내가 집까지 바래다주어야 했다.

며칠 후 순원을 카페에서 만났다. 그는 깊은 눈으로 한곳을 응시하며 독백하듯 내게 말하였다.

"한 작가가 말했다지. 술을 마신다는 것은 일종의 자살행위라고. 죽은 다음 다시 살아나서 다음날 모든 것을 다시 시작할 수 있는 그런 행위라고 말이야. 맞는 말이고말고. 자네도 알다시피 나는 과음하고 나면 종종 필름이 끊어져. 그런데 요즘 들어서 단편영화 제작 일을 하다 보면 편집하는 중 필름을 서로 잇는 작업을 자주 하게 되지. 시를 지으며 필름이 끊어지고 영화 제작하며 필름을 다시 잇곤 하지. 재미있지 않은가?"

순원은 너털웃음을 웃었다. 그러며 말을 계속하였다.

"최근까지 나는 시를 완성할 때마다 시의 제목을 짓는 데 각별히 신경을 썼었지. 절제된 언어로 압축된 한 편의 시를 쓴 뒤 그 시를 함축하는 세목을 짓는 것은 시의 시를 쓰는 것 같다고나 할까? 그런데 자네 말이야, 내가 요즘 시의 제목을 어떻게 짓는 줄 아는가? 등단 후 지난달까지 나는 아흔일곱 편의 시를 짓고 그 제목을 일일이 정했었지. 그런데 이제는 시의 제목이 98, 99, 100⋯이라네. 순서대로 번호를 매기고 있지. 왜냐고 묻지는 말게나. 시를 쓰고 나서 다음 순서의 수를 제목으로 붙이고 나면 어느덧 그 숫자에 시의 모든 내용이 담겨 있다는 느낌이 드네. 내가 수학적으로 시를 쓰려는 것은 아닐세. 오히려 숫자에 시를 담고 싶을 뿐이네. 모든 숫자에 시를 헌정할 수 있다면 얼마나 좋을까."

그렇게 말하고 순원은 볼일이 있다며 훌쩍 나갔다. 나는 카페에 혼자 남아 커피를 마저 마셨다. 그리고 생각해보았다. 필름을 끊고 또 필름을 잇는다는 그의 말을⋯. 아울러 하나씩 늘어나는 시의 제목 숫자를 떠올려보았다. 어쩌면 그다운 일인지도 몰랐다.

몇 달이 흘렀을까? 궁금해하던 차에 그에게서 전화가 왔다. 단편영화 작업이 최근에야 끝났다고 그는 전하였다. 오랜 기간 과로한 뒤라서 쉬고 있는 중이라던 그는 기분 전환 겸 등산을 할 계획이라고 말했다. 그러며 나에게 3박 4일 백두대간 등반을 같이하자는 것이었다. 나는 귀가 솔깃해졌다. 그러나 11월 중순이니 산속은 이미 겨울일 것이다. 순원의 말은 짧았다. 내가 안 가면 자기 혼자라도 가겠다는 것이었다. 나는 순원과 함께 백두대간 등반을 하기로 결정하였다.

며칠 뒤 아침 일찍 우리는 열차에 몸을 실었다. 날이 쌀쌀했고 하늘은 찌뿌둥했다. 창밖의 경치를 보며 그와 나는 한참 말이 없었다. 중간 지점쯤에 이르렀을 때 서로 말을 나누기 시작했다. 순원은 그간 영화제작으로 바쁘긴 했지만 시 쓰기를 등한시하지 않았다고 했다. 내가 물었다.

"마지막 시의 제목은 뭐지?"

"112"

그의 대답은 간단했다. 그 시는 어떤 시일까? 무표정한 순원의 얼굴 뒤로 차창의 풍경이 빠르게 지나갔다.

등산로 입구의 절에서 대웅전과 오래된 석탑을 둘러본 뒤 순원과 나는 좁은 산길을 오르기 시작했다. 나무들은 이미 낙엽이 져서 앙상한 가지만 드러냈고 계곡의 물가에는 낙엽이 수북이 쌓여 있었다. 첫날의 목표 지점을 반쯤 남겼을 때부터 눈발이 날리기 시작하였다. 내리는 눈을 보니 마음이 무거워졌다. 날이 어두워질 때쯤 야영지에 도착한 뒤 텐트를 서둘러 치고 저녁밥을 지어 먹었다. 순원과 나는 텐트 안에 눕자마자 깊은 잠에 곯아떨어졌다.

둘째 날 아침 우리는 텐트 밖으로 나오자마자 온 천지에 쌓인 하얀 눈을 보고 탄성을 질렀다. 적어도 5센티미터는 내린 것 같았다. 쌓인 눈을 끓여 아침을 차려 먹고 우리는 이날의 목표인 정상을 향해 산을 오르기 시작하였다. 계속 내리던 눈은 오후 쯤 멈췄다. 눈으로 막히던 시야가 트이니까 장관이 펼쳐졌다. 눈이 수북이 쌓인 나무들의 모습은 태곳적 신비를 보여주고 있었다. 순원과 나는 오랫동안 말없이 정상에 서서 주위를 둘러보기만 했다. 한 시간 나마 흐른 뒤 정상에서 내려와 산등성이에 텐트를 치고 둘째 날 밤을 맞을 준비를 하였다. 순원과 나는 눈을 끓여 만든 차를 마시며 오늘 눈에 담아두었던 정상 주변의 경치 이야기를 나눴다. 그러던 중 순원이 갑자기 무엇을 쓰겠다며 텐트 안으로 들어갔다. 한참 후 순원이 나왔다.

"오늘 산행 중 떠오른 시상으로 시를 썼네."

"그래? 제목은 113이겠군."

그는 말을 이었다.

"113은 소수(素數)이지. 자신과 1로만 나누어지는 수란 말일세."

갑작스런 수학 얘기에 그를 쳐다보았다.

"그런데 113은 특이한 소수야. 그 순서를 뒤바꿔 만든 수 131과 311도 역시 소수란 말이야. 같은 성질을 가진 수는 199가 있지. 그런데 내 예상으로는 그 이상 없는 것 같아."

복잡해진 순원의 수학 얘기에 나는 잠자코 있다가 대꾸하였다.

"그러면 오늘의 시 「113」은 매우 멋진 시일지도 모르겠구먼. 이 자리에서 한번 읊어보게나."

"내일 정리한 뒤 읽어주겠네."

순원과 나는 잠자리에 들었다. 그는 무엇을 생각하는지 자꾸 몸을 뒤척였다.

아침에 일어나보니 눈이 10센티미터나 쌓여 있었다. 오늘 목표는 둘째 봉우리에 오르는 것인데 쉽지 않을 것 같았다. 아침을 간단히 먹고 우리는 발길을 서둘렀다. 정상과 둘째 봉우리 사이는 꽤 평평한 고원지대였다. 깊은 산속에 특이하게 형성돼 색다른 등산 체험을 할 수 있어서 평소에는 인적이 끊이지 않는 곳이었지만 폭설로 인해 일찍 하산들을 했는지 등산객은 보이지 않았다. 순원과 나는 발목까지 빠지는 길을 힘들게 걸었다. 걷는 도중 나무 두 그루가 있는 외딴 곳을 발견하고 거기서 준비해 온 음식으로 간단히 점심을 먹었다. 잠시 쉬는 동안 나는 순원이 그의 수첩을 꺼내서 펜으로 몇 자 적는 것을 보았다. 순원을 재촉하며 둘째 봉우리로 향해 내가 앞장서 나아갔다.

오후 들어서 다시 눈이 내리기 시작했다. 깊은 눈길을 헤치며 걷기란 여간 힘든 것이 아니었다. 눈발에 가려 시야는 10미터 정도에 불과했다. 세 시간 후 눈은 멈췄지만 목표 지점은 아직 먼 곳에 있었고 발걸음은 한없이 무거워지기만 했다. 결국 우리는 목표는 포기하고 우선 근처에서 오늘 밤을 지낸 뒤 내일 아침에 하산하기로 결정하였다.

근처 아늑한 곳에 텐트를 친 뒤 우리는 마지막 저녁 식사로 준비해온 쇠고기 김치찌개를 끓였다. 순원과 나는 허기진 배를 채우는 데 급급해 별 이야기도 안 했다. 해가 아직 지지 않아 사방은 훤했다. 차를 마시며 쉬고 있는데 순원이 갑자기 무엇을 찾더니 심란한 표정을 짓는 것이었다. 어젯밤에 시를 쓴 수첩을 오는 길에 잃어버렸다는 것이다. 한 시간쯤 전에 잠깐 쉬던 나무 밑자리에 떨어뜨린 것 같다고 말하며 그것을 찾으러 다녀오겠다는 것이었다.

"이제 곧 해도 질 텐데 공연히 위험한 일 자초하지 말아. 어제의 시상을 되살려 그 시를 다시 쓰면 되잖아."

내가 달래도 순원은 막무가내였다. 어두워지기 전에 돌아오겠다며 우리가 걸어온 길을 급히 거슬러 가는 것이었다.

순원이 떠난 지 10여 분이 지나자 눈이 다시 내리기 시작하였다. 나의 마음은 무거워지고 내리는 눈은 점점 높이 쌓여가고 있었다. 한 시간 가까이 지났을 때는 눈이 펑펑 쏟아지고 있었고 사방은 점점 어두워졌다. 가만히 기다리고 있는 게 불안해졌다. 나는 손전등과 손난로를 주머니에 넣고 순원이 떠난 방향을 향해 걷기 시작하였다. 쏟아지는 함박눈으로 5미터 앞도 잘 보이지 않았다. 한참을 걸었을까? 사방은 어두워졌고 계속 쌓이는 눈으로 띄엄띄엄 보이던 순원의 발자국은 더 이상 보이지 않았다. 손전등을 켜고 순원이 갔을 방향으로 나는 발길을 재촉하였다. 갈수록 불안이 커져만 갔다. 어느새 순원을 찾아 나선 지 한 시간이 흘렀다. 온통 하얀 눈 천지에서 저 앞에 무언가 거무스레한 형체가 보이는 것이었다. 반가운 마음에 '순원아'라고 부르며 달려갔다. 그러나 가까이 가보니 그것은 누군가 친 텐트였다. 그 안에서 편히 쉬고 있을 등산객을 부러워하며 지나쳐 가다가 언뜻 돌아본 나는 소스라치게 놀랐다. 그것은 바로 우리의 텐트였던 것이다. 텐트를 떠나 순원을 향해 앞으로 곧장 걸어갔는데도로 돌아온 것이다. 한참을 멍하니 서 있던 나에게 '링반데룽(Ringwanderung)'이라는 말이 떠올랐다.

짙은 안개나 세찬 눈보라로 앞을 제대로 볼 수 없는 산속에서 등산객은 자기가 목표한 곳을 향해 곧장 걸어가고 있다고 생각한다. 그런데 사람마다 몸의 균형 감각이 왼쪽 또는 오른쪽으로 약간 쏠려 있다. 그래서 실은 자신도 모르는 새 왼편 또는 오른편으로 큰 원을 그리며 빙빙 돌기가 일쑤인 것이다. 이것을 링반데룽이라고 하는데 이렇게 등산객은 환상 방황을 하다가 종내 조난을 당하게 된다.

엄연히 내게 벌어진 링반데룽이 어쩌면 순원에게도 벌어지고 있을지 몰랐다. 찬바람 속에 눈을 맞고 있던 나는 텐트 안으로 들어갔다. 침낭에 눕고 무작정 순원을 기다렸다. 밖에는 눈이 소록소록 내리는 소리와 바람 소리만 들렸다. 그까짓 시를 적은 수첩을 찾으러 간 순원이 원망스럽기도 했다. 그가 어느 눈밭에 쓰러져 정신을 잃었을지도 모른다는 생각을 하니 두 눈을 감아도 잠들 수가 없었다. 어느새 새벽이 다가오고 있었다.

해가 뜰 무렵 침낭에서 가까스로 일어났다. 밤새 20센티미터 이상 쌓인 눈은 이제 그쳐서 사방이 탁 트였다. 물과 비상식량을 소형 배낭에 넣고 서둘러 순원을 찾아 나섰다. 주변의 산세를 보고 방향을 잡으며 어제 순원이 수첩을 두고 왔을 나무 쪽을 향해 곧장 걸어나갔다. 나아가는 방향이 휘어지지 않는지 수시로 확인을 거듭하였다. 한 시간쯤 걸어가보니 어제 쉬던 곳의 나무가 멀리 눈에 뜨이는 것이었다. 순원의 흔적은 안 보였다. 우리가 쉬던 자리에서 손으로 눈을 파내기 시작하였다. 한참 여기저기 파다가 순원의 수첩을 찾고야 말았다. 순원의 시 「113」이 쓰여 있었다.

순원이 밤새 이 자리에 다다르지 못했음이 틀림없었다. 그러면 왼쪽으로 빠졌을까, 오른쪽으로 빠졌을까? 주변을 둘러보다가 좀 더 평평한 쪽인 왼쪽을 찾아보기로 하였다. 오른쪽은 약간의 경사가 진 내리막이었고, 왼쪽은 다소 평평한 고원지대인데 폭이 2킬로미터는 족히 돼 보였다. 이 지역을 샅샅이 찾아봐야 할 것이었다. 그래서 처음에는 무작정 앞으로 걷다가 왼쪽으로 방향을 바꿔 한참 걷다가 또 왼쪽으로 꺾었다. 두세 시간 성과가 없었다. 가져온 초콜릿을 먹으며 멍하니 서 있다 보니 언뜻 눈길을 끄는 게 있었다. 눈밭을 자세히 보니 얕은 골이 끊어졌다 이어지는 것을 반복하며 계속 뻗어나가는 것이 아닌가. 순원이 지나간 자국일지도 모른다는 예감이 스쳤다. 그 얕은 골을 한참을 따라가다 돌아보니 내 발자취는 곧게 뻗지 않고 조금씩 왼쪽으로 휘는 것이었다. 이 휘어진 골을 순원이 빙빙 돌았을지 모른다는 두려움이 가슴속에서 밀려나왔다. 골을 따라 아마 2킬로미터를 걸었을까? 저 앞에 검은 물체가 흰 눈 위에 놓여 있는 것이 보였다. 뛰어가 보았다. 순원이었다. 이미 차가워진 나의 친구였다.

내가 순원의 이야기를 끝내자, 나의 수학자 친구 서혁은 오랫동안 생각을 하더니 천천히 입을 열었다.

"인간이 그릴 수 있는 가장 아름다운 곡선은 원이지. 원은 컴퍼스로 그릴 수 있지만 끈의 양 끝을 이어서도 만들 수 있지. 그런데 원은 끝없이 돌며 올라가는 나선(螺旋)의 그림자로도 볼 수 있다네. 올라가지 않으면서 끝없이 원을 감는 것도 나선으로 부른다네. 원과 나선에 관한 수학 이야기를 자네에게 골치 아프게 말하고 싶지는 않아. 그냥 원과 나선의 인생 이야기를 하고 싶다고나 할까? 자네가 순원을 찾아서 곧장 걸어나갔는데 결국은 빙 돌아 원을 그리며 텐트로 돌아왔다고 했지. 그러곤 주저앉아

서 더 이상 찾아 나서지 않았지? 자네는 바로 끈의 양 끝을 이어서 만든 원을 그린 것일세. 그러면 순원은 무엇을 했다고 볼 수 있나? 순원은 여러 개의 긴 끈을 갖고 있었네. 그런데 그 끈의 양 끝을 잇지 않았어. 그는 첫 끈의 한 끝을 둘째 끈의 끝에 연결했고, 둘째 끈의 다른 끝을 셋째 끈에 연결했고, 셋째 끈을 넷째 끈에… 이런 식으로 가지고 있는 모든 끈을 서로 연결한 다음 원을 수없이 감는 나선을 만든 것일세. 순원은 그 나선을 돌다가 조난당한 것이지."

"뭘 그리 복잡하게 설명해, 간단한 사실 가지고. 수학이 다 그런 거야?"

나는 통명스럽게 대꾸하였다.

"맞아. 그런데 내 말은 순원의 모든 삶이 나선의 링반데룽같이 보여서 하는 말이야."

"나선의 링반데룽?"

"첫째, 순원이 과음할 때마다 필름이 끊어지던 것. 그 자살했다가 다시 살아나는 행위 같다는 것 말이야. 그 죽음과 부활의 반복 행위 말일세. 둘째, 영화제작하며 필름을 자꾸 잇던 행위. 그 반복적 창조 작업 말이야. 셋째, 시의 제목을 하나씩 늘어나는 숫자로 정하는 그 의지. 무한히 반복되는 숫자를 그저 숫자로 보지 않고 아름다운 시로 보는 그 창조에의 의지력 말이야. 그의 삶이 이렇게 링반데룽으로 점철되었으니 그답게 이 세상을 하직한 게 아니겠나?"

나는 할 말이 없었다. 서혁의 말을 반추하기만 하였다. 한참 지난 뒤 나는 담담한 소리로 한마디 하였다.

"순원뿐 아니라 모든 사람이 링반데룽을 하며 살아가는 게 아닐까?"

2

　나의 둘째 친구 정태는 학창 시절 그림 그리기를 매우 좋아하였다. 학교에서 특별활동으로 미술반에 들어갔고 교내 사생 대회에서는 자주 상도 받았다. 그러나 그의 부모는 장래를 위해 법대에 들어갈 것을 강요하다시피 했다. 고민 끝에 부모의 뜻에 따라 법대에 들어간 정태는 취미로 그림을 계속할 계획이었다. 그러나 법학 공부가 쉬운 게 아니었다. 억지로 법대를 졸업할 수는 있겠지만 평생 법조문만 읽으며 살 자신이 없었다. 결국 완강히 말리는 부모 뜻에 반하여 휴학원을 내고야 말았다. 한 해를 쉬며 그림 연습에 전념한 정태는 이듬해 미대에 진학할 수 있었다. 원하던 그림 그리기를 맘껏 할 수 있게 된 그는 매우 행복하였다. 이태 동안 미대에 다니던 정태는 보다 큰물에서 그림을 배우고 싶어서 유학 준비를 시작하였다. 다음 해 불란서 한 지방 도시의 작은 미술학교에 입학할 수 있었다.
　불란서 미술학교에서 정태는 새로운 자극을 받으며 그림 그리기에 열중할 수 있었다. 파리에 있는 미술관들을 자주 방문하며 안목을 넓히기도 했다. 그러나 불어 준비를 충분히 하지 못한 정태는 첫해 매우 고생하였다. 그림에는 자신이 있었으나 외국에서 색다른 문화에 적응하기가 어려웠다. 그럴 때 위안이 됐던 것은 불란서 음식이었다. 시내에 숨어 있는 비싸지 않은 레스토랑을 찾아내는 것은 즐거운 탐험거리였다.
　4년째부터 정태는 그림에 자신이 생겼다. 아직 자신만의 화풍을 세우기에는 갈 길이 멀었지만 어떤 방향으로든 열심히 해나가면 뭔가를 이룰 것 같다는 예감이 들었다. 불어도 나름대로 구사할 수 있게 되었다. 다니는 레스토랑 중에는 몇 군데에서 정태를 단골손님으로 맞아주는 곳도 생겼다.

학교로 30분간 걸어가는 등굣길 중간쯤에 그의 단골 카페가 있었다. 상업지역이 아닌 주거지역에 있는 카페여서 평소에는 손님이 그리 많지 않고 수수한 곳이었다. 어느 날 주인이 정태의 테이블에 와서 앉는 것이었다. 몇 달 전엔가는 한번 정태의 스케치북을 주인이 보고 싶어 해서 그림 몇 가지를 보여준 적이 있었다. 카페 주인이 참 잘 그렸다고 정태에게 말했었다. 그냥 인사차 하는 말이 아니라는 것을 정태는 느꼈었다. 이날 카페 주인은 정색을 하며 정태에게 부탁을 하는 것이었다. 그 카페의 네 벽에는 몇 개의 그림과 장식이 걸려 있었다. 그런데 주인은 이것을 세 벽으로 옮기고 정면의 큰 벽을 비워서 그곳에 벽화 그리는 것을 정태에게 맡기고 싶다고 말했다. 그의 제안을 듣고 정태는 기뻤다. 시골 도시의 평범하고 손님도 많지 않은 카페지만 드나드는 손님들이 한 번씩은 정태의 벽화에 눈길을 보낼 것이라는 생각만 해도 가슴이 설렜다.

여름방학이 시작되어 파리에서 일주일 쉬고 돌아온 정태를 카페 주인은 반가이 맞아주었다. 며칠 전부터 카페 문을 닫은 주인은 정태에게 열쇠를 넘겨주고 지중해 연안으로 바캉스를 떠났다. 학교로 등교하던 정태는 이제 카페로 출근하게 되었다. 벽화는 경치 좋은 야외에 테이블이 있고 그 위에 과일과 빵과 포도주가 있는 그림으로 이미 파리에서 구상하였다. 반은 풍경화고 반은 정물화인 셈이다.

작업은 예상보다 더디게 진행되었다. 벽화에 대한 경험이 부족해서 그런 것이라고 정태는 생각하였다. 배경 풍경을 상당 부분 그리고 나니 벌써 카페 주인이 돌아왔다. 그는 반쯤 그려진 벽화를 보고 좋다고 정태에게 말하였다. 이때 처음으로 정태는 카페 주인의 아내를 보았다. 아름답다고 속으로 느꼈다. 다음날 오전 작업을 하고 점심 식사 후 돌아온 정태가 오후 작업을 시작하려는데 주인 아내가 커피와 디저트를 갖다 주었다. 디저트는 '를리지외즈'인데 눈사람같이 만든 조그만 빵에 크림과 초콜릿을 얹은 달콤한 것이었다. 정태는 커피와 디저트를 받으며 주인 아내의 검은 머리와 푸르스름한 눈을 바라보았다.

이튿날에 정태는 테이블을 그리기 시작하였다. 이날도 주인 아내는 커피를 가져왔는데 디저트는 '에클레르'였다. 기다란 빵에 그림이 들어 있고 커피빛 설탕을 얹은 것이다. 그녀의 아름다운 몸매가 정태의 눈에 띄었다. 오후에는 테이블 위의 빵 등을 그렸다. 저녁에 집에 돌아온 정태는 쉬면서 오늘 그린 것을 머릿속에 다시 그려보았다. 그리고 주인 아내가 갖다 줘서 먹은 에클레르를 생각하다보니 그녀의 모습도 떠올랐다. 그녀가 아름답다고 생각하는 순간 머릿속에 한 가지 생각이 떠올랐다. 벽화에 그녀를 그려 넣고 싶은 마음이 갑자기 생긴 것이다. 테이블에 그녀가 앉아 있으면 전체적인 분위기가 살아날 것이 분명했다.

다음날 정태는 카페 주인에게 부인의 그림을 벽화에 넣고 싶다고 말하였다. 벽화에 구체적인 자리를 가리키며 앉아 있는 모습을 그릴 것이라고 설명하였다. 잠시 생각하던 주인은 머리를 끄덕이곤 밝은 표정을 지으며 승낙하였다. 이날 오후에도 주인 아내는 나타났다. 커피와 '크렘 브륄레'를 가지고. 달콤한 크림 위에 불로 녹여 굳힌 설탕을 덮은 디저트이다. 정태는 그녀에게도 벽화에 그녀의 모습을 그려 넣고 싶다고 얘기하였다. 그녀는 정태의 눈을 뚫어지게 쳐다보더니 곧 얼굴에 밝은 미소를 지었다. 정태는 당장 내일부터 그리고 싶다고 했다. 그녀는 고개를 끄덕였다.

이튿날 카페에 출근하니 주인과 아내는 정태를 기다리고 있었다. 그의 아내는 다가오더니 정태의 양 볼에 키스를 하였다. 가까운 불란서 사람들끼리 만날 때 하는 볼 키스였다. 셋이서 벽화에 그려진 대로 카페의 테이블을 옮겨 오고 그 위에 과일과 빵과 포도주를 놓았다. 그리고 주인 아내가 의자를 가져와 앉았다. 정태는 간단한 스케치를 시작하였다. 주인은 얼마간 옆에서 지켜보았다. 정태가 점심을 하고 돌아오니 주인 아내가 커피와 '플롱'이라는 구운 커스타드를 가져왔다. 그리고 테이블에 정태와 마주 앉았다. 정태가 처음으로 그녀와 대화를 하게 된 것이다.

그녀의 이름은 '아리안느'였다. 그리고 그녀는 제빵사였다. 카페에서 팔리는 빵과 디저트는 그녀가 만든 것이라고 했다. 아리안느도 애초에는 화가가 되려고 했었다. 그러나 그림을 배우던 중 남편을 만나 결혼을 하였는데 그가 카페를 차리게 되었다. 그때 결혼 생활의 경제적 어려움 때문에 그림을 멀리했다가 아예 제과제빵 학교에 입학하였다는 것이다.

아리안느는 매우 협조적인 모델이 돼주었다. 그녀 자신이 그림 경험이 있기 때문이리라. 그날따라 그녀가 입고 온 옷은 우아하였다. 매혹적인 얼굴과 균형 잡힌 몸매와 우아한 옷은 아름다운 조화를 이루었다. 정태는 그 아름다움을 벽화에 옮기기 위해 신들린 작업을 계속하였다. 아리안느의 그림은 다음 날 밤이 깊어서야 끝났다. 카페 주인은 기다리다 먼저 가까이 있는 집에 들어갔고 아리안느와 정태만 카페 안에서 말없이 앉아 있었다. 정태는 벽화 속의 아리안느와 마주 앉은 아리안느를 번갈아 쳐다보았다. 그러다가 아리안느와 눈이 마주쳤고 정태는 한참 그녀의 얼굴과 몸매와 옷을 눈에 담았다. 두 사람은 정적 속에 오랫동안 앉아 있었다. 마침내 정태는 일어나 일 마무리를 한 뒤 아리안느의 양 볼에 키스하고는 카페를 떠났다. 무심코 시내의 이 길 저 길을 걷다가 집을 향해 발걸음을 돌렸다. 대부분 파장하여 어두운 거리를 그는 터벅터벅 걸었고 머리에는 아무 생각도 떠오르지 않았다. 집에 돌아온 정태는 소파에 주저앉아 멍하니 벽을 응시하였다. 그러자 천천히 아리안느의 얼굴이 벽에 나타나기 시작하였다. 정태를 쳐다보는 그 얼굴은 한참 동안 벽에 남아 있었다.

　벽화를 완성하는 데 이틀이 더 걸렸다. 그리고 마지막 날 최종 마무리를 하기 위해서 오전에 카페로 출근하였다. 주인과 아리안느가 미소 띤 얼굴로 기다리고 있었다. 정태는 우선 벽화 주변을 정리하였다. 카페 주인이 봉투를 건네주었다. 적지 않은 작품 제작비였다. 아리안느가 커피와 오동통한 클리지외즈를 가져왔다. 정태와 그녀는 약속한 듯이 테이블에 마주 앉았다. 지켜보던 주인이 부엌으로 사라졌다. 정태는 커피를 마시며 벽화와 아리안느를 번갈아 가며 응시하였다. 그리고 클리지외즈를 입 안에 오래 두고 맛을 보았다. 정태를 지켜보던 아리안느가 입을 열었다.

　"정태 씨 벽화가 맘에 들어요. 카페의 품격을 높여준다고나 할까요. 테이블 위의 빵은 실감나게 그렸군요. 먹고 싶은 마음이 들 정도로. 그런데 정태 씨에게 한마디 충고해주고 싶어요. 제빵

학교에 입학해서 정식으로 빵 만드는 기술을 배워보는 게 어때요? 정태 씨에게 갖다 준 디저트는 내가 특별히 맛있게 만든 것인데 그것을 먹는 모습을 보니 정태 씨도 디저트와 빵에 대한 심미안을 쉽게 키울 수 있을 것 같아요."

정태는 뜻밖의 말에 어안이 벙벙했다. 그러고는 아리안느를 보고 웃기만 하였다. 그러다가 정태는 서서히 일어섰다. 몇 마디 인사의 말을 아리안느에게 하였다. 그리고 그녀의 양 볼에 키스를 하였다. 부엌에서 나오는 주인과 악수를 하였다. 그리고 카페를 빠져나왔다.

그날 이후 일주일간 정태는 집 밖으로 거의 나가지 않았다. 가슴속 깊이 뭔가 허전하였다. 소파에 앉으면 벽에 아리안느의 얼굴이 떠오르는 것이었다. 그 얼굴은 사라지지 않았고 정태도 거기서 눈을 떼지 않았다. 어떤 때는 아리안느가 말을 하는 것 같아서 혼자 중얼거리기도 하였다.

미술학교는 아직 1년의 과정이 남았고 마지막 가을 학기를 등록할 날짜가 며칠 남지 않았는데 도통 붓을 들 의욕이 생기지 않았다. 벽화를 끝내고 열흘이 지난 날 정태는 마음을 추스르기 위해 파리를 찾았다. 불란서에 처음 올 때 들렀던 몽마르트르 언덕에 모처럼 올라가 파리 시를 내려다보았다. 화가들이 관광객의 초상화를 그리고 있었다. 그러나 그 뻔한 그림을 보자마자 곧 눈을 돌렸다. 그들이 관광객을 아무리 멋있게 그렸어도 정태의 눈길을 사로잡지는 못했을 것이다. 돌아오는 길에 있던 몇 군데의 빵집이 더 정태의 눈길을 끌었다.

그렇게 주말을 보낸 정태는 미술학교는 4년 다닌 것으로 충분하다고 생각하게 되었다. 그러고는 아리안느가 충고한 대로 제빵 학교에 다니기로 결정하였다. 빵과 디저트 만드는 법을 꼭 배우고 싶었다.

제빵 학교에서 5개월간의 정식 코스를 밟고 정태는 귀국하였다. 그리고 고향에서 조그마한 빵집을 차렸다. 그는 빵집 정면의 벽에 벽화를 그리기로 작정하였다. 바로 아리안느의 카페 벽화와 같은 그림을.

처음에는 가까스로 현상 유지만 하였다. 그러나 빵 만드는 것은 그림 그리기와 다른 재미를 느끼게 해주었다. 아리안느가 정태를 제대로 파악했던 것인가? 어렵게 첫 2년을 보낸 정태의 빵집에 손님들이 조금씩 늘기 시작하였다. 맛있으며 색다르기도 한 그의 빵들을 사람들이 좋아하였다. 정태의 빵집을 사람들은 벽화 빵집이라고 불렀다. 정태가 빵을 색다르게 만드는 것은 그의 화가 경험 때문이라고 스스로 생각하였다. 맛뿐 아니라 빵의 모양과 색깔에도 그는 특별히 신경을 썼다. 그 때문인지 정태의 빵을 사러 먼 곳에서도 오는 손님들이 생기기 시작하였다. 정태의 다양한 빵처럼 다양한 손님이 생기게 된 것이다.

정태가 만든 다양한 빵 중 도나쓰가 있다. 정태는 이 도나쓰 표면을 무지갯빛 설탕 알갱이들로 아름답게 뒤덮는다. 도나쓰에 일곱 가지 색으로 점묘화를 그리는 것이다. 한번은 일곱 가지 색의 설탕 알갱이들을 일렬로 도나쓰 표면에다 동그랗게 뿌려본 적이 있었다. 도나쓰에 동그라미를 그리는 방법에는 두 가지가 있다. 도나쓰의 가운데 구멍을 동그랗게 한 바퀴 도는 방법과, 도나쓰의 구멍에 검지를 넣고 엄지와 검지로 도나쓰를 감듯이 동그라미를 그리는 방법이 있다.

첫째 방법으로 무지갯빛의 동그라미를 그린 도나쓰를 가끔

퇴근길에 빵을 사러 오던 30대 후반의 남자에게 팔았다. 그 도나쓰를 꼭 아내에게 주라는 말을 하며. 그 부부는 오랫동안 아이가 생기지 않아 고민하고 있다는 것을 정태는 알고 있었다. 둘째 방법으로 고리를 감아 도는 무지개를 그린 도나쓰는 한 노처녀에게 팔았다. 그녀의 애인에게 최근 다른 여자가 생겼다는 우울한 소식을 정태는 그녀에게서 들었기 때문이다.

그 이후 정태는 첫째, 둘째 방법 말고 다른 방법으로 도나쓰를 감아 도는 수가 없을까 궁금해졌다. 그러다가 신기하게도 여러 번의 시행착오 끝에 정태는 더 복잡 미묘한 방법을 발견했다. 그것은 첫째 방법으로 두 번 돌면서 둘째 방법으로 세 번 감는 것이었다. 즉 도나쓰의 가운데 구멍을 두 바퀴 도는 동안, 먹는 부분을 세 번 감는 방법(엄지와 검지로 감는 것을 세 번 하는 방법)이었다. 일곱 가지 색의 설탕 알갱이들로 이 방법을 따라 도나쓰 위에 점묘화를 그리고 보니 그 아름다움에 정태는 황홀해지기까지 했다.

이 복잡 미묘한 점묘화의 도나쓰를 누구에게 팔까 정태는 한참을 생각하였다. 고민하던 그에게 한 30대 초반의 남자가 떠올랐다. 그는 눈이 깊이 패인 청년인데 정태의 빵집에 오면 자주 커피와 디저트를 들며 테이블에 앉아 벽화를 오래 쳐다보곤 하였다. 그가 사진작가여서 그러려니 했다. 한번은 그 청년이 정태에게 벽화 속의 아리안느에 대해서 물어보기도 하였다. 그래서 정태는 벽화에 얽힌 사연을 짧게 얘기해주었다. 어느 날 오후에도 그 청년은 오랫동안 테이블에 앉아 있었다. 그러다가 정태와 대화를 하게 되었는데 그가 한 이야기를 담담히 들려주는 것이었다. 그가 깊이 사모했던 여자 이야기였다. 그가 아홉 살이던 때 그의 아버지는 그를 데리고 고향의 부잣집 잔치에 갔었다. 그는 거기서 주인집의 여덟 살 난 딸을 보았다. 그 자리에서 그 소녀에게 매혹되었다. 그 이후 25년간 그는 소녀를 아무도 모르게 사모하였다. 처음 본 지 9년이 지났을 때 그는 그녀를 딱 한 번 보았다. 고향에서 다리를 건너다가 친구들과 즐겁게 얘기하며 지나가는 그녀를 보게 되었던 것이다. 4년 후 그녀는 결국 한 남자와 결혼하였고 3년 뒤 그만 아이를 낳다가 죽었다. 그것이 9년 전인데 그 청년은 여전히 그녀를 살아 있을 때처럼 사모해오고 있었다. 그 청년의 말로는 아리안느가 그녀와 상당히 닮았다는 것이다. 그런데 그녀를 꿈에서만이라도 한번 만나보고 싶다고 정태에게 조용하게 말하는 것이었다.

정태는 그 청년이 나타나기만을 기다렸다. 그 복잡 미묘한 점묘화의 도나쓰가 상할까 봐 매일 만들었다. 꼭 하나씩만. 어느 날 그 청년이 나타났다. 정태는 그가 테이블에 앉아 커피를 마시며 벽화를 감상하는 때를 기다렸다가 그의 앞에 앉았다. 그리고 오늘 만든 그 도나쓰를 보여주었다. 청년은 매우 신기해하였다. 정태는 도나쓰를 청년에게 그냥 주었다. 청년의 깊숙한 눈은 정태를 한참 바라보았다.

세 가지의 색다른 도나쓰를 먹은 사람들이 찾아와서 어떤 이야기를 해줄지 정태는 매우 궁금하였다. 그런데 첫째 방법으로 만든 도나쓰를 아내에게 주었을 30대 후반의 남자는 그후 몇 번 찾아왔었다. 그러나 그에게서 들은 얘기는 요즘 민간요법으로 애를 가질 궁리를 하고 있다는 것이었다. 노처녀도 몇 번 왔었는데 여전히 표정은 밝지 않았다. 어느 날 빵집 문을 닫을 시간이 얼마 남지 않았을 때 문 여는 소리가 빵집의 정적을 깼다. 정태가 고개를 돌려 문 쪽을 보니 사진작가 청년이 들어오는 것이었다.

그는 빵 몇 개를 사더니 자기가 주로 앉던 테이블에 가서 털썩 주저앉았다. 정태는 그의 맞은편 자리에 앉았다. 청년이 이야기를 시작하였다.

"지난번에 당신이 만들어주신 점묘화 같은 도나쓰를 맛있게 잘 먹었습니다. 그런데 그날 밤 기적 같은 일이 벌어졌습니다. 제가 사모하던 여자를 꿈에서 만난 것입니다. 꿈에서 그녀를 보고 나는 이게 꿈인가 생시인가 했습니다. 그녀는 나에게 아무 말도 하지 않았고 나도 할 말이 없었습니다. 그녀 생전에 우리는 서로 말을 하지 않았으니까요. 꿈에서 그녀는 앞장서서 나를 인도하였습니다. 풍광이 아름답고 매우 평화로운 천국 같은 곳이었죠. 그녀가 나를 처음 인도한 곳은 우리가 처음 만난 그녀의 집이었습니다. 마침 잔치가 벌어지고 있었죠. 그녀는 내가 처음 그녀를 봤을 때의 매혹적인 표정을 짓는 것이었습니다. 그리고 그녀가 인도한 곳은 내가 마지막으로 그녀를 봤던 고향의 그 다리였어요. 그녀는 친구들과 얘기하는 도중에 황홀해하는 나에게 잔잔한 미소를 짓는 것이었어요. 그러더니 나를 어떤 거리로 인도하였죠. 그곳은 내 눈에 익은 거리인데 얼마 동안 걷다가 그녀가 한 카페 앞에서 서는 것이었어요. 그 카페도 언제 본 듯한 곳이었습니다. 그런데 카페 안에 같이 들어가다가 나는 그만 꿈에서 깨어났습니다. 나는 정신이 멍했습니다. 그 황홀한 꿈을 되새기고 되새기곤 했습니다. 그래서 몇 시간 동안 잠을 자지 못했죠. 다음 날 아침 나는 일어나자마자 카메라를 들고 고향의 그 카페를 찾아 나섰습니다. 그녀가 꿈속에서 인도했던 거리를 쉽게 찾았죠. 그리고 그 거리에서 왔다 갔다 하다가 마침내 그 카페도 찾아냈습니다. 그런데 카페의 유리창으로 안을 들여다보니 익숙한 광경이 내 눈에 뜨이는 것이 아닙니까. 카페의 정면 벽에는 당신 카페의 저 벽화와 똑같은 그림 절반이 그려져 있었어요. 그런데 놀라운 것은 당신과 매우 비슷한 사람이 모델을 테이블에 앉혀놓고 벽화를 그리고 있지 않겠어요? 나는 부리나케 카메라를 꺼내 그 뜻밖의 장면을 여러 번 찍었답니다. 하도 신기해서 나는 그다음 날에도 그 카페를 찾아갔죠. 그런데 안타깝게도 전혀 찾아낼 수 없는 것이었어요. 그야말로 꿈 같은 일이었어요. 그래서 나는 사진을 인화해봤죠. 사진은 잘 나왔습니다. 한 사진은 제가 크게 확대해서 여기 액자를 만들어 왔어요."

사진작가 청년은 옆에 세워둔 비닐 봉투에서 액자를 꺼내 보여주었다. 그 액자의 사진을 보고 정태는 온몸에 전율을 느꼈다. 바로 정태가 아리안느를 벽화에 그리고 있는 사진이 아닌가. 3년 전 불란서 카페 바로 그곳에서.

정태는 청년이 남기고 간 그 사진을 하염없이 쳐다보았다. 밤늦게까지….

그날 이후 벽화 빵집의 한 벽에는 사진작가 청년의 액자가 걸려 있었다. 빵집에 온 손님들은 무심코 벽화와 액자에 눈길을 돌리곤 하였다.

나는 수학자 서혁에게 정태의 도나쓰 이야기를 들려주었다. 그랬더니 대뜸 순원 이야기를 꺼내는 것이었다.

"철사의 양 끝을 이으면 닫힌 곡선이 돼. 이 곡선은 동그랗게 원으로 만들 수 있지. 철사의 머리와 꼬리가 이어졌으니 수미쌍관(首尾雙關)이 아닌가. 순원의 링반데룽은 수미쌍관이 불운한 방향으로 흐른 것이네. 도나쓰는 어떤가? 여기서는 두 가지의 수미쌍관을 볼 수 있네. 도나쓰의 표면은 2차원이지. 책상 위를 고

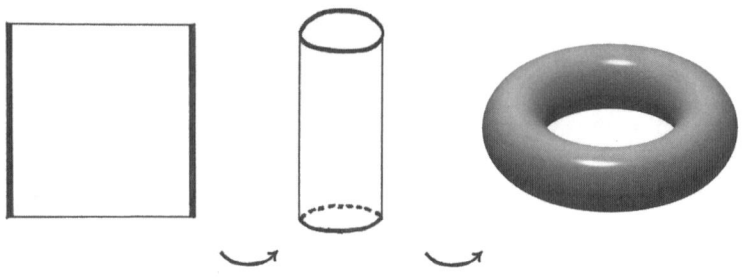

왼쪽 변을 오른쪽 변에 갖다 붙인다.　　　　　위 원을 아래 원에 갖다 붙인다.

　　무 장판으로 덮었다고 생각해봐. 이 장판도 2차원이야. 그래서 장판에는 두 방향의 철사가 있다고 볼 수 있어. 수평 방향의 철사와 수직 방향의 철사. 자, 이제 이 장판의 왼쪽 변을 오른쪽 변에 갖다 붙이자. 그러면 원통 모양의 장판이 되지. 이제는 장판을 밀가루 반죽처럼 쉽게 누그러뜨릴 수 있다고 생각하자. 그러면 위의 원을 아래 원에 갖다 붙일 수 있지. 그럼 장판이 어떤 모양이 되지?"

　　"도나쓰 모양이 아닌가?"

　　"맞아, 아주 큰 도나쓰 형태이지. 우리가 고무 장판을 도나쓰 모양으로 만들 때 평행한 변끼리 두 번 갖다 붙이지 않았나? 좌우 변끼리 붙인 다음 상하 변끼리 붙였지. 그래서 도나쓰에 두 번의 수미쌍관이 있다고 말하는 것이야. 그건 그렇고, 정태는 복잡 미묘한 점묘화를 어떻게 만들었지? 도나쓰의 가운데 구멍을 에워싸며 무지갯빛 설탕 알갱이들이 두 바퀴 도는 동안 도나쓰의 먹는 부분을 세 번 감아서 만들었어. 이제 도나쓰를 다 먹고 빨간색 설탕 알갱이 곡선만 고스란히 남겼다고 생각해봐. 그 곡

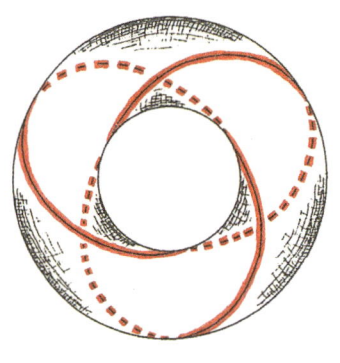
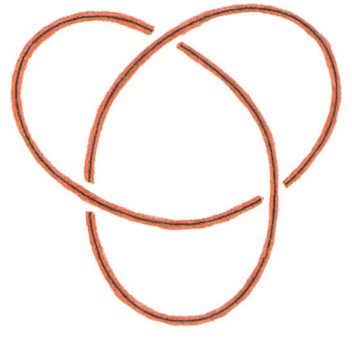

도나쓰를 두 바퀴 돌며 세 번 감는 빨간 곡선　　　　　　매듭

선을 수학자들은 매듭이라고 불러. 왜냐면 그 빨간 곡선은 아무리 유연하게 늘여서 움직여도 원으로 만들 수 없기 때문이야. 원으로 만들려면 빨간 곡선을 끊어서 동그랗게 푼 다음 끊었던 곳을 다시 이어야 돼. 이 매듭은 도나쓰 위에 만들 수 있는 무한 가지 매듭 중에서 가장 간단한 거야. 무지개색 설탕 알갱이들이 모두 이런 신비한 매듭을 이뤘기 때문에 아마도 그 사진작가 청년에게 영험한 일이 생긴 것이 아닐까? 꿈에서 사모했던 여자를 만나고, 또 시공을 초월해서 과거의 사진도 찍어 오고 말이야. 그런데 정태에게 이 얘기를 해줘야겠어. 빨간색 설탕 알갱이가 도나쓰의 가운데 구멍을 에워싸며 돌고 동시에 도나쓰의 먹는 부분을 감는다고 생각해보세. 이때 먹는 부분을 감는 속도가 가운데 구멍을 도는 속도의 무리수 배(倍)가 된다고 가정하지. 예를 들어 $\sqrt{2}$ 같은 수, 즉 두 자연수의 비(比), $\frac{q}{p}$ 같은 유리수가 아닌 수라고 하지. 그러면 기이하게도 빨간 설탕 알갱이의 곡선은 닫힌 곡선이 되지 못해. 그 곡선은 영원히 출발점으로 돌아갈 수 없어.

그저 무한히 열린 곡선이 돼서 도나쓰를 한없이 덮을 뿐이야. 수미쌍관이 안 되는 것이지. 정태가 이런 도나쓰를 만들면 내가 제일 먼저 먹어보고 싶네. 이것은 진시황의 불로초와 같은 것이 될 거야. 이 도나쓰를 먹으면 영원히 살게 될 거야."

3

서혁은 중고등학교 시절 아인슈타인과 황순원을 좋아하였다. 학교 도서관에서 아인슈타인 전기를 여러 번 읽었고 황순원 전집은 모두 읽었다. 그러고는 뉴턴, 갈릴레오, 페르미 등의 전기도 읽다가 결국 수학을 전공하기로 마음을 먹었다. 그런데 문제는 전기에 나오는 위인들이 너무 뛰어난 천재라는 사실이었다. 아인슈타인은 피타고라스 정리를 어렸을 때 혼자 증명하였고, 뉴턴은 대학교 재학 중 미적분을 창시하였다는 것이다. 이들 위인 앞에서 서혁은 자꾸 왜소해졌다. 고민하다가 소설가가 돼보려고 문과반에 들어갔다. 그렇지만 소설가도 쉽지 않아 보였다. 소설책의 맨 뒤에는 보통 소설에 대한 비평가의 평이 실린다. 그러나 그 평을 읽어보면 서혁이 소설을 읽으며 도저히 상상해보지도 못했던 문제점과 시각을 제기하는 것이었다. 소설가는 더욱 힘들어 보였다. 실망한 나머지 고3으로 올라갈 때 서혁은 이과반으로 옮기고 말았다. 천재 수학자 가우스, 리만의 백분의 일 정도만이라도 되어볼 생각으로. 이런 서혁에게 나는 농담 반 진담 반으로 말하였다.

"황순원의 백분의 일 정도의 글도 써보게나."

서혁이 나에게 구름다방에 관해 얘기해준 것은 최근이었다. 1년 전부터 다니던 다방이라고 했다. 개인적인 이야기도 숨김없이 해주던 그가 이렇게 뒤늦게 얘기한 것은 이례적인 일이었다. 그는 구름다방에 이틀이나 사흘에 한 번씩 들른다고 했다. 그 다방에는 시인, 소설가 등 예술가들이 주로 모이는데 다방이 5층 건물의 3층에 있어서 손님은 별로 많지 않고 주로 단골손님들로 채워지는 곳이라고 말했다. 3층에 있는 다방은 자기도 처음 봤는데 그런 높은 곳에 있어서 구름다방이라고 불리는지도 모른다고 덧붙였다. 다방이 있는 건물도 특이하지만 다방 자체도 색다르다고 오늘에야 서혁이 내게 고백하였다.

"시인, 소설가들이 모여 다방에 죽치고 앉아 서로 대화를 나누거나 혼자 시를 쓰거나 소설 구상을 하곤 하지. 그런데 구름다방에서는 신기하게도 멋진 시가 써지고 재미있는 소설이 나온다고 해. 그것을 한번 경험하게 되면 자꾸 구름다방에 올 수밖에 없지. 구름다방에는 즉흥시를 읊고 흥미로운 소설 이야기를 들려주는 사람들이 매일 있다네. 신기하게 나도 구름다방에서 수학 문제를 풀면 평소보다 곧잘 풀리지 않겠나."

"그런 다방이라면 색다른 다방이라고 말할 만하겠네. 5층 건물의 중심에 있어서 그런가?"

"그런데 말일세. 이 다방에는 한 가지 비밀이 있다네. 구름다방에서 멋진 시를 쓴 뒤 집에 가려고 건물을 나오면 그 시구가 하나도 머리에 남아 있지 않다는 게 아닌가. 나도 그랬어. 내가 구름다방에서 어려운 정리를 모처럼 증명해서 신이 났었지. 그렇지만 건물 밖으로 나오니 그 증명을 하나도 기억할 수 없는 거야. 그래서 그 이후에 또 증명에 성공했을 때는 종이에 적어놓았었지. 그런데 건물 밖에서는 그 종이가 백지로 돌아간 거야. 참 기이한 곳이 아닌가."

"기이하다 못해 괴이하구먼. 구름다방에 가는 예술가들은 다 구름에 붕 뜬 사람들인가 보군."

나는 서혁에게 빈정거렸다. 서혁이 계속하였다.

"구름다방에서 나오면 들어가기 이전의 평범한 상태로 돌아가게 되지만 그래도 사람들은 자꾸 들르게 되지. 구름다방에 있는 동안만이라도 기분은 고조되고, 상상력은 풍부해지고, 창의적이 되니까. 그런데 놀랄 만한 비밀이 두 가지 더 있다네."

나는 궁금해졌다.

"이 비밀은 구름다방이 있는 5층 건물에 관한 것이야. 그 건물 1층에는 동서남북에 각각 출입문이 있어. 모든 사람은 한 문으로 건물에 들어와서 각각 할 일을 한 뒤 같은 문이나 다른 문으로 나가게 되지. 그런데 말일세, 만일 한 사람이 동문으로 들어와서 건물을 시계 방향으로 한 바퀴 돌고 다시 반 바퀴를 더 돌아 서문으로 나가면 이상한 일이 벌어진다네."

서혁은 내가 눈을 크게 뜨고 자기를 쳐다본다는 것을 알고는 말을 계속했다.

"그 사람은 왼쪽과 오른쪽이 뒤바뀌게 돼. 얼굴 왼쪽에 있던 점은 오른쪽에 보이는 거야. 그리고 오른손잡이는 왼손잡이가 돼. 신기하지?"

나는 웃음을 크게 터뜨렸다.

"세 번째 비밀은 한 사람이 남문으로 들어와서 건물을 시계 반대 방향으로 한 바퀴 반을 돌고 북문으로 나가면 그 사람의 몸은 멀쩡해 보이지만 사실 생체 나이는 1년을 더 먹게 된다는 거야. 그뿐만 아니라 정신적인 나이도 한 살 더 먹지. 더 성숙해진단 말이야."

나는 놀라지도 않았다. 물론 믿어지지도 않았다. 서혁은 수학 이야기를 꺼냈다.

"동문과 서문을 지나면 왼쪽 점이 오른쪽으로 옮겨 간다는 것은 이 건물이 방향을 줄 수 없는(nonorientable) 공간이라는 말이야. 우리에게 익숙한 공간은 방향을 줄 수 있는 공간인데, 어떤 경로를 통해서 출발점에 돌아오든 왼쪽 오른쪽이 바뀌지 않는다는 것이지. 예를 들어 '뫼비우스의 띠'는 방향을 줄 수 없는 2차원 도형이야. 그런데 말이야, 구름다방의 건물에서 한 사람이 동문 서문을 지나면 왼쪽 오른쪽이 바뀌지만 막상 그 사람은 변화를 느끼지 못해. 자기의 얼굴에는 여전히 점이 왼쪽에 있다고 생각하지. 그러나 주변 사람들은 그의 점이 오른쪽으로 옮겨진 것을 보게 돼. 쉽게 얘기하면 3차원 뫼비우스의 띠 같은 것이 이 건물 안에 놓여 있는 거야. 그렇지만 그 사람이 한 번 더 동문 서문을 지나면 오른쪽의 점은 다시 왼쪽으로 옮겨 오게 돼."

"그 사람이 동문 서문을 홀수 번 지나면 왼쪽 오른쪽이 바뀌지만 짝수 번 지나면 바뀌지 않겠구먼."

내가 그의 말을 거들었다. 수학 얘기 자체는 어렵지 않았다. 서혁이 셋째 비밀 얘기를 다시 꺼냈다.

"남문과 북문의 비밀을 아는 사람들 중에는 극단의 선택을 한 사람도 있을 거야."

"극단의 선택?"

"남문 북문을 여러 번 통과해서 최고의 수준으로 정신을 고양시킨 다음 불후의 명작을 완성하겠지. 그러고는 많이 늘어난 생체 나이 때문에 요절하지 않았을까?"

"요절한 천재 예술가 중에는 구름다방 건물을 거쳐 간 사람이 있을지도 모르겠군. 그런데 그런 기이한 건물을 누가 어떻게 지었을까?"

서혁이 대답하였다.

"나도 참 이해할 수가 없어. 외관이 멀쩡한 건물 안에 어떻게 그런 믿을 수 없는 공간이 숨어 있는지. 기술적으로, 철학적으로 납득이 안 돼. 그런데 수학적으로 설명하기가 불가능하지는 않아."

"그럼 쉬운 수학으로 내게 설명해봐."

"우리가 어렸을 때 많이 놀다 보면 바지 무르팍에 구멍이 생기곤 했지. 그러면 어머니가 동그란 헝겊 조각을 대고 기워주셨어. 그런데 만일 헝겊 조각이 복잡한 모양이라면 어떻게 될까? 예를 들어 도나쓰 표면 같은 헝겊 조각이 있는데, 그것도 해져서 동그랗게 구멍이 파였다고 생각해봐. 그래서 바지의 구멍과 헝겊 조각의 해진 구멍을 따라 서로 꿰매면 좀 복잡해지긴 해도 바지의 무르팍 구멍은 없어지게 되지."

"그런 억지가 어디 있어."

"억지이긴 해도 바지에 더 이상 흙은 들어가지 않겠지. 수학에서는 이렇게 두 공간에 각각 구멍을 내고 두 구멍을 따라 연결해서 새로운 공간을 만드는 것을 '연결합(連結合, connected sum)'이라고 불러. 정태가 두 개의 도나쓰를 만들었다고 해봐. 그리고 빼빼로같이 구멍이 없는 빵 조각으로 두 개의 도나쓰를 서로 이으면 하나의 도나쓰가 될 거야. 이것이 두 도나쓰의 연결합인 것이야. 원래의 도나쓰는 각각 구멍이 하나인데 이 연결합은 구멍이 두 개이지. 한 술 더 떠서 이 구멍이 두 개인 도나쓰와 다른 도나쓰의 연결합도 만들 수 있지. 연결합을 쓰면 온갖 복잡한 공간을 만들어낼 수 있지. 그런데 내가 보기엔 구름다방 건물을 지을 때 연결합이 이용된 것 같아. 건축가가 일단 건물을 평범하게 지은 다음, 중심 부분과 동서남북의 문을 포함한 부분을 깎아내고 나서, 복잡한 위상을 가진 3차원 도형과 연결합을 시켰을 거야. 이런 건축 방법은 현실적으로 가능하지는 않겠지만, 이런 방법으로밖에 수학적으로 설명할 수 없어."

"불가사의하군."

서혁이 계속하였다.

"자네 황진이의 그 유명한 동짓달에 관한 시 알고 있지.

동짓달 기나긴 밤 한 허리를 베어내어

춘풍 이불 아래 서리서리 넣었다가

어론님 오신 날 밤이어든 굽이굽이 펴리라.

동짓달 밤이 그저 긴 밤이라고 하는 것은 범인(凡人)이 하는 말이지. 마치 구멍 난 바지에 동그란 헝겊 조각을 기워서 원래의 평범한 바지 모양으로 만들듯이. 그러나 황진이처럼 동짓달 기나긴 밤을 이불 아래 넣었다가 다시 펴서 쓸 수 있는 밤으로 보는 것은 구멍 난 바지에 도나쓰처럼 생긴 헝겊 조각을 꿰매는 것에 비유할 수 있어. 황진이의 시적 변용은 수학의 연결합과 상통한다는 말이야."

"그럴싸하네."

"황순원의 단편소설 중에 「링반데룽」이라고 있어. 그 줄거리는 주인공이 광견병에 걸린 친구에게 문병 가서 느낀 것에 관한 이야기야. 주인공은 친구가 마지막이 가까워져서 경련 속에서 눈앞을 걷어내며 초점을 잡으려고 애쓰면서도 못 잡는 듯한 시선이 하나의 뜻을 지니고 가슴에 와 부딪친다고 느끼게 돼. 그러고는 친구의 과거를 회고해. 친구는 못하던 영어 공부에 몰두해 영문과에 들어갔다가 사법고시에 합격하고는 중학교 영어 교사와 법대 강사를 2년씩 하다가 교단에서 물러나고 말아. 그러고는 한동안 여색에 철저하게 빠져. 그런 뒤 친구는 등산에 빠져서 여기저기 산을 찾아다녀. 이때 그는 주인공에게 링반데룽 현상이라는 등산 용어를 가르쳐줬어. 이 기억이 떠오르자 주인공은 갑자기 깨닫게 되지. 친구가 눈앞을 걷어내며 초점을 잡으려는 것에서, 교단생활에서, 여러 여자와의 관계에서, 그리고 등산에 몰입한 것에서 친구는 링반데룽 상태를 느낀 것이라고 주인공은 생각해. 친구 자신은 인생에서 무작정 앞으로 걸어가고 있다고 생각했는지 모르나 마침내 자기는 어떤 환상 방황의 헛된 원을 그리고 있었다고 느낀 것이라고. 그리고 소설은 주인공이 1년간 사귀고 있는 여인과의 이야기로 넘어가. 이 여인과 여러 번 만나면서도 자꾸 헛도는 것은 링반데룽이나 다름없다고 주인공은 깨달아. 그러고는 문병 간 친구 집을 나서며 오늘 만나기로 한 여인과 진정한 만남을 이뤄야겠다고 스스로 다짐해."

"재미있는 소설이네."

"이 단편소설의 전개 과정에서 황순원은 연결합을 효과적으로 이용한 것으로 볼 수 있어. 등장인물들이 다양하게 살아온 이야기들을 그냥 평범하게 전개했다면 장삼이사의 흔해빠진 스토리가 됐겠지. 동그란 헝겊 조각으로 기워진 바지같이 말이야. 그러나 친구와 주인공의 삶에서 생긴 사건들을 각각 하나의 빈 공간(구멍)으로 보고 그 공간을 링반데룽이라는 특이한 공간(헝겊 조각)으로 연결한 것이 작가의 소설 기법이었던 것이야. 작가는 매우 재미있는 연결합을 만든 것이지."

"자넨 비평가 소질도 있군."

"아까 내가 뫼비우스의 띠는 방향을 줄 수 없는 2차원 도형이고, 구름다방의 건물은 방향을 줄 수 없는 3차원 공간이라고 말했지. 그런데 뫼비우스 띠 안에 살고 있는 2차원 존재는 왜 자기네의 공간에 방향을 줄 수 없는지 알지 못해. 그냥 한 바퀴 돌아보니 남들이 자기보고 좌우가 뒤바뀌었다고 말해주니까 비로소 알게 되는 것이지. 그런데 뫼비우스 띠를 3차원 공간 속에 집어넣고 띠 밖에서 쳐다보면 그 띠에 왜 방향을 줄 수 없는지 우리 3차원 인간들은 쉽게 지각할 수 있어. 이 같은 확장을 구름다방 건물에 적용해보면 어떨까? 다시 얘기해서 3차원 건물을 4차원 공간에 집어넣고 건물을 벗어난 위치에서 응시하면 구름다방 건물에 왜 방향을 주기가 불가능한지 알 수 있지 않을까?"

"4차원 얘기가 나오니 갑자기 어지러워지네."

"이론적으로는 3차원 도형을 6차원 이하의 공간에 집어넣고 바깥에서 조망하는 것이 가능해. 구름다방 건물처럼 덜 복잡한 공간이라면 4차원에서도 가능하지. 그런데 우리 인간은 3차원적 존재야. 물론 시간을 제외하고서 말이지. 3차원적 인간이 4차원을 어떻게 인식할 수 있을까? 동서, 남북, 상하의 3차원 밖에 또 1차원이 있다면 그 방향은 우리에게 어떻게 다가오고 있을까? 그러나 뜻밖에도 4차원 이상의 고차원 공간을 이해하는 것은 어렵지 않아. 수학자들은 추상적으로 공간을 다루면서 고차원 공간을 이해할 수 있어. 고차원 공간도 인간이 깊이 생각하면 저차원의 확장에 불과하다는 것을 알게 돼. 즉 추상적인 공간은 인간의 인식이 가능한 대상인 것이야. 그렇다면 인간이 매일 살고 있는 현실적인 공간은 어떤가? 구름다방의 건물이 동문 서문을 따라서는 방향을 줄 수 없고 남문 북문을 지나면 시간이 바뀌는 괴상한 건물이라면 우리는 필시 그 건물을 4차원에 집어넣고 바깥에서 투시해야 그 건물의 비밀을 이해할 수 있게 될 거야."

추상적이던 서혁의 말은 현실적인 이야기로 넘어가고 있었다.

"우리가 살고 있는 공간뿐 아니라 우리의 복잡한 인간관계도 고차원에서 보면 보다 쉽게 파악할 수 있는 거야."

"말이야 쉽지."

"그렇지만 실제로 우리 모두는 우리의 현실을 4차원 공간 속에 집어넣고 나름대로 해석하며 살아가고 있는걸. 각자 매 순간 새로운 4차원의 방향을 창조해서 그 방향으로 현실의 의미를 부여하며 파악하고 있는 것으로 볼 수 있어. 이런 행위 자체가 현실을 4차원 공간에 집어넣는 수학적 행위인 거야. 우리 각자는 현실을 살며 수학을 하고 있는 것이지. 시인의 시심은 그 4차원 방향으로 뻗어나가고 있어. 그 4차원 방향을 통해서 신이 시인에게 말을 걸어주곤 하지. 인간 사이에 4차원 방향이 어떻게 서로 이어지고 있는가를 보여주는 것은 소설가의 임무야. 인간관계를 재미있는 4차원 곡선으로 그리는 게 그의 소설이지."

서혁의 시, 소설, 수학 이야기는 이렇게 끝났다. 그는 상기돼 있었고 그의 눈은 초롱초롱하였다. 아쉬운 듯 서혁은 한마디 덧붙였다.

"이상은 그의 단편소설 「날개」에서 마지막을 다음과 같이 썼지. '날개야, 다시 돋아라, 날자, 날자, 날자, 한 번만 더 날자꾸나. 한 번만 더 날아보자꾸나.' 이상은 주인공을 어디로 날게 하고 싶었을까? 바로 이상이 꿈꾸었던 4차원 방향으로 날기를 바랐을 거야."

서혁과 나는 밖으로 나왔다. 날은 어둑어둑했고 거리는 오가는 사람들로 붐볐다. 우리는 말없이 걸었다. 그가 앞장서서 인도하였다. 구름다방으로 가는 것임이 분명하였다.

한참을 앞장서서 걷던 서혁은 나를 돌아보며 손가락으로 한 곳을 가리켰다. 5층 건물이었다. 그가 3층의 구름다방으로 올라가자고 말하였다. 그러고는 건물의 문으로 향하는 계단을 오르기 시작하는 것이었다. 나는 불현듯 그가 아까 들려준 얘기가 떠올랐다. 서혁에게 물었다.

"이 건물의 동문이 어디 있지?"

"앞에 보이는 게 남문이니 오른 쪽으로 가면 돼. 왜?"

"그럼 들어가서 곧 서문 바깥에서 만나자."

나는 동문으로 향했다. 서혁이 궁금한 듯 잠시 서서 바라보았다. 동문으로 건물에 들어가니 안에는 조명이 잘 돼서 환했고 두어 사람이 대리석 깔린 바닥을 총총걸음으로 걷고 있었다. 나는 동문에서 왼쪽으로 돌아 남문을 지났다. 오른쪽에는 엘리베이터가 있었다. 그리고 서문에 이르니 문 바깥에 서혁이 보였다. 그는 고개를 갸우뚱하며 나를 쳐다보고 있었다. 나는 건물 안에서 계속 걸어 북문을 지났고 다시 동문에 돌아왔다. 그러고는 더 걸어 남문을 지나 서문에 이른 뒤 바깥으로 나왔다. 기다리던 서혁이 내게 말하였다.

"네가 뭐 했는지 나는 알아. 내가 말해준 대로 동문에서 시계방향으로 한 바퀴 반을 돌아 서문으로 나온 거지?"

그러면서 나를 상하좌우 훑어보는 것이었다. 잠시 후 서혁이 내게 소리쳤다.

"네 가르마가 왼쪽에서 오른쪽으로 옮겨 갔구나!"

서혁의 말대로 내 왼쪽과 오른쪽이 뒤바뀌었나 보다. 그런데 가르마를 만져봤으나 여전히 왼쪽에 있는 것이었다. 내 표정을 읽은 서혁이 한마디 하였다.

"네 왼손도 오른쪽으로 옮겨 갔으니 가르마를 만져보면 여전히 왼쪽에 있는 것 같을 수밖에."

실감이 안 나던 나는 거리의 간판을 읽고는 아연실색할 수밖에 없었다. 모든 글자가 좌우 뒤집어져 오른쪽에서 왼쪽으로 쓰인 것이었다. 읽기가 불편했다. 서혁에게 잠시 기다리라고 말하고 나는 건물 바깥을 돌아 동문으로 들어갔다. 그리고 시계 방향으로 한 바퀴 반을 다시 돌아 서혁이 기다리고 있는 서문으로 나왔다. 그는 내가 다시 예전의 모습으로 돌아왔다며 반겨주는 것이었다. 안도의 표정을 지으며 우리는 건물을 돌아 남문으로 들어갔다. 그리고 엘리베이터를 타고 3층으로 올라갔다. 엘리베이터를 나서니 눈앞에 '구름다방'이라는 작은 간판이 붙은 문이 보였다. 서혁이 문을 열고 들어가고 나는 조심스레 따라 들어갔다.

안에 들어서니 구식 다방같이 내부 장식을 한 것이 우선 눈에 뜨였다. 다방 레지가 서혁을 반가이 맞아주었다. 우리는 구석에 있는 테이블에 자리를 잡았다. 레지가 가져온 커피는 이런 다방에서 흔히 마시던 다방 커피가 아니고 원두커피였다. 진한 커피 맛을 음미하고 있던 중 우리 테이블에 한 사내가 동석하였다. 그 사내는 시인이었다. 여기서 시 한 편을 지었다며 한번 감상해보라는 것이었다. 그의 시는 정말 훌륭하였다. 그에게 그렇게 말해주니 그는 과찬이라며 이렇게 말하는 것이었다.

"곧 사라질 시이니 여기 있는 동안만이라도 서로 시를 짓고 감상해봅시다."

문득 순원의 시가 생각났다. 순원의 조난 사고 뒷수습을 하고 정신없이 집으로 돌아오던 중 나는 그의 수첩을 그만 잃어버리고 말았다. 순원이 조난당하게 된 직접적인 동기였던 수첩을 분실한 것은 순원을 잃은 슬픔을 가중시켰다. 나의 표정을 본 서혁이 내게 왜 그러냐고 물었다.

"순원이 마지막 시를 적은 수첩을 내가 잃어버리다니…."

사내가 궁금해해서 그에게 자초지종을 얘기해주었다. 그는 조금 생각하더니 내게 말하였다.

"그렇게 안타깝다면 한번 이렇게 해보시죠. 이 건물에는 신비스런 힘이 있다고 하니 남문 북문으로 건물의 둘레길을 돈 뒤에 좋은 생각을 떠올려보세요."

저녁 시간이 지나 출출해진 우리는 다방을 나섰다. 엘리베이터를 타고 1층에 이르니 서혁이 내게 말하였다.

"우리는 북문에서 기다릴 테니 둘레길을 시계 반대 방향으로 한 바퀴 반 돌고 와보게나."

나는 엘리베이터 맞은편의 남문으로 일단 건물을 나왔다. 뒤돌아서 건물을 보며 숨을 한 번 크게 쉬고 나서 다시 남문으로 들어갔다. 그리고 반시계 방향으로 한 바퀴 반을 돈 다음 북문으로 나갔다. 서혁과 사내가 궁금한 듯 나를 응시하고 있었다. 나는 고양된 목소리로 서혁을 향해 말했다.

"지금 급히 가볼 데가 생겼네. 다음에 또 보세."

사내에게도 인사를 하고 버스 정류장을 향해 발길을 돌렸다. 기차역 앞에서 버스를 내린 뒤 공중전화로 정태의 빵집에 전화를 걸었다. 다짜고짜 그에게 두 시간 후에 찾아가겠다고 말하였다.

"자네 사진작가 청년에게 만들어줬다는 복잡 미묘한 매듭 점묘 도나쓰 있지. 그거 지금 당장 나를 위해 만들어주겠나?"

왜냐고 묻는 정태에게 대답도 않고 나는 수화기를 놓았다. 기차역을 향해 걸으며 구름다방 건물의 북문을 나서던 순간을 떠올렸다. 그 건물의 신통한 힘을 느낀 순간이었다. 내게 한 가지 희망이 생긴 것이다.

정태의 빵집에 도착한 것은 이미 문을 닫은 후였다. 빵집에 들어서며 나는 벽화의 아리안느와 액자 속의 아리안느를 번갈아 쳐다보았다. 정태는 나를 보자 진열장 맨 위에 놓인 매듭 점묘 도나쓰를 손가락으로 가리켰다. 그에게 고맙다는 말을 하고 막차 시간에 쫓겨서 그러니 며칠 뒤 자세한 얘기를 해주겠다고 약속하였다. 도나쓰 봉지를 들고 바삐 나왔다.

자정이 거의 다 돼서야 집에 도착하였다. 식탁 위에 도나쓰를 담은 접시를 놓았다. 도나쓰를 두 번 돌고 세 번 감는 일곱 가지 무지개색의 설탕 알갱이들. 그것은 아름답고 신비한 그림이었다. 나는 무지개색이 빙글빙글 감고 도는 줄을 계속 따라가며 보려고 애썼다. 도나쓰 뒤로 감아 돌 때는 머릿속에 그 줄을 입체적으로 상상하며 점묘화를 그려보았다. 나는 의식을 치르듯 도나쓰 앞에 앉아 있었다. 천천히 도나쓰를 입에 집어넣었다. 설탕 알갱이가 아사삭 씹혔다. 혀가 느낀 설탕의 달콤함이 알알이 눈에 보이는 듯 했다. 잠자리에 누웠다. 잠에 서서히 빠져들고 있었다.

사방이 온통 눈 천지였다. 눈이 하염없이 내리고 있었다. 어느 산 속에서 나는 힘들게 걷고 있었다. 안타까운 마음에 무언가 찾고 있었다. 그러나 앞에는 눈길만 계속 이어지는 것이었다. 갑자기 저 앞에 무슨 형체가 누워 있는 듯 보였다. 나는 크게 소리쳤다. 아, 순원을 불렀나 보다. 그 형체가 꿈틀거리더니 일어나는 것이었다. 그리고 나를 쳐다보았다. 순원이었다. 갑자기 내 발이 눈밭에 얼어붙었다. 순원은 말없이 나에게 따라오라는 몸짓을 하더니 앞으로 걸어가기 시작하였다. 나는 마음이 급해져서 얼어붙은 발에 힘을 줘 간신히 눈밭에서 뗀 뒤 그를 따라 걸었다. 순원이 한참을 걸어나갔다. 그런데 내가 따라가다 보니 그는 앞으로 곧장 걷지 않고 조금씩 왼쪽으로 도는 것이었다. 그래서 순원에게 '너는 지금 왼쪽으로 조금씩 휘면서 걷고 있어. 앞으로 곧장 가야 돼'라고 외쳤다. 그러나 순원은 들은 척도 안 했다. 보다 못한 나는 순원의 앞에 나섰다. 그리고 그를 거의 끌다시피 앞으로 곧장 이끌었다. 얼마를 걸었을까. 우리 앞에 어렴풋이 무언가 보이기 시작했다. 순원이 쉬던 나무였다. 쌓인 눈을 파보았다. 수첩이 나타났다. 순원이 수첩을 꺼낸 뒤 내게 펼쳐 보여주었다. 그의 시 「113」이 쓰여 있었다. 나는 큰 소리로 그의 시를 읽었다. 읽고 또 읽었다. 외울 때까지 계속 읽었다.

새소리가 들렸다. 눈을 떴다. 방안이 훤했다. 아침이 된 것이다. 뒤숭숭했다. 기나긴 꿈을 꾼 듯했다. 곰곰 생각해보았다. 그러고 보니 순원의 꿈이었다. 꿈에서 순원을 만난 것이었다. 기뻤다. 꿈에서뿐만 아니라 이 아침까지 기쁜 기분이 들었다. 게다가 가슴이 설레기까지 했다. 그의 시 「113」을 암송할 수 있을 것 같았다. 나는 일어나 책상에 앉았다. 그리고 펜을 들어 종이 위에 순원의 시를 적어 내려갔다.

113

존재의 문제
존재와 존재
존재의 그림자
그림자의 그림자
가을 속 존재
우리의 無모습
모습의 아름다움
無의 존재
무한의 수학
나의 유한함
수학의 無無…

튜브맨

서준환

1

　내 소개를 해야겠다. 이게 가능하다면 말이다. 나는 지하철 역 안에서만 살고 있는 사람이다. 성별은 남성. 나이는 한 50대 중반쯤 되지 않았을까 싶다. 이런 식으로밖에 자기소개를 할 수 없다는 점이 나로서도 마뜩지 않다. 그러니 우선 양해를 구하고 싶다. 아마도 어떤 재난이 내게 닥친 모양이다. 그 와중에 머리를 다쳤는지 나에 관한 기억이 전혀 남아 있질 않다. 도대체 내가 누군지 기억할 수가 없다. 재난이 닥쳤을 때 나는 어느 지하 공간에 머물러 있었다. 환승 주차장이었던 것 같다. 혹은 어느 아케이드 상가의 통로였을지도 모른다. 그게 아니라면, 지하철 역사 안의 화장실이었을 수도 있다. 정확히 어떤 공간이었는지는 기억이 나질 않는다. 지금으로서는 그다지 중요한 사항이 아니다. 정작 중요한 것은 그때 그 지하 공간 위에 세워져 있는 건물이 붕괴되기 시작했다는 점이다. 정신을 차리고 보니 무너져 내린 건물의 잔해 더미에서 피어오른 먼지만이 사방에 자욱했다. 뿌옇게 변해버린 시야 너머에서는 생존자들의 처절한 비명 소리가 들려왔다. 구사일생으로 목숨을 부지한 나는 일단 재난의 아수라장에서 벗어나야 한다는 일념밖에 없었다. 누군가가 나를 향하여 뭐라고 외쳐대는 것 같았다. 나는 바닥에서 몸을 일으켰다. 나를 부르는 말소리 따위에는 아랑곳하지 않았다. 출구가 있을 만한 곳으로 무작정 달아났다. 하지만 지상으로 통하는 출구는 그 어디에도 보이지 않았다. 통로란 통로는 모조리 지하로만 평행하게 연결되어 있는 것 같았다. 한참을 달려 나와 결국 내가 가 닿은 곳은 또 다른 지하철역이었다. 끔찍한 재난이었다. 지상의 건물이 붕괴되는 재난 속에서도 나는 살아남았다. 아마도 지하에 있었기 때문일 것이다. 지하가 아니라 붕괴된 건물 안이나 그 근처에 있었다면 나는 진작 목숨을 잃고 말았을 게 틀림없다. 그런 생각이 들어서인지 내게 첫 번째 피난처로 열린 지하철역에서 여전히 벗어날 수가 없다. 나는 살고 싶다. 아직은 죽고 싶지 않다….

위의 이야기는 방금 전 상상해서 꾸며낸 거짓말에 불과하다. 나에 관한 기억이 조금도 남아 있지 않다면서 얼마 전의 재난 상황을 내가 이토록 똑똑히 기억할 리가 없질 않은가. 기억을 잃은 것으로 보아 어떤 불의의 재난이 내게 닥친 것만큼은 확실하다. 나는 그 재난을 상상해보았을 뿐이다. 어차피 기억을 잃은 나는 상상한 대로의 나일 수밖에 없다. 그 상상은 늘 재난을 출발점으로 딛고 있을 수밖에 없다. 그러니 나에게는 모든 게 재난이다. 태어난 것도 재난, 살아남은 것도 재난, 상상도 재난이다. 기억이 없어진 것은 재난이 내게 남긴 생존의 흉터이자 위안이다.

2

내가 정신을 차린 곳은 지하철역이 아니라 어느 커피숍 안이었다. 한동안 졸다 어떤 말소리에 놀라 불현듯 눈을 뜬 듯했다. 그 순간, 이전까지 내가 뭘 하고 있었으며 무엇 때문에 이 커피숍에 들어와 있는지 아무 기억도 나지 않는다는 사실을 깨달았다. 그게 기억상실의 시작이었다. 처음에는 아직 선잠에 빠져 있어서 그러려니 하고 가볍게 여겼다. 하지만 아니었다. 내가 기억하지 못하는 것은 방금 전까지 뭘 하고 있었으며 무엇 때문에 이 커피숍에 들어와 있는지 하는 범위에만 한정되지 않았다. 내가 누구이고 이름이 무엇이며 어떤 사람인가 하는 것도 전혀 떠올릴 수 없었다. 나이도 몇 살쯤이나 되었는지 기억나지 않았다. 혹시 나이가 많아서 치매가 온 것일까? 손등을 들여다보니 7, 80대 노인들만큼 쭈글쭈글해 보이지는 않았다.

서둘러 화장실로 달려가서 세면대 위의 거울을 들여다보았다. 그다지 늙은 얼굴은 아니었다. 걸치고 있는 재킷과 바지 주머니를 샅샅이 뒤져보았다. 내가 누구인지 알려줄 만한 단서는 아무것도 나오지 않았다. 지갑 안에는 현찰만 두둑히 들어 있을 뿐 신분증도, 신용카드도 없었다. 열심히 뒤져보니 교통 카드가 한장 나오긴 했다. 그 밖에 재킷 안쪽 주머니에서 나온 물건은 뜻밖에도 6중 날 일회용 면도기였다. 거울로 확인해가며 턱 밑을 쓰다듬어보니 몹시 까끌거렸다. 뭔가 꺼림칙했다. 방금 나온 면도기를 턱 밑에 대고 슬슬 긁어내렸다. 그대로 물도 묻히지 않고 면도를 했다. 듬성듬성한 턱 밑의 잔털이 서걱서걱 밀려나갔다. 예리한 6중 날로 턱 밑의 잔털들을 밀어내는 감촉이 나쁘지 않았다. 나쁘기는커녕 묘한 쾌감마저 느껴질 정도였다. 물론 나는 내가 누군지 기억나지 않아 불안했다. 기분이 불안하다 보니 오히려 면도의 쾌감을 포기하고 싶지 않았던 것일 수도 있다. 나는 잔털들의 뿌리까지 뽑아내서 손끝으로 턱 밑을 쓰다듬었을 때 조금도 까끌거리지 않도록 하고야 말겠다는 듯 맹렬히 6중 날을 놀렸다.

그때 화장실 안으로 사내 둘이 들어왔다. 그들은 잠시 나를 힐끔거린 후 소변기 앞으로 다가섰다. 그러고는 무슨 말인가를 주고받았는데 한국말이 아니었다. 아마도 일본어 같았다.

나는 사내들의 시선이 의식되어 재빨리 면도를 그만두고 화장실에서 나왔다. 무심코 자리로 돌아가려는데 화장실 출입구 앞의 목제 선반 위에 놓여 있는 공중전화가 내 눈길을 끌었다. 꽤 낡아 보이는 분홍색 전화통이었다. 하지만 그건 그저 장식품일 뿐이었다. 수화기를 귓가에 대보았지만 아무 소리도 나지 않았다. 동전을 넣어봐도 아래 뚫린 구멍으로 맥없이 굴러떨어졌다. 나는 수화기를 전화통에 걸어놓고 내 자리로 돌아왔다.

그러고 보니 테이블에는 내 몫의 커피 말고도 건너편 자리에 또 한 잔의 커피가 놓여 있었다. 하지만 그 자리에는 아무도 없었다. 그렇다면 방금 전까지 누군가가 나와 함께 여기 있었다는 말이 된다. 그 사람은 누구이고, 나는 어째서 지금 혼자 남아 있는 거지? 누가 그 자리에 앉아 있었는지 아무리 골똘히 기억을 모아봐도 아무 기억이 없다. 기억의 뿌리조차 증발해버리고 만 모양이다. 그러니 나라는 사람은 지금 이 커피숍에서 새로 태어난 거나 마찬가지인 셈이다. 나는 공연히 건너편에 놓인 커피 잔만 만지작거렸다. 커피 잔은 이미 싸늘하게 식어 있었다. 누군지 알 수 없는 상대방은 이미 오래전에 자리를 비운 것 같았다.

부재하는 상대방의 커피 잔을 만지작거리다 어떤 시선이 느껴져서 그쪽으로 눈길을 돌려보았다. 내게 시선을 보낸 사람은 카운터 뒤에 앉아 있는 것으로 보아 이 커피숍의 여주인일 듯한 중년 여성이었다. 그녀는 나와 눈이 마주치자 부드럽고 후덕한 미소를 지어 보였다. 아니, 딱히 나와 눈이 마주쳐서라기보다 얼굴에 늘 그런 미소를 달고 사는 여인처럼 보였다. 주변 사람들에게 '보살'쯤으로 불리면 딱 어울리겠다 싶은 표정이었다. 여주인은 그 자애로운 미소에 걸맞게 뭐든 다 들어주겠다는 것처럼, 혹은 세상사 다 그런 것 아니겠냐는 듯 살며시 고개까지 주억거렸다. 나로서는 도무지 영문을 알 수 없는 고갯짓이었다.

나는 커피숍 여주인의 표정을 힐끔거리면서 기억을 잃은 내가 지금 어떤 상황에 처해 있는지 잠시 가늠해보기로 했다. 그러는 사이 나도 모르게 6중 날 면도기로 계속 턱 밑을 긁어내렸다. 그러자 주변 테이블에 앉아 있는 손님들의 시선이 일제히 나를 힐끔거리기 시작했다. 어떤 사람은 불쾌한 표정을 지어 보이기도 하고 무슨 말인가를 구시렁거리는 것 같기도 했다. 나는 내 생각에만 골몰해 있느라 주변 사람들의 반응에 신경 쓸 여유가 없었다. 여주인은 그러거나 말거나, 다 그럴 만해서 그런 거 아니겠냐는 표정만 내내 짓고 있었다.

어쩌면 나는 집에서 쫓겨난 가장이 아닐까. 지갑에 현금이 두둑히 들어 있는 것을 보면 집에서도 양심상 무일푼으로 내쫓기는 어려웠던 모양이다. 집에서 가장이 쫓겨난다면 무슨 이유일까? 혹시 알코올중독이었을까? 기억상실과 연관 지어보면 그런 이유가 유력하다는 생각이 들기도 한다. 하지만 내가 정신을 차린 곳은 술집이 아니라 커피숍이다. 이 커피숍에서는 주류도 취급하나? 아마도 그런 것 같지는 않다. 설령 그렇다손 쳐도 알코올중독자가 거리에 널린 술집을 놔두고 하필 커피숍에 와 있을 리 만무하다. 요즘에는 대낮부터 문을 여는 호프집도 흔하고, 정히 아쉬우면 아무 국밥집에나 들어가서 식사에 반주인 척하고 소주를 홀짝거릴 수도 있는 일 아닌가. 하지만 아무리 심각한 알코올중독자라 해도 기억이 이토록 송두리째 날아갈 수도 있는 일일까. 가장이 자신의 가정에서 쫓겨나는 일도 재난이라면 재난이지만 지금 내가 겪고 있는 상황은 뭔가 다른 재난의 결과가 아닐까. 혹시 오래전에 이미 기억상실에 빠진 나를 가족들이 골칫거리로 여겨 내다 버린 것은 아닐까. 그러고 나서는 이제야 내가 나를 의식할 수 있는 정신 상태로 돌아온 것은 아닐까. 이와 같은 생각들을 방금 전처럼 실제로 벌어졌던 일인 척하고 말하면 거짓말이 되고 지금처럼 의문문으로 웅얼거리면 추측이 된다. 이러나저러나 내게는 마찬가지다. 지금 나는 어디까지나 상상하는 대로의 나일 뿐이니까.

  6중 날 면도기로 턱 밑을 긁어대는 내 손놀림이 빨라졌다. 이내 턱 밑이 화끈거리기 시작했다. 면도날 틈새로 내가 공들여 밀어낸 턱 밑의 잔털들이 잔뜩 끼어 있는 게 보였다. 나는 면도기를 재킷 안주머니에 도로 챙겨 넣으려다 말고 테이블 위에 대고 톡톡 털었다. 그러자 아니나 다를까 다시금 주변 테이블에서 따가운 시선이 나를 향해 쏠리는 게 느껴졌다. 그만한 두드림에도 목조 테이블에서는 생각보다 요란한 소리가 났다. 이 일회용 면도기는 언제까지 쓸 수 있는 거지? 나는 불현듯 자리에서 일어나 카운터로 향했다. 내가 얼마냐고 묻자 여주인은 예의 보살 같은 미소를 지어 보이며 아까 커피가 나갈 때 일행분이 벌써 계산을 끝내지 않았느냐고 반문했다. 그 말에 나는, 그래서 말인데 내가 어떤 사람과 같이 온 게 확실하냐고 물었다. 이상하게 들릴 법도 한 물음이었지만 여주인은 여전히 후덕하고 부드러운 미소를 잃지 않은 얼굴로 아마도 그런 게 아니었을까 싶다고 답했다. 아마도 그런 게 아니었을까 싶다니? 나는 나와 같이 왔다는 일행에 관해 기억하고 있거나 아는 게 있는지 조금 더 캐물어볼까 하다 그만두기로 했다. 묘하게 대답하는 여주인의 어투에 뭔가 더 물어볼 의욕이 사그라져서였다. 여주인의 대답은 냉랭하거나 무성의한 어투가 아니었는데도 상대방으로 하여금 뭔가 더 캐물어볼 의욕을 거둬들이게 하는 효과가 상당했다. 나는 일행에 관한 궁금증을 속으로 삭인 후 여기서 가장 가까운 지하철역이 어디냐고만 물어보았다. 그러자 여주인장은 내게 대뜸 서울이 처음이시냐고 되물었다. 서울이 처음이냐니? 이 말은 또 무슨 뜻일까…. 나는 한국말이 서툰 외국인처럼 그 말뜻을 정확히 해석하지 못해 쩔쩔맸다. 내가 눈만 깜빡거리고 있자 여주인은 서울에 처음 올라오신 것 같은데 말투로 보아 자기 고향분이 아닐까 싶어 궁금해진 거라고 덧붙였다.

　그렇다면 나는 서울 사람의 표준적인 어투를 쓰고 있지 않은 모양이다. 여주인은 내가 서울 말씨를 쓰고 있지 않으며 따라서 서울 출신이 아니거나 서울에 거주하고 있는 게 아닐지도 모른다는 가능성을 처음으로 일깨워준 셈이었다. 기억을 잃었어도 내 몸에 각인된 말투의 지방색은 고스란히 유지되고 있다는 게 흥미로웠다. 순간적으로, 어쩌면 나는 기억을 잃은 게 아니라 어떤 정신적 충격 때문에 내가 누군지, 여기가 어딘지 일시적으로 막막해진 데 불과할지도 모른다는 생각이 들었다. 여주인장은 계속해서, 서울 생활을 오래 하다 보니 고향 사람하고 마주치기가 쉽지 않은데 여기서 이렇게 뵙게 되니 반갑다며 정확히 어느 동네냐고 물었다. 물론 나는 아무 대답도 하지 못하고 어리둥절한 표정만 지어 보였을 뿐이다. 어리둥절한 표정을 짓지 않으려고 해도 대답할 말이 없다 보니 뭐라고 해야 할지 머뭇거리는 사이에 저절로 어리둥절한 표정을 짓게 된 셈이다. 다행히 여주인은 내가 머뭇거리는 데 개의치 않고 가장 가까운 지하철역이 어느 쪽에 있으며 여기서 어떻게 가야 하는지 자상하게 알려주었다. 나는 고맙다고 웅얼거린 후 그 커피숍에서 나왔다. 내가 커피숍의 문턱을 막 넘으려는 순간, 여주인은 내게 무슨 말인가를 한마디 더 건넸다. 나는 무슨 말인지 알아듣지도 못했고, 그녀가 무슨 말을 했는지 확인하고자 뒤돌아서지도 않았다.

3

    그 이후부터 나는 줄곧 지하철역에서만 지내왔다. 다시 말해 지상으로는 두 번 다시 올라가지 않았다는 것이다. 물론 밤에는 잠자리를 찾아 부득불 지상으로 올라와야 했지만. 이따금 다사로운 햇살이나 한낮의 바깥바람이 아쉬워질 때가 없는 것은 아니었다. 아무리 나에 관한 기억을 잃었다고는 해도 다사로운 햇살이나 한낮의 바깥바람이 무엇인지 헤아리지 못할 만큼 인간으로서의 기본적인 구성 체계가 망가진 것 같지는 않았다. 내 신원에 관한 기억을 잃었다는 사실만 제외하면 나는 멀쩡한 인간에 속하는 것 같았다.
    그렇다면 멀쩡한 인간이 어째서 자신의 신원을 되찾으려는 노력도 포기하고 하필 지하철역 안으로 기어들어온 것일까. 왜 지워져버린 기억의 암실에 빗장을 걸어 잠그고 거기서 빠져나올 궁리조차 하지 않는 것일까. 그러기로 한 것은 물론 나 자신이다. 오히려 그런 결정을 내림으로써 나는 내가 멀쩡한 인간이라는 것을 확고하게 입증한 셈이다. 지상의 세계를 등지고 지하철역에서만 살아가는 것은 내가 멀쩡한 인간이라는 반증이라는 말이다.
    물론 커피숍 여주인에게 여기서 가장 가까운 지하철역이 어디냐고 물은 것은 엉겁결에 나온 말이었다. 커피숍에서 나온 직후 나는 어디로 가야 할지 몰라 잠시 망설였다. 인근의 파출소나 경찰서로 찾아가서 잃어버린 내 신원을 찾아달라고 신고라도 해야 하는 게 아닐까 싶기도 했다. 하지만 우여곡절 끝에 내 신원을 찾아 아는 사람에게 연락이 닿았다고 치자. 그래 봐야 서로에게

잊혔거나 묵은 상처를 덧내기만 하는 일이 될지도 모른다. 이럴 때 망각은 오히려 커다란 축복이다…. 이런저런 생각에 빠져 무심코 걷다 보니 어느새 지하철역 앞이었다. 방금 전 내가 가장 가까운 지하철역을 찾은 것은 결코 우연이 아니었다. 나는 더 이상 머뭇거리지 않고 지하철역 안으로 걸어 내려갔다. 어떤 재난에 휘말려 기억상실의 난간 위에서 위태롭게 버티고 있는 내가 몸을 피해야 할 곳은 당연히 지하철역일 수밖에 없을 거라는 생각이 들기도 했다. 지하철역 중에서도 되도록 지상으로부터 멀리 떨어져 깊은 땅 밑에 '묻혀 있는' 지하철역이어야 했다. 지하철역 밑으로 걸어 내려가면서 나는 그런 전제 조건을 속으로 고집스럽게 되뇌었다.

하지만 아쉽게도 나와 처음으로 맞닥뜨린 지하철역은 그렇지 않았다. 출입구에서 불과 몇 걸음 걸어 내려가자 곧바로 연결통로와 개표구가 나왔다. 다른 행인들이 하는 대로 개표구에 교통 카드를 대고 승강장으로 향했다. 승강장 또한 개표구에서 그다지 멀리 떨어져 있지 않았다. 물론 내가 거점 삼아 머무를 곳이 꼭 이 지하철역이어야 할 까닭은 없었다. 그래도 실망스러웠다. 얼마 후 도착한 전동차에 탔다. 물론 행선지 따위는 있을 턱이 없었다. 앉아 있는 승객들이나 서 있는 승객들이나 모두 휴대전화만 들여다보고 있어서인지 객차 안은 조용했다. 그런데 그중 어떤 청년 하나가 어쩐지 나를 휴대전화의 카메라로 몰래 찍고 있는 것 같았다. 만약 내게 아들이 있다면 그 또래쯤 되었겠다 싶은 청년이었다. 낌새가 그랬지만 그렇다고 그 청년에게 달려가서 왜 남의 모습을 함부로 찍느냐며 항의하기도 어려운 노릇이었다. 어딘가 내 행색에서 다른 이들의 눈길을 끌 만한 점이라도 있나 둘러보았지만 딱히 그런 것 같지도 않았다. 나도 내 나이와 비슷할 거라고 여겨지는 여느 승객들과 비슷한 옷차림새였고 머리 모양도 마찬가지였다. 방금 전 면도도 했다.

 물론 짚이는 게 있긴 했다. 그건 표정이었다. 표정은 내가 어떻게 짓고 있다 하더라도 스스로 확인하는 게 불가능하다. 흐릿한 객차의 차창에 표정을 비춰볼 수 있다손 쳐도 그건 이미 방금 전 남의 눈에 들어온 내 얼굴이 아니다. 내가 내 눈으로 내 얼굴을 확인하려 드는 순간 스스로에 대한 의식이 개입하면서 남의 눈에 뜨인 내 본연의 얼굴은 감쪽같이 사라지고 마는 법이다. 그러니 어디서도 사람은 자신의 얼굴과 표정이 본래 어떤 모습인지 확인할 수 없다. 내가 당혹스러워 하는 것을 눈치챘는지 청년은 슬그머니 휴대전화를 다른 쪽으로 돌렸다. 다음 역에서 전동차의 문이 열리자마자 나는 서둘러 내렸다.

 그 지하철역도 지상과의 거리가 얕기는 마찬가지였다. 다른 사람들과 달리 내게는 휴대전화가 없었다. 설령 휴대전화가 내 수중에 있었다 한들 찾아내고 싶은 것을 어떻게 검색해야 하는지 요령부득이었을 게 뻔했다. 내가 이전까지 휴대전화를 사용했는지 어땠는지는 기억나지 않았다. 그렇다 해도 요즘의 휴대전화라는 물건이 어떤 용도로 쓰이는지는 대충 짐작할 수 있었.

 마침 개표구 앞을 지키고 서 있는 역무원 한 사람이 눈에 들어왔다. 나는 그 역무원에게 다가갔다. 역무원은 내 물음에 짐짓 당혹스러운 표정을 지어 보였다. 그러더니 한동안 의혹 어린 눈초리로 나를 훑어보았다. 나로서는 서울의 지하철역 가운데 가장 깊이 내려가는 곳이 어디냐고 묻는 게 상식적인 언행인지 아닌지 가늠하기 어려웠다. 그래도 이런 문제라면 일반 행인보다야 역무원이 더 낫지 않겠느냐는 생각을 했을 뿐이다. 그런 게 왜 궁금하지? 역무원은 내가 왜 그걸 알고 싶어 하는지 궁금해하는 눈치였지만 왜냐고 되묻지는 않았다. 그런 식으로 나와의 대화가 이어지는 것조차 성가신 것 같았다. 경험상 말을 받아줬다가는 공연히 번거로운 안내까지 도맡아야 할지도 모른다는 경계심이 생긴 탓일 수도 있다. 글쎄요…. 역무원은 어느 역이 가장 깊을지 한번 떠올려보겠다는 시늉을 했다. 그러더니 잠시 후 그런 문제에 대해서라면 평소 생각해본 적이 없어서 잘 모르겠다고 답했다. 살짝 짜증 나고 귀찮다는 어투였다. 하지만 자신의 대답에 내 얼굴이 굳어지는 듯하자 전화번호를 하나 알려드릴 테니 그쪽으로 문의해보는 게 낫겠다고 했다. 그러더니 내게 휴대전화가 있느냐고 물었다. 나는 사실대로 없다고 답했다. 휴대폰이 없다고요? 역무원의 얼굴 위로 의아해하는 기색과 피로감이 동시에 너울거렸다. 그럼 할 수 없죠. 전화번호를 하나 적어드릴게요.

    하지만 이 근방에는 전화를 걸 만한 곳이 한 군데도 없는 것 같았다. 그렇다고 사용법도 모르면서 지나가는 사람에게 휴대전화를 빌리고 싶지는 않았다. 아무래도 발품을 팔아야 할 모양이었다. 어쩔 수 없이 나는 역무원이 준 메모지를 재킷 안주머니에 쑤셔 넣고 다시 승강장으로 내려왔다. 곧 전동차가 도착했다. 그 전동차에 몸을 실은 나는 내키는 대로 아무 역에서나 내렸다.

    내가 안심할 만한 지하철역을 찾기는 생각보다 쉽지 않았다. 그렇게 한참을 돌아다닌 나는 피로를 견디지 못하고 승강장 한 귀퉁이의 벤치에 몸을 축 늘어뜨렸다. 손끝으로 더듬어보니 어느새 턱 밑이 까끌까끌해져 있었다. 아무래도 턱 밑의 잔털들은 피로감을 자양분 삼아 살갗 바깥으로 듬성듬성 삐져나오는 게 아니냐는 생각이 들었다. 6중 날 면도기를 꺼내 턱 밑을 공들여 긁어내렸다. 서걱서걱거리며 턱 밑의 잔털들이 밀려나가는 게 느껴졌다. 다소나마 기분이 개운해지는 것 같았다. 피로감도 한결 줄어드는 것 같았다. 그때 전동차의 진입을 알리는 신호음이 들렸다. 무심코 전동차가 오는 방향으로 눈길을 돌렸다. 내 눈에는 승강장으로 들어오고 있는 전동차의 불빛보다 선로를 삼킨 갱도의 어둠이 먼저 들어왔다.

이윽고 전동차가 도착했다. 벤치 위에 늘어져 있던 나는 반사적으로 몸을 일으킨 후 그 전동차에 올라탔다.

4

여느 때와 마찬가지로 아무 역에서나 내렸다. 막차였다. 꽤 늦은 시각이었다. 이제 잠자리를 찾아 지상으로 올라갈 시간이기도 했다. 지상으로 올라가기가 싫었다. 지갑에 두둑히 들어 있던 현찰은 벌써 조금씩 줄어들기 시작했다. 이 돈으로 언제까지 버틸 수 있으려나? 개표구에서 빠져나와 지하철역 안의 통로를 어슬렁거렸다. 상가 앞을 환히 밝히던 불빛도 하나둘씩 줄어들었다. 여기저기서 라면 박스를 바닥에 까는 노숙자들이 나타났다. 지갑 안의 현금이 바닥나면 나도 저들처럼 지하철역에서 밤이슬이나 겨우 피하는 노숙 생활로 넘어가야 할 거라는 생각이 들었다. 지금 라면 박스를 바닥에 깔고 있는 노숙자들 중에는 나처럼 기억을 잃은 이들이 더러 있으리라는 생각도 했다. 어쩌면 원래부터 나는 저 노숙자들 가운데 한 사람이었을지도 모른다. 나는 노숙자들의 모습을 곁눈질하면서 내가 기억하지 못하는 어떤 재난으로 인해 시리디 시린 노숙의 기억까지 말끔히 지워지고 만 것일 수도 있겠다는 생각을 했다. 지갑 안의 현금이 바닥나 내가 다시 노숙 생활에 복귀하면, 저들 중 누군가 한 명이 나 대신 까닭 모를 기억상실의 흉터와 위안을 걸머지겠지. 그러고는 지금 나처럼 더욱 땅 밑 깊은 곳에 자리한 지하철역을 찾아 배회하겠지. 그런 역을 찾아내는 게 생존의 이정표라도 되는 양.

바닥에서 나뒹구는 노숙자들 말고는 연결 통로에 인적이 부쩍 뜸해졌다. 이제 어디로 가야 할까 막연했다. 길을 안다고 해서 어떻게 하겠다는 대책 따위야 있을 리 없었지만 그래도 출구 바깥의 안내도를 한번 살펴보기로 했다. 출구 바깥의 안내도가 있을 만한 자리에는 대신 전자 안내판이라는 게 설치되어 있었다. 전자 안내판의 화면에는 여러 가지 동영상들이 나타났다 사라지기를 반복했다.

조작법을 몰라 아무 버튼이나 눌러보았다. 그러자 화면에 누군가의 모습이 동영상의 한 장면으로 잡혔다. 그는 객차 안에 서 있는 승객처럼 보였다. 나는 깜짝 놀라 한 발짝 뒤로 물러났다. 화면 속의 주인공이 바로 나였기 때문이다. 객차 안에 함께 있던 누군가가 내 모습을 이런 식으로 몰래 찍은 것 같았다. 하지만 이게 언제 찍힌 모습인지는 선뜻 분간하기가 어려웠다. 지금과는 옷차림새도 다르고 머리 모양도 달랐다. 꽤 오래전에 찍힌 것 같기도 하고 최근 찍힌 모습 같기도 했다. 화면 하단에는 '난민들…'이라는 자막이 떴다. '난민'이라면 재난에서 겨우 살아남았지만 그 생존의 무게에 짓눌려 살아가는 사람을 일컫는 말일 것이다. 화면은 그렇게 자막을 내보내고 나서도 한참 동안 무표정하게 전동차를 타고 가는 내 모습만 비춰 보이다 난데없이 끊겼다.

나는 방금 전 빠져나온 개표구로 발길을 돌렸다. 역무원은 보이지 않았다. 개표구 밑으로 기어 들어가서 단숨에 승강장까지 달려 내려갔다. 막차도 끊기고 정규 운행이 종료된 시간이었지만 아무런 제지도 받지 않았다. 승강장과 선로 사이는 굳게 닫힌 스크린 도어에 가로막혀 있었다. 승강장의 한쪽 끝이라면 어떨까. 그쪽으로 다가가보니 선로로 내려갈 수 있는 틈새가 나 있는 것 같았다. 나는 그 틈새를 통과해 선로로 내려왔다. 그러고는 갱도의 어둠 속으로 천천히 걸음을 옮겼다. 평탄한 선로의 가장자리를 걷고 있을 뿐이었지만 어쩐지 가파른 갱도의 비탈을 타고 더 깊은 지하로 걸어 내려가는 듯한 기분이 느껴졌다. 벽을 따라 이어져 있는 전등의 불빛만이 희미하게 내 발치에 와 닿을 뿐 갱도 안은 암실만큼이나 어두웠다.

그런데 건너편 선로의 가장자리에서도 나처럼 갱도를 따라 어둠 속으로 기어들어가고 있는 그림자가 아른거리는 것 같았다. 나는 제자리에 우뚝 멈춰 서서 희뿌연 어둠 사이로 건너편 선로를 유심히 들여다보았다. 선로를 따라 걷고 있는 그림자는 한 사람만이 아니었다. 한 줄로 가지런히 대오를 이룬 사람들의 행렬처럼 보였다. 나는 건너편의 행렬에 대고 그렇게 줄 지어서 어디로 가는 길이냐고 외쳤다. 그러자 그들 중 한 사람이 답했다. 이건 피난 행렬이고 우리는 지금 피난 중이에요. 내가 다시 피난 행렬이라니 그럼 도대체 무슨 재난을 당한 거냐고 묻자 피난 행렬이니 피난처를 찾아가지 어딜 가겠느냐고 한 박자 어긋난 대답이 돌아왔다. 그 피난처가 어디쯤 있나요? 그 물음에는 아무도 답해주지 않았다. 저기 혹시 나도 그 행렬에 끼어 함께 가도 될까요? 역시나 묵묵부답이었다. 그저 묵묵히 어둠에 싸인 선로를 따라 줄지어 걷고 있는 그림자들의 움직임만이 부산해 보였다.

그때였다. 난데없이 전동차의 진입을 알리는 신호음이 들렸다. 그러자 건너편 선로를 따라 걷던 사람들이 일제히 걸음을 멈추고 어쩔 바 몰라 하며 동요하기 시작했다. 더러는 욕설과 비명 소리도 터져 나왔다. 아니나 다를까, 저편에서 이쪽으로 점점 가까이 다가오고 있는 전동차의 불빛이 시야에 들어왔다. 건너편 선로로도 전동차가 들어오는 중인지 어떤지는 확인할 겨를이 없었다. 나부터 서둘러 몸을 피해야 했기 때문이다.

마침 벽 사이로 움푹 들어간 틈이 보였다. 그 틈에 곁문이 하나 나 있었다. 아마도 선로의 보수 공사 따위를 맡은 작업 인부들이 그 곁문으로 드나드는 모양이었다. 손잡이를 돌리자 다행히 문은 스르르 열렸다. 나는 재빨리 안으로 달려 들어갔다. 곁문 안쪽은 어둡고 비좁은 통로 같았다. 어디로 통하는지는 알 수 없었다. 나는 문 앞에서 한 발짝도 움직이지 않았다. 선로에서 무슨 일이 벌어지는지 궁금했기 때문이다. 문가에 붙어 서서 바깥의 동향에 주의를 기울였다. 바깥에서는 아무런 소리도 들려오지 않았다. 전동차가 지나가는 것 같지도 않았다.

그때 안쪽에서 인기척이 났다. 그와 동시에 불빛이 비쳤다. 통로 안쪽에서 안전모를 쓴 인부들이 몇 명 몰려나오는 것 같았다. 그들의 안전모에 달려 있는 전구 불빛이 어둠을 가르며 내 쪽으로 가까이 다가왔다. 눈부신 전구 불빛에 가려 인부들의 얼굴은 전혀 보이지 않았다. 그래서인지 짙은 어둠 속에서 전구를 매단 안전모가 저 혼자 두둥실 떠올라 무리 지어 날아다니는 것처럼 보이기도 했다. 그럴 수만 있다면 손으로 후려쳐서 내게로 가까이 날아드는 안전모의 비행편대를 바닥에 떨어뜨리고 싶었다.

하지만 그러는 대신 나는 몸을 돌려 그 자리에서 달아나려 했다.

"잠깐만 그 자리에 머물러 계세요. 금세 끝나니까요."

그 목소리가 내 걸음을 붙들어 세웠다. 나는 그 목소리를 향해 변명하듯 말했다. "어떤 재난을 당해서 잠시 이리로 피신한 겁니다. 어떤 재난이었는지는 기억나지 않습니다. 하지만 오해하지는 말아주세요. 거짓말을 늘어놓고 있는 게 아니니까요. 단지 아무것도 기억하지 못할 뿐입니다."

안전모의 전구 불빛은 문을 등지고 선 내 주위에 몰려와서 반원형으로 에워쌌다. 그러더니 방금 전과 같은 목소리가 말했다. "저희가 선생으로 하여금 기억을 되찾을 수 있도록 도와드리죠. 그러자면 우선 저희의 질문에 성실히 답해주셔야만 합니다."

그들은 내 동의도 구하지 않고 나를 향한 신원 파악에 들어갔다. 이름. 이름? 모른다. 아무것도 기억나지 않는다니까. 그러자 그들 중 한 명이 어떤 이름을 댔다. 그러고는 그게 내 이름이라고 우겼다. 하지만 전혀 내 이름 같지 않았다. 아주 생경한 이름이었다. 지금으로서는 모든 게 다 생경하다 해도 그 이름 이상으로 생경하기도 어려울 것 같았다. 그게 만약 실제로 기억을 잃기 전까지 내게 붙어 있던 본명이라면 최소한의 친밀감이라도 전해지거나 희미하게나마 기억이 들썩거려야 할 텐데 전혀 그런 것 같지 않았다. 나이. 나이? 이 작자들이 지금 기억상실자를 데리고 장난하나? 알고 있을 리가 없질 않은가. 물론 내가 몇 살쯤 먹었는지 스스로 어림잡아볼 수는 있다. 하지만 정확한 실제 연령을 안다고는 할 수 없다. 그들도 정확한 나의 실제 연령을 파악하지 못했는지 대강 50대 중후반대로만 추정했다.

"저기, 죄송한데요…." 다음 심문으로 넘어가기 전 내가 먼저 말머리를 가로챘다. "잃어버린 기억을 되찾아주시겠다니, 호의는 고맙지만 정중히 사양하고 싶습니다."

내가 그렇게 말하자 안전모의 전구 불빛이 뜻밖이라는 듯 일제히 움찔했다. 어두워서 그들의 얼굴이 보이지는 않았지만 아마도 깊이 눌러쓴 안전모 밑으로 제각기 '이런 변이 있나!' 하는 표정을 짓고 있을 듯했다. 그들의 반응에 개의치 않고 내가 계속했다. "기억을 되찾는 것은 제가 전혀 원치 않는 일입니다. 기억을 잃어버린 사람이라고 해서 꼭 잃어버린 기억을 되찾고 싶어 하란 법은 없겠지요. 왜 그래야 하나요? 이대로 살아도 살아지는 건 마찬가진데…. 아무튼 제 얘기인즉슨 그러고 싶지 않으니까 그만들 돌아가주셨으면 좋겠다는 거예요. 아니, 제가 여기서 나갈 수 있도록 해달라는…."

그 말에 안전모들 가운데 한 명이 무책임하니 어쩌니 하면서 구시렁거렸다.

"물론 무책임할 수도 있겠지요. 나에 대해서도 그렇고, 가족들이나 지인들에 대해서도. 하지만 필요 이상으로 책임을 다하려는 데서 생기는 문제도 무책임해서 발생하는 잘못만큼이나 심각하지 않을까 싶군요."

"예를 들면, 장성한 아들이 자기와 똑같지 않다고 해서 목을 조르는 일 따위 말인가요?" 안전모들 가운데 하나가 내 의표를 찌르겠다는 듯 그렇게 물어왔다.

"네, 그래요." 전혀 당황한 내색을 하지 않으며 내가 말했다. "이를테면 그런 경우겠지요. 그런 경우는 가장으로서의 책임감이 스스로도 괴롭히고 주변 사람들도 끊임없이 괴롭히지 않을 수 없는 강박관념으로 변한 걸 거예요. 혹은 뭔가 허한 마음을 그런 책임 의식에 기대서 모면하고 싶어 한 것이거나…. 그래서 아비의 손에 목이 졸린 그 아들은 죽었나요, 어떻게 되었나요?"

"숨이 끊어지기 직전까지 갔지만 죽지는 않았다고 하는데…. 여하튼 그 일로 인해 부자 관계는 돌이킬 수 없어졌다고…." 안전모들 가운데 하나가 말끝을 흐렸다. 그렇게 함으로써 어쩐지 내 반응을 떠보려는 것 같았다.

"여하튼 죽지는 않았다니 다행이군요." 내가 말했다. "죽지 않았으면 언젠가는 관계가 회복될 날이 있겠죠. 부자지간은 천륜이라니…." 그러고는 이렇게 단정적으로 덧붙였다. "여하튼 저와는 무관한 얘기입니다. 나한테는 그런 기억이 없으니까요. 그 따위 기억이라면 누구라도 되찾고 싶어질 턱이 없을 테고요. 그러니 저로서는 더 이상 늘어놓을 만한 얘깃거리가 없습니다만."

"그렇다면 혹시" 안전모들 가운데 하나가 말했다. "그와 같은 강박관념의 배경에는 선생이 타의에 의해 70년대 서울로 올라와서 살기 시작한 사실이 자리하고 있지 않을까요?" 한 마디로 내 주장 따위에는 전혀 개의치 않겠다는 투였다. 안전모의 말은 계속되었다. "기록에 따르면, 선생 부부가 처음 서울에 올라와서 단칸방이나마 살 집을 얻은 곳은 서대문구 북아현동의 달동네더군요. 그런데 이 동네는 당시만 해도 시대적인 이농 현상으로 지방에서 이주해 온 사람들이 주로 모여 사는 곳이었답니다. 그러다 보니 세간에서는 그곳을 난민촌처럼 여겼다고도 하고요, 실제로 난민촌이라고 부르기도 했다는군요."

"그래서? 그래서 도대체 그게 다 어쨌다는 말입니까?" 내가 말했다.

"아, 오해하지 마십시오. 이건 모두 선생의 기억을 되찾아드리기 위한 노력의 일환일 뿐이니까요. 아무튼 선생은 그때부터 얼마 전까지 이곳에서 버젓한 인간으로 살아남고자 피비린내 나는 고투를 견뎌야 했을 것입니다. 물론 그 과정에서 인간으로서의 존엄성이 훼손당하는 듯한 굴욕도 많이 겪지 않을 수 없었을 것입니다. 예를 들면, 강남 아파트의 부동산 투기에 뛰어든 처가 식구의 수족처럼 움직이다 도둑으로 몰린다든가….”

 “그래도 이렇게 지금까지 잘 버텨왔는데.” 또 다른 안전모가 이어 말했다. “한순간에 모든 기억을 놓고 선생이 오랜 인고의 시간 속에서 버텨온 이 도시를 유령이나 다를 바 없는 신세가 되어 떠돌다니요. 너무 허망한 노릇 아닙니까? 아직 기억을 잃어버린다는 게 얼마나 무서운 형벌인지 실감하지 못하고 계신 거나 아닌가 모르겠습니다.”

 “아니, 그래서” 내가 발끈한 어투로 입을 열었다. “하나밖에 없는 아들내미의 목을 졸랐다는 말입니까? 이거하고 그거하고 무슨 상관인데? 내가 기억을 잃었다는 죄로 그렇게 얼토당토않은 객설에 시달려야 합니까? 그만들 하시고 이제 좀 저를 놓아주세요. 저는 피곤할 뿐입니다.”

 “아들내미가 하나밖에 없다고는 누구도 말한 적이 없습니다만….” 안전모 가운데 하나가 말했다. “저희는 지금 선생의 강박관념에 대해서 이야기를 나누고 있던 중이었습니다. 그런데 그 과정에서 저희가 알려드리지도 않은 사실에 대해 먼저 떠올리시는 것을 보니 어느새 기억이 조금씩 회복되시나 봅니다.”

 그렇게 말해놓고는 자기들끼리 안전모의 전구 불빛을 일제히 들썩거렸다.

 “글쎄, 강박관념이고 뭐고 간에 제발 저를 이대로 가만 내버려둬주세요. 저는 그저 재난을 피해 안전한 곳에 있고 싶을 뿐이니까요. 기억을 잃어버린 게 죄라면 무슨 벌이든 달게 받겠습니다만." 내가 울먹거리는 어조로 그렇게 말했다.

"선생은 이미 재난을 당해 오랫동안 난민촌에서 기거한 적도 있는데." 안전모 가운데 하나가 말했다. "또 무슨 재난에 대비해서 더 안전한 곳으로 대피해 있겠다는 말씀이신가요?"

"글쎄요." 내가 말했다. "그게 어쩌면 그냥 제 마음의 재난일 수도." 물론 아무렇게나 내뱉은 말이었다. 하지만 그 말에 안전모의 전구 불빛은 다시금 요란스럽게 들썩거렸다.

그때 곁문 너머로 전동차의 진입을 알리는 신호음이 아득하게 들려왔다. 그러고는 곧바로 다급히 뭔가를 외쳐대는 여러 사람들의 말소리가 잇따랐다. 그러자 한동안 들썩거리던 안전모의 전구 불빛이 일제히 꺼졌다. 나는 그제야 곁문을 열고 다시 선로로 나왔다.

5

전동차가 멈춰 서고 문이 열렸다. 여느 때처럼 나는 아무 역에서나 내키는 대로 하차했다. 그러고는 이렇다 할 행선지도 없이 내내 객차에 실려 돌아다니느라 지친 몸을 승강장 한 귀퉁이의 벤치에 축 늘어뜨렸다. 그러면서 손끝으로 턱 밑을 만지작거렸다. 면도를 한 지 얼마되지 않은 것 같은데도 턱 밑은 어김없이 까끌까끌했다. 역시 턱 밑의 잔털들은 피로감을 자양분 삼아 살갗 바깥으로 듬성듬성 삐져나오는 게 맞는 것 같았다. 다시 면도를 해야 할 시간이었다. 하지만 아무리 호주머니를 샅샅이 뒤져보아도 어디로 사라졌는지 6중 날 면도기는 나오지 않았다. 아무래도 지하철을 타고 돌아다니는 동안 어딘가에 흘린 모양이었다. 다른 건 다 참아도 까끌까끌해진 턱 밑을 견디며 지내기는 어려운 노릇이다. 그러자면 똑같은 것으로 새 면도기를 하나 구입하는 수밖에 없다. 면도기는 일회용일 망정 반드시 6중 날이어야 했다. 그래야 서걱서걱 턱 밑의 잔털들이 밀려나가는 면도의 쾌감을 제대로 누릴 수 있으니까.

뒷주머니에서 지갑을 꺼내 현찰이 얼마나 남았는지 오랜만에 확인해보았다. 얼마 남지 않았다. 이 정도 남은 액수라면 앞으로 얼마나 버틸지 알 수 없다. 그저 그렇다는 것뿐이지 이 지갑에 도로 현찰을 채워 넣기 위한 대책 따위는 관심 밖이었다. 현실적인 대책 같은 건 기억에 겨워하는 자들이나 쟁여둬야 할 몫일 뿐이다.

그때 누군가가 난데없이 비명을 내질렀다. 그러더니 곧바로 승강장 천장에서 육중한 굉음과 진동이 느껴졌다. 금세라도 지축이 허물어질 듯 모든 게 위태로이 뒤흔들렸다. 승강장에서 전동차가 들어오기를 기다리고 있던 사람들도 몹시 놀라고 불안해하는 얼굴로 사방을 두리번거렸다. 사방에서는 원인을 알 수 없는 먼지가 피어올랐다. 어디선가 매캐한 연기도 새어 들어오는 것 같았다. 곧 역무원이 다급한 목소리로 안내 방송을 내보냈다. 지하철 역사 위에 세워진 건물이 방금 전부터 갑자기 붕괴되기 시작했다는 내용이었다. 상황이 위급하니 승객 여러분은 역무원의 안내에 따라 서둘러 안전한 곳으로 대피해주시기 바랍니다. 이것은 실제 상황입니다. 다시 한번 말씀드립니다. 상황이 지금보다 더 악화되기 전에⋯. 안내 방송이 채 끝나기도 전에 승강장 한쪽 천장이 두 쪽으로 갈라지더니 와르르 무너져 내렸다. 여기저기서 찢어질 듯한 비명 소리가 터져 나왔다. 잠시 전까지만 해도 평화로운 배경음악이 흘러나오던 지하철역 승강장은 이내 걷잡을 수 없는 아비규환의 도가니로 뒤바뀌고 말았다. 안내 방송과는 달리 승객들을 안전한 곳으로 대피시켜줄 만한 역무원은 그 어디에도 보이지 않았다. 사람들은 마냥 우왕좌왕하기만 했다. 중앙 통제실의 방송 장비마저 고장 났는지 전동차의 진입을 알리는 신호음이 단속적으로 재난의 공포가 휘몰아치고 있는 승강장에 울려 퍼졌다. 삐리리리 지금 열차가 도착하고 있습니다. 승객 여러분은 위험하오니 안전선 밖으로 한 걸음 물러나주시기 바랍니다… 삐리리리 지금 열차가 도착하고 있습니다. 승객 여러분은 위험하오니 안전선 밖으로… 삐리리리…. 하필 아무 데나 발길 닿는 대로 내린 역에 이런 재난이 닥치다니. 하지만 설령 내가 다른 역에서 내렸다 한들 그 역에서는 그 역에서대로 또 다른 재난이 예비되어 있었을지도 모르지. 모든 재난은 언제나 '하필' 그 장소에서만 불시에 발생하는 법이니까.

 그렇다손 쳐도 이대로 넋 놓고 앉아 승강장 안에 전동차가 들어오기를 기다리듯 죽음을 맞아들일 수는 없는 노릇이었다. 나는 살고 싶다. 아직은 죽고 싶지 않다…. 승객들을 대피시켜줄 역무원이 보이지 않는 것과 마찬가지로 지금 여기서 안전한 곳은 아무 데도 없었다. 안내 방송의 안전한 곳이란 한낱 관념을 통해서만 막연히 그려질 수 있는 추상적 공간일 뿐이었다. 그저 관념 속에서만 존재하는 이상향일 뿐이었다. 승강장에서는 이미 방향감각을 잃어버린 사람들이 하얗게 질린 얼굴로 이리저리 허둥거리고 있었다. 지금 그들이 냉엄히 확인하고 있는 것은 그 어디에도 안전한 곳이라는 게 없다는 사실일 듯했다.

나는 아비규환의 도가니로 변해버린 승강장에서 빠져나와 선로로 뛰어내렸다. 그러고는 갱도의 깊은 어둠 속으로 기어들어갔다. 물론 갱도의 천장을 통해서도 지상에서 발생한 재난의 여파가 고스란히 전해지고 있었다. 이따금은 금세라도 갱도 전체가 무너져 내릴 것처럼 요동치기도 했다. 온 누리가 산산조각 나고 있기라도 하듯 참으로 끔찍한 굉음과 진동이었다. 그래도 나는 묵묵히 선로를 따라 걸었다. 그때 멀리서 이쪽으로 달려오고 있는 전동차의 불빛이 가물거렸다. 마침 벽 사이로 움푹하게 들어간 틈새가 나왔다. 나는 얼른 그 틈새로 몸을 피했다. 그러고는 선로 보수 책임자들이 드나들 법한 곁문을 열고 안으로 들어갔다. 곁문 안쪽은 막힌 공간이 아니라 비좁은 통로로나마 어디론가 이어져 있는 것 같았다. 하지만 빛이 전혀 새어 들어오지 않아 나는 한 치 앞도 분간할 수 없는 어둠 속에서 매 순간 주춤거리는 발끝으로 앞길을 근근이 헤아려야 했다. 이윽고 다른 쪽 문 앞에 다다랐다. 나는 머뭇거리지 않고 그 문을 열어젖힌 후 바깥으로 빠져나왔다.

내가 문 앞에서 마주친 것은 낯선 사내 둘이었다. 그들은 나를 힐끔거리더니 자기들끼리 무슨 말인가를 주고받았다. 한국말처럼 들리지는 않았다. 아마도 일본어 같았다. 그들이 지나가자마자 내 눈에 들어온 것은 목제 선반 위에 놓인 공중전화였다. 꽤 낡아 보이는 분홍색 전화통이었다. 나는 그 앞으로 다가가서 수화기를 들고 동전을 투입했다. 그러자 수화기에서 통화대기음이 났다. 하지만 떠올릴 수 있는 전화번호가 전혀 없었다. 그런데 무심코 재킷의 안주머니를 뒤져보니 휘갈겨 쓴 필체로 적혀 있는 전화번호가 하나 나왔다. 이게 어느 곳의 전화번호인지는 알 길이 없었다. 나는 일단 그곳에 전화를 걸어보기로 하고 그 번호대로 다이얼을 돌렸다. 잠시 연결음이 들리는가 싶더니 이내 딸각하고 신호가 떨어졌다. 수화기 저편에서 들려온 것은 중년 여성의 목소리였다. 나는 어눌한 말투로 이렇게 말했다. 실례하지만, 지금 제 전화를 받은 곳이 어디인지 좀 알려주실 수 있을까요? 제가 전화번호를 다 잊어버려서요. 죄송합니다. 이상한 전화 아니니까 오해하지는 마시고요. 그러자 놀랍게도 중년 여성은 내게 당신이냐고 되물었다. 당신, 오 정말 당신이에요? 그러더니 한동안 흐느껴 울기만 했다. 갑자기 사라져서는…. 도대체, 도대체 어디서 뭐하고 있었길래 이제야 연락을…. 흐느낌 사이로 그런 웅얼거림이 두서없이 뒤섞였다. 그러더니 다른 쪽에 대고 다급하게 누군가를 소리쳐 부르는 것 같았다. 나는 당황해서 그만 엉겁결에 전화를 끊어버렸다. 아마도 방금 전 그 여인은 어디론가 사라진 남편이 방금 전 불쑥 연락해 온 것으로 내 전화를 오해한 모양이었다. 남편과 비슷한 연령대의 남자 목소리만 듣고 틀림없는 남편의 전화로 속단한 것 같았다.

나는 그 전화번호가 적힌 메모지를 구겨 휴지통에 버렸다. 그러고는 아무 일 없었다는 것처럼 내 자리로 돌아가려 했다. 하지만 내가 어디 앉아 있었는지 도무지 기억이 나질 않았다. 나는 어쩔 수 없이 카운터로 가서 거기 앉아 있던 여주인에게 내가 어디쯤 앉아 있었는지 혹시 기억하시느냐고 물어보았다. 홀도 넓고 테이블 위치도 다 비슷비슷해서 화장실을 다녀올 때마다 자꾸 헷갈리네요. 벌써부터 이러면 곤란한데…. 그러자 여주인은 부드럽고 후덕한 미소를 지어 보였다. 그러면서 이럴 수도 있고 저럴 수도 있는 거 아니겠느냐는 듯 자꾸만 고개를 주억거렸다.

그러고는 손짓으로 한쪽을 가리켜 보였다. 저기, 일행분이 계시네요.

일행이 있다는 말에 나는 여주인이 가리킨 테이블로 일단 고개만 돌려보았다. 나와 비슷한 또래로 보이는 사내 하나가 눈에 띄었다. 지금 그는 면도기로 공들여 턱 밑을 긁어내리는 중이었다. 나는 커피숍 여주인을 돌아보았다. 하지만 여주인은 내가 일행의 괴벽에 거북해져서 자기를 돌아보았다고 여겼는지 세상사 다 그럴 만해서 그런 게 아니겠냐는 듯 후덕한 표정으로 연신 고개만 주억거렸다.

없

한유주

인적. 드물다. 서울. 밤길. 주택가. 2차선 도로. 차가 지나가지 않는다. 우리는 걷는다. 집으로 가는 막차. 없음. 사거리의 황색등이 점멸한다. 빠르게. 느리게. 여덟 개의 노란 불빛. 적색등이 켜진 횡단보도를 그대로 건넌다. 낮게 가라앉은 도시의 소음을 제외하면 소리는 없다. 자동차. 없음. 행인. 없음. 거리. 있음. 밤. 있음. 모든 것은 있거나 없다. 너는 자살을 시도하고 왔다. 너의 자살은 실패로 돌아갔다. 너는 비행기 사고를 위장한 자살 시도를 여러 번 감행했다. 그러나 네가 탔던 비행기가 추락하거나 격추된 적은 없다. 네 뜻대로 된 적이 없다. 낙엽. 짓이겨지는 소리. 발아래. 바스락. 어쩌면. 낙엽이 바스락거리며 짓이겨진다. 낙엽의 가루. 모퉁이. 돈다. 두 사내가 보도 위에서 나뒹굴고 있다. 아니다. 한 사람이 나뒹굴고, 다른 한 사람은 가만히 누워 있다. 뒹굴던 사내가 조용히 주먹으로 입을 틀어막는다. 신음. 없음. 바스락거림. 없음. 입을 주먹으로 틀어막은 사내가 조용히 몸을 뒤집는다. 차가운 공기가 서늘하다. 서늘한 공기가 차갑다. 서늘함의 차가움. 차가움의 서늘함. 동어반복. 아니다. 우리는 사내들을 지나친다. 베이지색 점퍼. 남색 바지. 검정색 구두. 남색 점퍼. 베이지색 바지. 갈색 구두. 소리. 없음. 누운 사내는 여전히 누워 있다. 소리 없이. 내가 너를 부른다. 소리 없이. 우리는 사내들 옆에 멈춰 선다. 그들의 움직임은 느리게 지나가는 정지 화면처럼 보인다. 그들은 움직이지 않는다. 정지 화면은 지나가지 않는다. 아니다. 정지 화면이 정지한다. 정지해 있다. 너는 자살에 실패했다. 나는 너를 탓하지 않는다. 우리는 죽어가고 있다. 소리없이. 나는 잠시 헛것을 보고 있다고 생각한다. 소리가 없기 때문이다. 지나치게. 움직임이 없기 때문이다. 너무나. 인적이 드문 서울의 밤길이 비현실적으로 여겨진다. 이곳은 10년 전까지 상습 침수 구역이었다. 뚜껑이 사라진 맨홀에 빠져 죽은 사람이 있다. 나는 뒤를 돌아본다. 맨홀이 보이지 않는다. 그러나 맨홀은 있다. 있음. 어둠. 가려짐. 없음. 맨홀. 보도 위를 소리 없이 뒹굴거나 누워 있는 두 사내. 그들은 단층 건물 앞에 쓰러져 있다. 기침. 너의 기침. 소리. 없음. 단층 건물에는 술집이 들어 있다. 닫힌 유리문 너머에서 낮은 말소리와 음악 소리가 소거되기 직전의 텔레비전 소리처럼 들려온다. 나는 그제야 소리를 인지한다. 거리가 현실을 되찾는다. 바람. 실바람. 짧은 순간. 그들의 옷자락이 흔들린다. 미세하게. 정지 화면이 아니다. 너와 나는 서로를 바라본다. 취객. 일으킬까. 뒤에서 차 소리가 들려온다. 택시. 뒤에서 발소리가 들려온다. 바스락거림. 낙엽이 바스라지는 소리. 택시. 탈까. 네가 묻는다. 나는 손을 들어 택시를 세운다. 멈춤. 정지. 정지 화면. 아니다. 누군가가 두 사내에게 다가간다. 괜찮으세요. 괜찮지 않다. 취객들이다. 너와 나는 그들을 바라본다. 우리. 너와 나. 우리와 너와 나는 어떻게 다른가. 취객들은 말이 없다. 기사의 말. 질문. 안 타실 겁니까. 네가 잠시 기다리라고 말한다. 지나가던 사람이 사내들을 차례로 일으킨다. 단층 건물 술집에서 누군가 나온다. 취하셨군요. 확인. 경찰을 부를까요. 질문. 혹은 권유. 이제 거리는 소리를 입는다. 기사가 재촉한다. 안 타실 겁니까. 네가 택시의 뒷문을 연다. 두 사내가 몸을 일으킨다. 꿈지럭거림. 베이지색 점퍼와 베이지색 바지가 순간적으로 겹쳐 보인다. 그들은 한 몸인 것처럼 동시에 벌떡 일어서고, 동시에 다시 나동그라진다. 나는 택시의 뒷좌석에 몸을 들인다. 너는 택시의 앞문을 연다. 뒷문과 앞문. 이쪽으로 타. 내가 말한다. 너는 오늘도 자살에 실패했다. 너는 반쯤 열린 앞문 앞에서 잠시 생각에 잠긴다. 나의 자살은 오늘도 시도되고 있다. 두 사내를 일으킨 사람이 경찰을 부른다. 네가 앞좌석에 몸을 싣는다. 경찰이 오기 전에 우리는 떠난다. 출발. 목적지. 없음. 집. 없음. 아마도. 어디로 갈까요. 기사가 묻는다. 나는 대답하지 않는다. 목적지. 있음. 네가 대답한다. 뒤쪽. 돌아봄. 두 번째로 몸을 일으켰던 두 사내가 다시 나동그라진다. 목격. 목격자. 행인. 우리는 이제 없는 사람이다. 저 거리에 우리가 존재했었다는 사실은 바스러진 낙엽이 증거한다. 그러나 낙엽. 말 없음. 택시가 속도를 높인다. 상반신. 기울어짐. 뒤쪽. 미터기에 표시된 말이 달리고 있다. 3000. 삼천 원. 기본요금. 너는 오늘도 자살에 실패했다. 비행기 사고로 자살을 위장하려는 네가 자동차 사고로 자살을 위장하려는 생각을 하지 않는다는 사실이 의아하게 여겨진다. 그 편이 훨씬 쉬울 것이다. 착각. 그러나.

행선지. 목적지. 집. 네가 행선지를 말한다. 돌아가야 합니다. 어디로? 우회로. 우회. 고가도로. 폐쇄. 고가가 폐쇄됐어요. 나는 마지막으로 뒤를 돌아본다. 두 취객과 한 행인은 어느새 시야에서 사라지고 없다. 대신 두 승객과 한 기사가 있다. 도로명주소. 지번주소. 선과 면. 기사가 라디오 소리를 키운다. 라디오. 소리. 있음. 있었음. 어느덧 주변이 밝아진다. 택시가 가다 서다를 반복한다. 번화가. 사람들. 있음. 많음. 있음. 차들. 많음. 있음. 통행량. 많음. 있음. 내릴까. 네가 말한다. 나는 대답하지 않는다. 내 대답을 듣기 전에 너는 택시를 세우고 값을 치르고 내린다. 하차. 나는 택시에서 내린다. 택시가 떠난다. 택시. 없음. 그러나 다른 택시들이 갓길에 정차해 있다. 택시들. 많음. 있음. 두 취객이 실랑이를 벌이고 있다. 소음. 시끄러움. 번잡함. 난장. 너는 느린 파도처럼 너울대는 사람들을 헤치고 어디론가 간다. 따라감. 뒤를 쫓음. 추격. 격추. 이곳에는 철로가 있었다. 예전의 일. 그 전에는 무엇이 있었을까. 알 수 없음. 나는 아파트 옥상을 좋아했다. 어느 밤. 몰래 옥상에 숨어들어 콘크리트 바닥에 누워 있었다. 별. 없음. 없었음. 20층. 옥상. 21층. 없음. 그리고 아파트가 철거된 후를 생각했다. 어쩌면 40층. 아파트. 41층. 옥상의 없음. 내가 누워 있던 자리는 누군가의 거실이나 화장실이 되었을 것이다. 부질없음. 혹은 허공이 되었을 것이다. 시간. 나는 반달곰 복원에 매달리는 사람들이 어째서 멸종된 공룡을 복원할 시도를 하지 않는지 늘 의아했다. 의아함. 현재. 지속. 미래. 지속에의 확신. 지상 어디엔가 러출이나 강홍이라는 지명이 있지 않을까. 없음. 인식의 저편. 없음. 네가 어느 술집으로 들어간다. 취기. 있음. 허기. 없음. 혹은 있음. 배가 고프니까. 네가 말한다. 배. 고픔. 없음.

 공항. 국내선. 스낵 바. 키위. 토마토. 바나나. 미리 잘라놓은 과일 조각들이 플라스틱 컵에 담겨 말라가고 있었다. 말라가. 지명. 스페인. 아마도. 스페인에 가본 적이 없었다. 스페인의 고층 건물. 스페인의 고층 건물이 철거된 자리. 스페인의 고층 건물이 철거되고 더 높은 고층 건물이 들어선 자리. 이곳과 저곳. 그곳. 그곳은 어디에나 있다. 그런 곳. 그런 곳은 어디에도 없다는 표현. 공항에서 비행기를 기다리고 있었다. 지방 공항에 내렸다가 한 시간 대기하고 다시 돌아올 생각이었다. 옆에서 누군가가 말을 걸었다. 중국인이었다. 그는 비행기 표를 보여주며 자신이 정확한 게이트 앞에 와 있느냐고 물었다. 그렇다고 대답했다. 짧은 휴지기를 사이에 두고 비행기가 연착되거나 지연 출발하고 있다는 안내 방송이 들려왔다. 그의 비행기는 반 시간 늦게 출발할 예정이었다. 그는 커피를 한 잔 사겠다고 했다. 사양했으나 그의 고집이 완강했다. 그가 어디로 가느냐고 묻기에 지방 공항의 이름을 댔다. 그는 커피를 마셨고 나는 말라가던 과일을 갈아 만든 주스를 마셨다. 마른 뒷맛. 그는 천진에서 왔다고 했다. 천진. 부산에 사는 가족을 만나러 간다고 했다. 부산. 나는 대구로 갈 생각이었다. 가서 바로 돌아올 생각이었다. 가기와 오기에 어떻게든 실패하고 싶었다. 그는 한국에서 2년째 살고 있다고 했다. 한국어. 중국어. 억양. 부적절한 단어의 사용. 적절한 단어. 없음. 그가 물었다. 대구를 가는데 왜 기차가 아닌 비행기를 탑니까. 나는 비행기 사고를 위장한 자살을 시도하고 있다고 대답하지 않았다. 대구에서의 최종 목적지가 공항과 가깝다고 대답했다. 대구에서의 최종 목적지는 공항과 대단히 가까웠다. 대구에서의 최종 목적지는 공항이었다. 아니다. 최종 목적지는 처음부터 없다. 그는 무언가를 말하고 싶지만 그 방법을 모르겠다는 표정으로 나로서는 알 수 없는 중국어 단어를 되뇌고 있었다. 짐작. 아닐 수도 있다. 5분. 7분. 그가 말했다. 할 이야기가 너무 많아요. 비행기가 늦게 도착했으면 좋겠군요. 출발이 지연되기를 기다리기는 처음이군요. 부적절한 단어의 사용. 기억. 오류 수정. 내가 말했다. 당신을 배웅해드리겠습니다. 전 돌아갑니다. 자살 시도는 또다시 실패로 돌아갔다. 농담이었다. 모든 것이 농담이었다. 중국인이 탑승구로 들어갔다. 나는 작별할 때 사용하는 중국어를 알고 있었다. 한국식이 아닌 중국식으로 발음하는 법을 알지 못했다. 아무 말도 하지 않았다. 그가 탑승구 너머로 사라졌다. 그가 중국인이 아닐 수도 있다는 생각이 들었다. 알 수 없음. 그러나

가끔. 굴뚝 청소부. 아이. 기분. 그을음. 보이지 않으니 그걸로 된 것 아닌가. 굴뚝을 청소하는 두 아이가 서로의 얼굴을 바라보며 그을음을 교환한다. 네 얼굴이 깨끗하니 내 얼굴도 깨끗하겠지. 네 얼굴이 더러우니 내 얼굴도 더럽겠지. 나. 너. 우리. 나의 더러움과 너의 더러움. 나의 깨끗함과 너의 깨끗함. 보이지 않으니 그걸로 되었다. 아니다. 예전에는 그런 이야기라고 생각했다. 그러나. 아이가 어째서 굴뚝을 청소했는가. 몸집이 큰 어른은 좁은 굴뚝을 통과할 수 없기 때문이었다. 노동 현장에 투입된 아이. 그리고. 의문. 두 번째 의문. 아무리 아이라 하더라도 그을음으로 가득한 굴뚝에 들어간다면 얼굴을 비롯해 온몸에 그을음이 묻을 수밖에 없었다. 그러니 두 아이 모두 더러웠다. 더러운 아이. 아이들. 이제는 더 이상 아이가 굴뚝을 청소하지 않는다. 추측. 전통적인 굴뚝을 사용하지 않게 되었다. 추측. 개량된 굴뚝. 추측. 서양의 굴뚝. 대도시의 굴뚝. 소도시의 굴뚝. 지방 도시의 굴뚝. 이제는 법적으로 아동 노동력을 착취할 수 없다. 추측일까. 그러나 다른 방식의 착취가 존재한다. 추측. 사실. 어쩌면. 너와 나는 같은 시간을 통과한다. 너의 얼굴이 더러우니 나의 얼굴도 더러울 것이다. 사실. 추측. 어쩌면. 보이지 않으니 그걸로 된 것이라고 말하고 싶다. 그러나. 보임. 봄. 보인다. 더러운 얼굴. 더러운 몸. 서울. 대전. 대구. 부산. 찍고. 전주. 광주. 여수. 순천. 제주. 너는 남한이 지나치게 작다며 불평한 적이 있다. 자살하기에 지나치게 짧은 거리. 우리는 없는 굴뚝을 청소하지 않는 어른들. 굴뚝을 청소하지 않아도 그을음이 묻어 있는 어른들이다. 네가 맥주를 마시며 말한다. 내가 맥주를 마시며 말한다. 가끔. 굴뚝 청소부 아이들에 대한 이야기가 생각날 때가 있다. 아무런 이유도 없이. 연상. 자동. 그러나. 이유. 있음. 아마도.

　날이 밝는다. 곧. 아직은 아니다. 미래. 가까운 미래. 우리를 제외한 사람들이 하나씩 술집에서 나간다. 테이블. 텅 빈 테이블. 치워지지 않은 테이블. 사람들이 팔꿈치를 얹던 테이블. 너는 맥주를 한 잔 더 마신다. 나의 잔은 반쯤 비워져 있다. 250ml. 정확한 수치는 아니다. 나는 말이 없고 너는 이야기를 계속한다. 계곡에 간 적이 있다. 서울에서 아주 가까운 계곡이었다. 차로 반 시간쯤 걸렸다. 예전에는 비포장도로가 깔려 있었다고 했다. 신작로. 옛말. 먼 계곡이 가까워졌다. 거리는 그대로다. 말의 오류. 너는 용소라는 단어를 들어본 적이 있었다. 계곡에 잘못 빠졌다가 용소에 걸려들면 물길을 따라 전혀 다른 곳에서 나오게 된다고 했다. 죽어서. 강원도에는 용소라는 이름의 폭포도 있다. 아마 다른 한자를 쓸 것이다. 아무튼 너는 보이지 않는 용소를 바라보며 물놀이를 하지 않았다. 누군가가 담가둔 복숭아가 떠내려갔다. 발목이 시큰했다. 물이 얼음처럼 차가웠기 때문이었다. 너는 물놀이를 한 사람들과 계곡을 내려다보며 앉아 닭백숙을 먹었다. 삶아서 해체한 닭 안에 삶은 달걀이 들어 있었다. 다섯 개. 알껍데기는 없었다. 아직 만들어지지 않았기 때문이었다. 너는 닭이 먼저인가 달걀이 먼저인가라는 수수께끼를 생각하며 웃었다. 나는 묻는다. 계곡에서 자살 시도를 하는 건 어때. 네가 대답한다. 시간이 너무 오래 걸려. 나는 더는 묻지 않고 너는 이야기를 계속한다. 물놀이를 한 사람들과 너는 백숙집에 딸린 족구장에서 족구를 했다. 너는 자꾸만 공에 맞았다. 화가 났던 너는 공을 계곡 쪽으로 찼다. 실수를 가장한 고의적인 행동이었다. 사람들은 물에 떠내려가는 공을 바라보며 안타까움을 표출했다. 너는 공을 건지러 가지 않았다. 시간이 너무 오래 걸렸기 때문이었다.

쓰레기. 도시. 도시의 쓰레기. 쓰레기의 도시. 우리는 점점 더 아무것도 믿지 않게 된다. 틀린 문장. 오류. 우리는 처음부터 아무것도 믿지 않았다. 우리는 아무것도 믿지 않는다. 믿음에 대한 확신. 확신 없는 믿음. 충분히 확신할 수 없는 믿음. 사후에 완벽하게 확신할 수 있는 믿음. 경험적 믿음. 쓰레기와 나. 생산과 번식에 몰두하지 않는 우리. 쓰레기. 우리는 나날이 채워지고 다른 우리가 우리의 빈자리를 대신한다. 빈자리. 없음. 우리. 있음. 언제나. 끝까지 발음되지 않는 욕설. 욕설의 첫음절. 언제나 첫음절만이 발화된다. 입을 크게 벌리는 모음으로 이어지지 않는 어떤 지연의 상태. 상태의 저주. 현 상태의 저주. 현대의 저주. 현대는 언제나 현대이기에 끝없이 지속될 수밖에 없다는 저주. 늘 현대를 살아야 한다는 저주. 우리의 기울기. 기울기라는 단어의 채택. 기울기가 완전히 실현되어 기울기라는 단어를 더는 사용할 수 없을 때 우리는 치워진다. 그림자에도 식별 번호가 있다. 쓰레기. 우리는 체험하지 못함을 경험한다. 구체화될 기회를 한 번도 갖지 못한 욕망이 값싼 소비재로 대체된다. 민주 시민. 평등. 그러나. 유일하게 평등한 것은 일회적인 죽음의 가능성뿐이다. 너는 공익광고를 싫어했다. 아니다. 너는 공익광고를 싫어한다. 모든 공익광고의 메시지는 단 하나의 의미로 수렴된다. 분수를 알 것. 너는 분수를 모르고 살기를 고집한다. 이러한 살기는 죽음으로 이어진다. 필연. 우연에서 필연으로. 우리는 우연히 태어났다. 우리는 필연적으로 죽는다. 너는 죽음을 끝없이 지연시킨다. 지연 도착과 지연 출발을 일삼는 비행기. 너는 언젠가 영화를 보았다. 주인공은 비행기가 날짜변경선을 지나는 순간에 자살을 시도했다. 주인공은 죽지 않았다. 너는 즉각적으로 그 감상성에 반대하면서도 너의 죽음을 위한 힌트를 얻었다. 감상주의를 배격하지 않을 것. 감상주의는 죽음을 끝없이 지연시키고자 하는 욕망의 유일한 알리바이다. 유일하고 무이한 것. 유상하고 무사한 것. 오점. 육화. 제7일 안식일 예수 재림교회. 너는 미국에서 모르몬교도를 만난 적이 있다. 한국을 방문한 네 친구가 교회를 찾아갔다. 너는 그 친구가 찾은 교회가 어느 종파에 소속되어 있는지 알지 못했다. 네 친구는 배척당했다. 이단이라는 이유였다. 너와 모르몬교도는 수원성에 갔다. 수원성과 마주한 골목길에서 칼국수를 먹었다. 네 친구는 담배를 피우지 않았다. 종교적 신념 때문이었다. 너는 한낱 담배로 친구의 신념을 허물려는 시도를 하지 않았다. 그러나. 너는 무엇에도 신념을 품었던 적이 없었다. 아니다. 너는 무엇에도 신념을 품었던 적이 없다. 나는 과거를 현재로 만들며 기이한 아늑함에 빠져든다. 아무려나. 쓰레기. 쓰레기. 쓰레기. 쓰레기만이 유일하다. 중요한 말들은 언제나 세 번 반복된다. 쓰레기. 네 번이다. 아니다. 다섯 번이다. 너는 친구의 신념이 의아했다. 아니다. 너는 친구의 신념이 의아하다. 아니다. 너는 신념이라는 단어가 의아하다. 끝없이 밀려나는 상태에 있는 너로서는 신념을 가질 수 없다. 역시. 나 역시. 나 역시 그러하다. 운명과 팔자. 운명과 구원. 너는 이진법으로 나이를 계산하고 싶다. 나 역시 그러했다. 이제는 아니다. 더는 그렇지 않다. 나는 같은 숫자를 끝없이 반복하고 싶을 뿐이다. 그러나. 죽음은 일회적이며 반복되지 않는다는 추정적 사실이 지속적인 위안을 보장한다. 착각. 지상 어디엔가 착각이라는 지명이 있을 것이다. 추정적 사실. 착각이다. 날이 밝고 있다. 그러나. 돌아보면 언제나 이미

날이 밝아 있다. 밝음. 낡음. 사후. 최종 목적지. 가장. 죽음.

공책. 컴퓨터. A4 용지. 밑줄. 삭제. 단어. 말줄임표. 꺽쇠. 부가된 기록. 지워진 문장. 부호. 반복적인 과정. 반복의 반복. 이러한 과정을 거치면서 초고는 쓰레기가 된다. 알아볼 수 없는 필적. 그러나. 알아본다 하더라도 알아볼 수 없다. 피라미드 위에 선 자유의 여신상을 보았다. 조합. 부조화. 어느 국도에서였다. 그 뒤에 야자수. 두 그루. 그 뒤에 타지마할. 한 채. 한국의 풍경. 모텔과 웨딩홀. 국도 옆에 무화과를 파는 트럭이 있었다. 임시변통. 흙먼지. 가림막. 땅. 땅. 땅이라는 글자가 시각을 후려쳤다. 탕. 아무 말이나 쓰고 아무 말이나 한다. 단어가 뽑혀나간 자리에 새로운 단어가 들어선다. 파괴. 즐거움. 쾌락. 단어가 삭제된 자리. A4 용지는 버려지고 새로운 출력물이 놓인다. 다시 밑줄. 다시 삭제. 다시 단어. 다시 문장. 마침표. 다시 출력. 활자. 지워지고 더해지고 다시 지워지고 다시 더해지는 문장들이 없는 등고선을 만든다. 면과 선. 입체. 조감도. 부감도. 물물교환. 거래. 지폐. 종이. 부동. 신념. 없음. 믿음. 없음. 이제야 나는 너의 헛된 시도를 이해한다. 너는 변사자가 되고 싶지 않은 것이다.

추적 가능한 삶. 쓰레기. 너는 영수증을 받지 않는다. 콧노래. 내게 개 같은 평화. 빗소리. 비. 빗방울. 나는 빗방울에 어떤 애착을 갖고 있다. 불가산명사. 빗물이 하수도로 흘러든다. 강우량. 우리는 나란히 걷는다. 네가 앞서 걷는다. 내가 뒤처진다. 내 걸음이 빨라진다. 우리는 다시 우리가 된다. 가로수. 음식물 쓰레기통. 취객. 다시 내가 뒤처진다. 우리는 다시 우리가 아니게 된다. 우체통. 가로수. 입간판. 쓰레기. CCTV와 버스 정류장 간판. LED 모니터. 축약어들. 나와 너의 정수리와 어깨가 빗줄기에 젖는다. 곧 온몸이 젖는다. 쓰레기. 너는 내일도 자살에 실패했다. 너는 내일도 신원이 확실한 사체가 아니다. 물웅덩이. 빗물의 무덤. 장지. 현대적인 도시의 배수로. 현대 도시라는 표현은 가능하지 않다. 현대적인 도시만이 가능할 뿐이다. 쓰레기가 도시의 규모를 압도한다. 나는 과거를 현재로 만들며 기이한 아늑함에 빠져들었다. 그러나. 현재는 과거가 되었다. 그리고. 다시. 희망과 야심을 버리다. 동사. 원형. 그리고 버려지다. 현대의 거래. 우리는 80년대 양식의 다세대 건물과 90년대 초반 양식의 아파트와 90년대 후반 양식의 상가 건물과 2002년 양식의 다세대 건물과 2006년 양식의 아파트와 2009년 양식의 상가 건물을 지나쳐 집으로 돌아간다. 그러나 돌아가지 않다. 우리는 우회하기로 한다. 우리는 설명을 요구하지 않다. 우리는 내일도 설명을 요구하지 않았다. 우리는 있다. 우리는 그저 있다. 물웅덩이에 녹색과 흰색의 커피숍 간판이 비친다. 반영. 커피숍 간판이 물웅덩이에 비친 커피숍 간판을 반성한다. 아니다. 사물을 의인화하지 말 것. 한순간이라도 하지 말 것. 은유를 사용하지 말 것. 쓰레기만이 유일하게 가능한 은유다. 빗줄기 사이로 네 목소리가 들려온다. 그래서. 이륙 직전. 생각. 겸허하게 살지 않겠다. 죽음은 잠정적이다. 위안. 점과 선. 나의 시간. 점과 선 사이. 현재와 죽음 사이. 겸허하게 살지 않을 것이고 분수를 알지 않을 것이다. 순간. 택시가 빠르게 지나간다. 물보라. 우리는 젖는다. 왼쪽. 대략적으로. 새벽. 해가 뜰 것이다. 비구름 너머. 빗방울이라는 불가산명사를 셀 필요가 없는 곳에서. 빗줄기라는 불가산명사를 셀 필요가 없는 곳에서. 비. 혹은. 쓰레기. 혹은. 여하한 명사들에서 구체성과 추상성을 파악할 필요가 없는 곳에서. 바스라진 낙엽. 이제. 젖은 낙엽.

곧. 없는 낙엽. 다음 해 가을의 낙엽. 그러나. 다음 해. 다음 해. 다음 해라니. 다음이라니. 알 수 없음. 그러나. 쓰레기. 처음부터 쓰레기로 만들어지는 사물은 없다. 그러나 모든 사물은 언제고 쓰레기가 된다. 인간의 멸종. 쓰레기 아닌 쓰레기. 없음. 그러나 있음. 이름 붙일 수 없는 것. 그 간지러운 상태. 간지러움. 고문의 한 방식.

부정문으로만 이루어진 희망들. 일종의 무목적적 희망. 쓰레기가 되고 싶지 않다. 쓰레기를 생산하고 싶지 않다. 번식하고 싶지 않다. 변사자가 되고 싶지 않다. 부정문으로 표현될 수밖에 없는 모든 희망이 빠져나간 자리에서 진짜 희망이 발견될까. 그렇다고 하더라도. 어째서 진짜 희망은 의문문으로 표현될 수밖에 없을까. 가능성. 없음. 현대의 저주. 저주라는 단어에 응축되어 있는 감상주의. 운명에 대한 순응. 그러나. 그것만이 가능하다면. 그렇지 않기를. 또 다른 희망. 또 다른 부정문. 나를 읽지 마세요. 제스처. 허위. 무용한 발화. 그러나. 허위만이 가능하다면. 아니다. 속단해서는 안 된다. 전화. 발신자. 거부. 너는 택시를 타자고 말한다. 택시. 택시들. 여러 대. 다섯 대쯤 될까. 너는 이 거리를 여러 번 걸었다. 새벽. 이곳에서 손님을 기다리는 택시 기사들의 희망을 한 번도 충족시켜준 적이 없었다. 너는 택시를 탄다. 앞좌석. 나는 택시에 탄다. 뒷좌석. 너는 동남아시아의 어느 도시에 간 적이 있다. 고대와 근대와 현대와 미래가 적당히 섞인 도시였다. 모든 현대의 도시들이 그러하듯. 너는 그곳에서 어릴 적 살았던 풍경을 보았다. 먼지가 정확하게 같은 형태로 피어오르고 있었다. 운전자가 안전벨트를 매지 않아도 경고음이 들리지 않는 차량들. 그리고. 오전의 사원. 오후의 버스 터미널. 밤의 유흥

가. 모노레일과 국왕의 초상. 성별을 바꾼 사람들. 네가 그곳까지 타고 간 비행기는 격추당하지도 추락하지도 않았다. 그곳에서 타고 온 비행기도 마찬가지였다. 나는 비행기 사고로 사망할 확률보다 다른 교통수단으로 이동하는 과정에서 사망할 확률이 훨씬 더 크다고 말한 적이 있었다. 너는 훨씬 등의 부사는 사실상 아무것도 지시하지 않으며 일반적인 확률에 대해서는 이미 알고 있고 비행기 사고 사망자들의 죽음이 철저하게 관리되는 방식이 마음에 든다고 대답했다. 아스팔트. 기사가 묻는다. 어디로 가십니까. 나는 대답하지 않는다. 너는 바로 대답하지 않는다. 허공. 무국적적인 죽음. 그러나. 너의 착각이다. 너의 감상적 착각이다. 너는 우울하다. 나는 애도한다. 애도와 우울의 교착 상태. 현재. 애도와 우울을 소모시키기 위한 포틀래치. 미래의 시간. 미래는 곧 과거가 될 것이다. 너의 희망. 변사자가 되지 않고 싶은 희망. 강력하게 주장할 수 없는 희망. 부정문으로만 가능한 희망. 부정문으로만 가능할지도 모를 희망. 어쩌면 부정문으로 서술 가능할 수도 있을 희망. 너는 변사자가 되고 싶지 않다. 너는 쓰레기가 되고 싶지 않은 것이다. 적어도 죽어서만큼은. 택시가 속력을 높인다. 언젠가 영화를 보았다. 내용은 기억나지 않는다. 장면 하나만 기억에 남았을 뿐이다. 남자가 급하게 바지를 끌어 내리며 맥주의 이름을 뇌까린다. 요의. 나는 요의를 느낀다. 택시를 세우고 싶다. 택시를 어서 멈추게 하고 어두운 골목이나 공중화장실을 찾아 요의를 해결하고 싶다. 아, 희망. 나의 희망. 택시를 세우고 싶다는 희망. 택시에서 내리고 싶다는 희망. 골목을 찾고 싶다는 희망. 공중화장실을 찾고 싶다는 희망. 요의를 해결하고 싶다는 희망. 긍정문으로 서술할 수 있는 희망. 이렇게. 이토록. 소

변을 보고 싶다는 희망. 오줌을 싸고 싶다는 희망. 너와 데칼코마니를 이루고 싶지 않다는 희망. 아, 다시 부정문으로만 서술할 수 있는 희망. 교차로에서 택시가 멈춘다. 적색등. 녹색등. 택시가 다시 출발한다. 택시가 다시 속력을 높인다. 쓰레기. 현대의 저주를 말하지 않겠다. 아니다. 내가 틀렸다. 우리는 현재의 저주에 걸려 있다. 지금, 여기의 저주. 찰나의 순간마다 되풀이되는 영겁의 저주. 우리가 참조할 수 있는 미래는 없다. 나는 욕지거리를 내뱉는다. 욕설의 첫음절. 발음되지 않는 두 번째 음절. 자전거. 오토바이. 전철. 버스. 택시. 모노레일. 기차. 비행기. 점에서 선으로. 선에서 면으로. 면에서 입체로. 우리는 아직 죽지 않았다. 나와 너는 끝없이 서로를 목격하며 우리가 아직 죽지 않았다는 것을 발견한다. 죽지 않다. 목격하다. 발견하다. 영원. 요의. 살인적인 요의. 무정형의 요의. 그러나. 형태는 없으나 온몸의 형태를 지배하는 요의. 아. 아아. 아아아. 비명. 청유형. 청유형의 욕설. 폭소. 폭사. 무용한 비행에 지불되는 돈. 보험금. 지연되는 죽음에 대한 보험금. 수령인. 없음. 네게 가능한 가장 현대적인 죽음. 현재적인 죽음. 없음. 죽음은 현재다. 그래서. 그렇기 때문에. 택시가 선다. 자동차 사고는 일어나지 않았다. 아직은. 아직까지는. 공항. 국내선. 청결한 현대적 화장실. 나의 희망은 곧 이루어질 예정이다. 그러나 아직은. 아직까지는. 그리고 다시. 언제고 다시. 하차. 너는 나를 보지 않는다. 나는 너를 보지 않는다. 우리는 나란히 화장실로 들어간다. 그리고. 현재의 요의. 곧 해결될 예정이다. 몸의 일부였던 것. 쓰레기. 현대적으로 처리되는 쓰레기. 그리고. 미래의 요의. 가능성. 있음. 확률. 백 퍼센트. 해결 가능성. 추정 불능. 우리는 나란히 화장실에서 나온다. 항공사 카운터. 키오스크. 안내소. 새벽. 날이 밝고 있다. 아침. 잠정적인 삶. 주석과도 같은 궤적들. 무목적적인 여행. 너는 어느 지방 도시로 가는 첫 비행기 시각을 문의한다. 너는 기다린다. 나는 공항과 연결된 기차역으로 간다. 나는 기다린다.

설계도

2

사이의 잠재태를 위한 연결합 도시

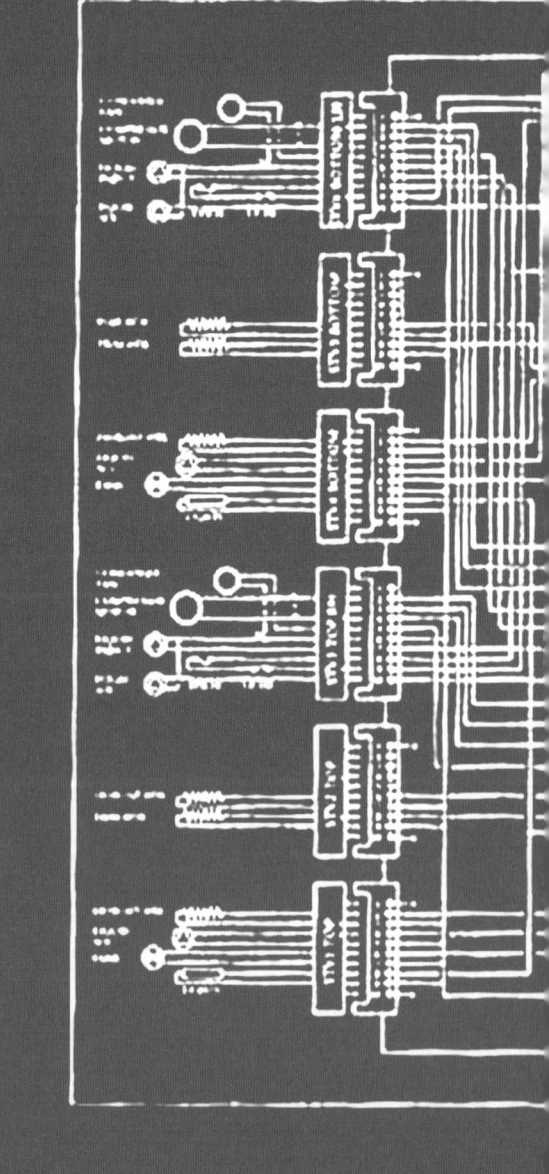

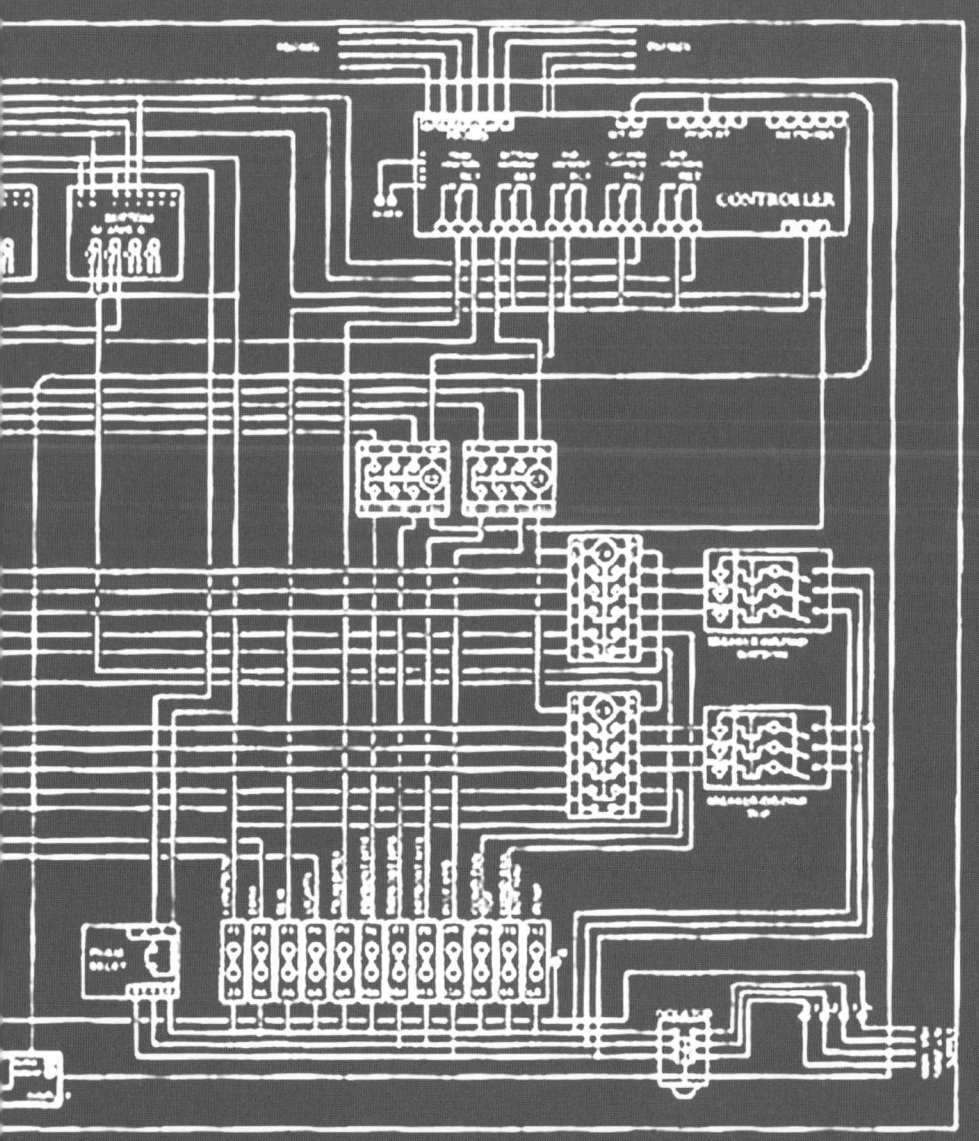

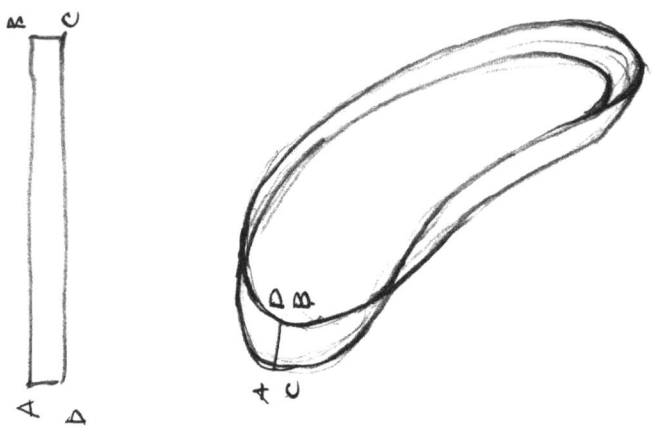
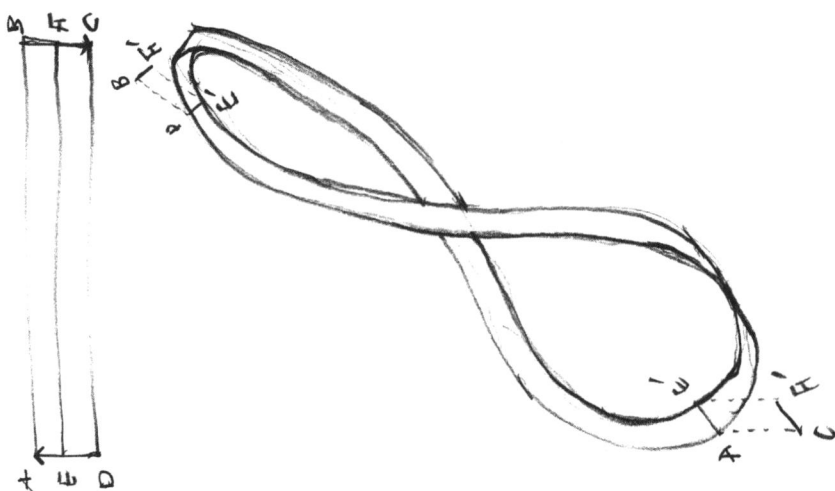

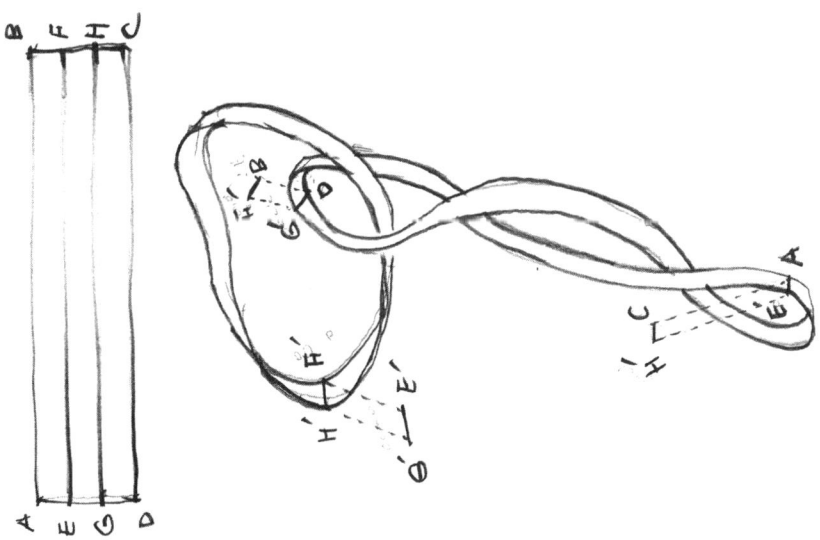

함성호, 〈뫼비우스 입체를 위한 드로잉〉, 종이 위에 잉크, 2014 ⓒ함성호

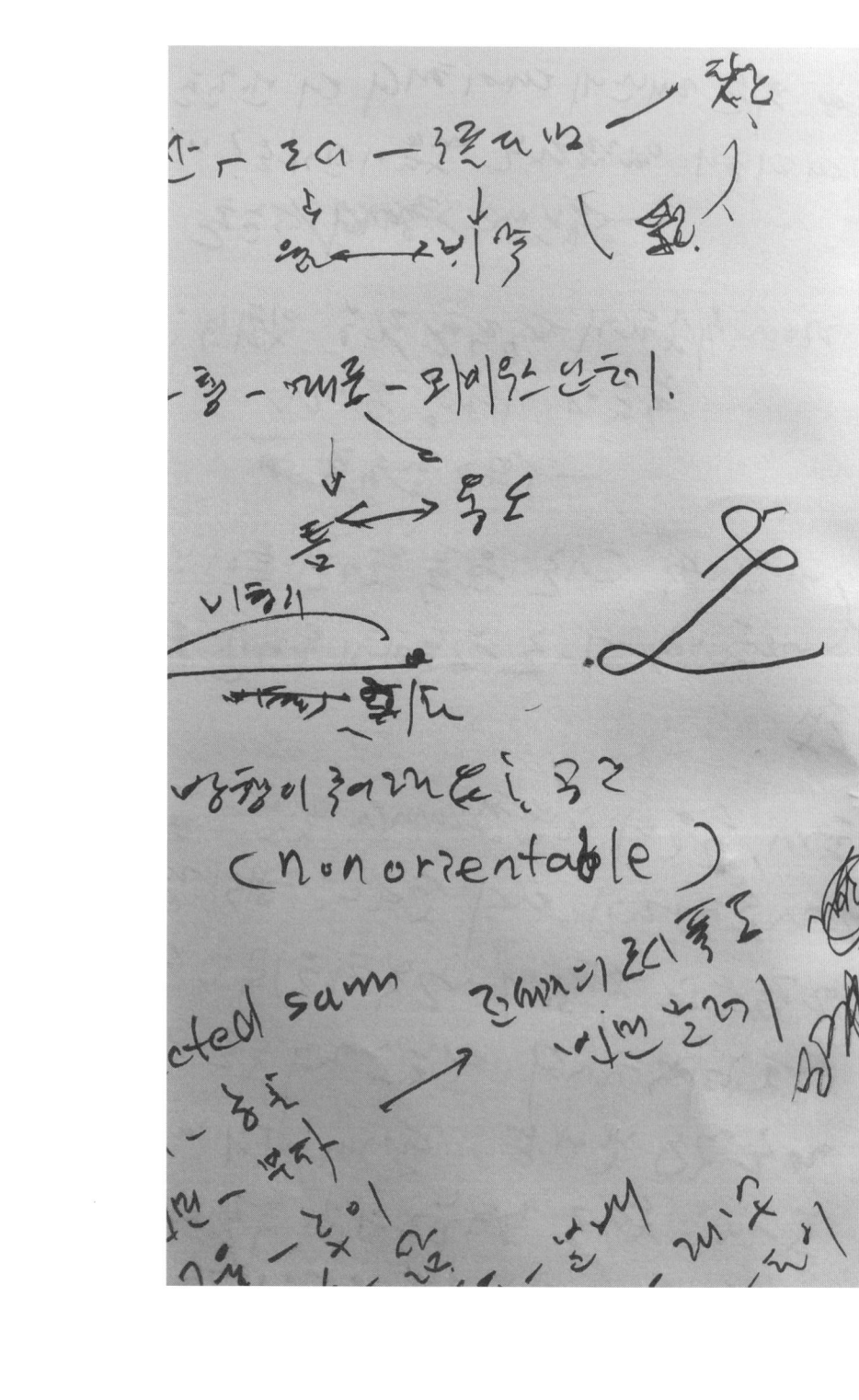

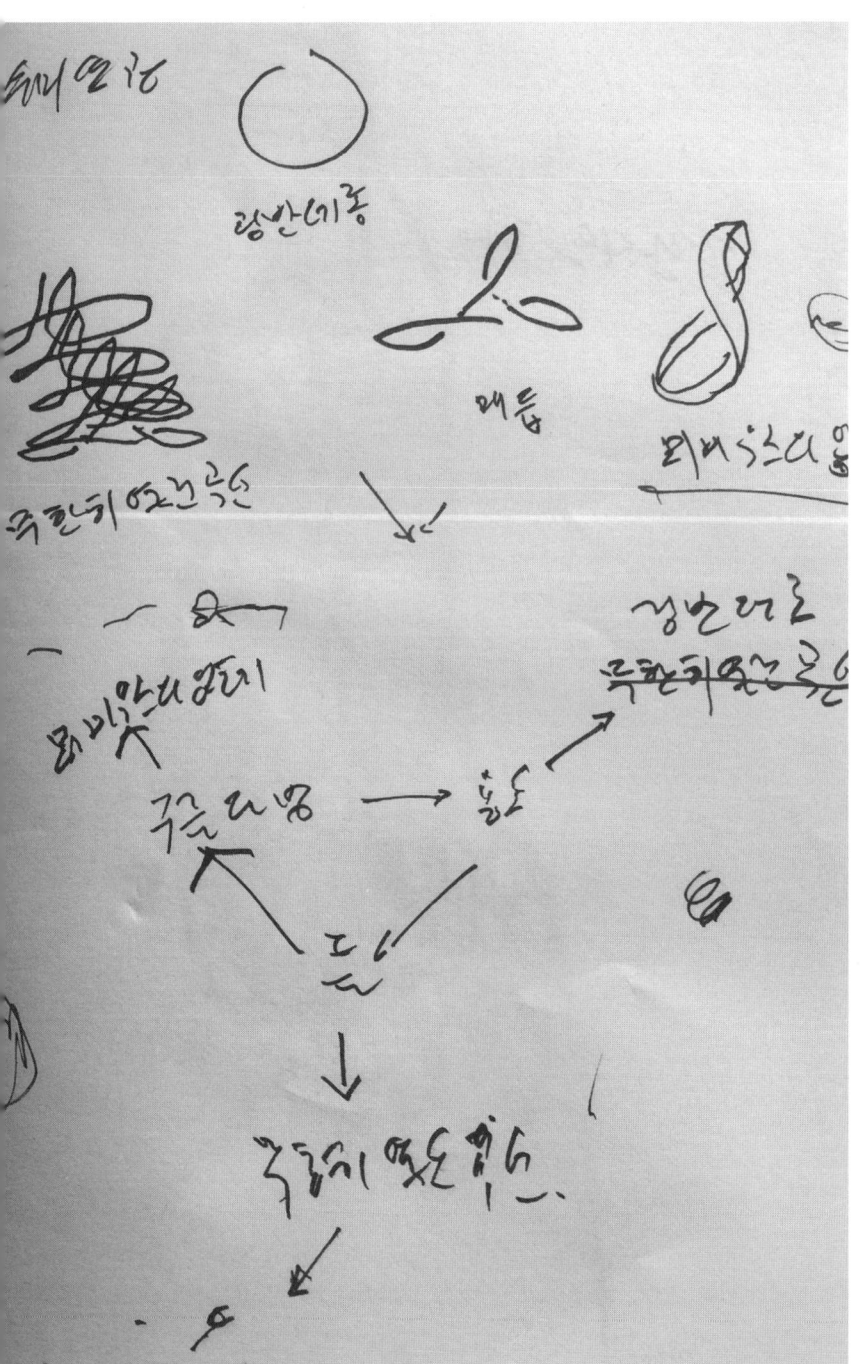

함성호, 〈설계도를 위한 노트〉, 종이 위에 잉크, 2014 ©함성호

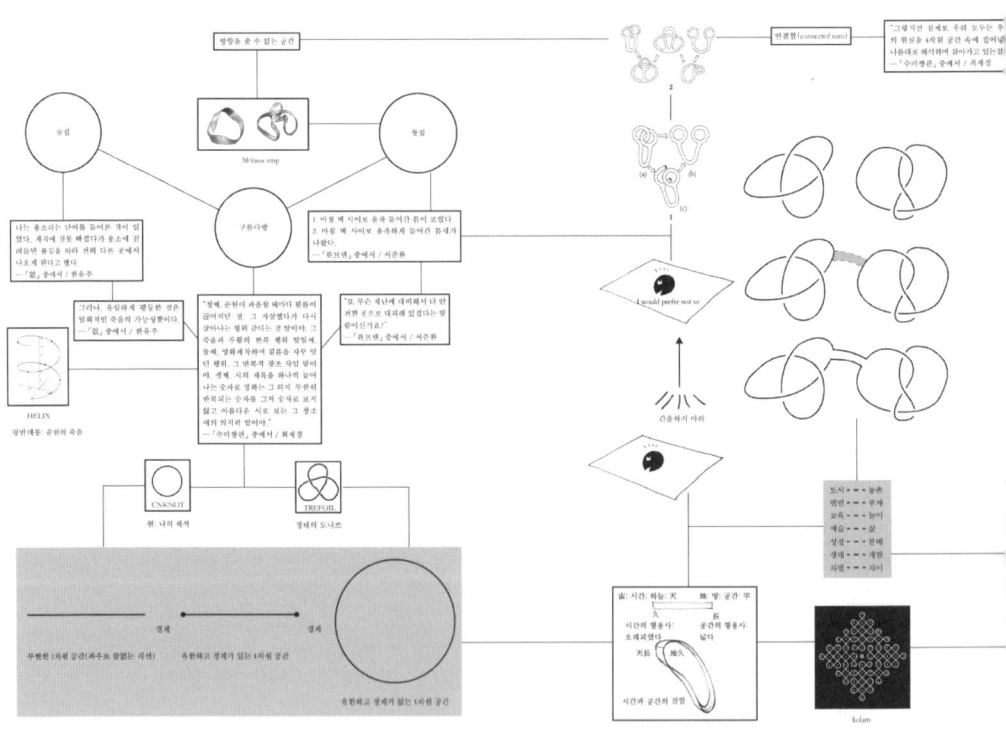

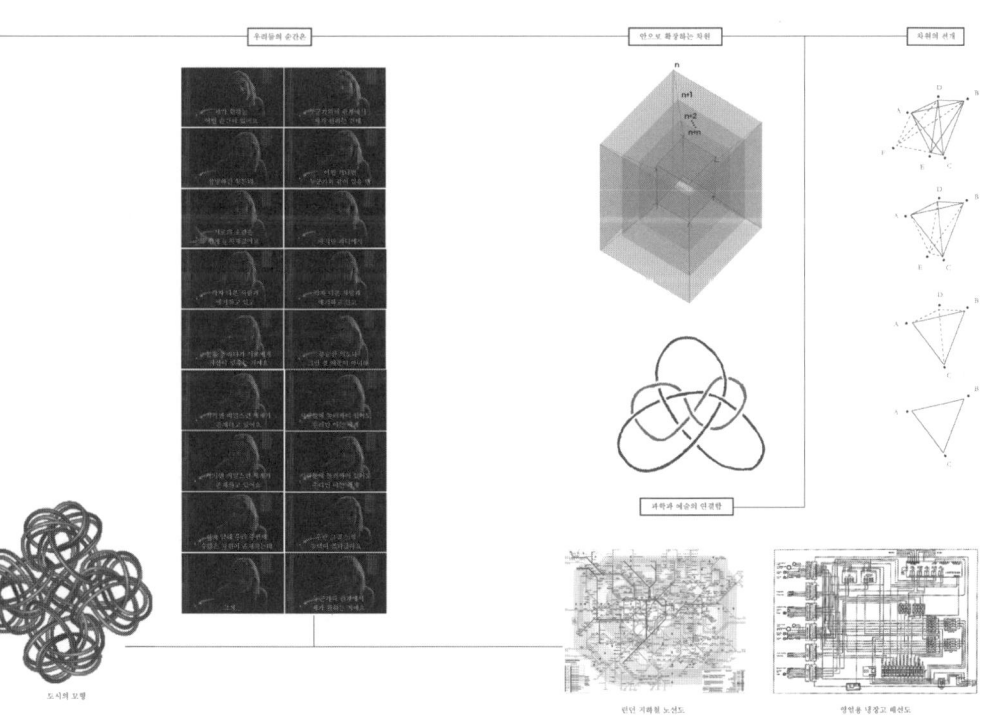

함성호, 〈사이의 잠재태를 위한 연결합 도시의 설계도〉, 디지털 이미지, 2014-2017 ⓒ함성호
뒤 | 〈사이의 잠재태를 위한 연결합 도시의 설계도〉 세부

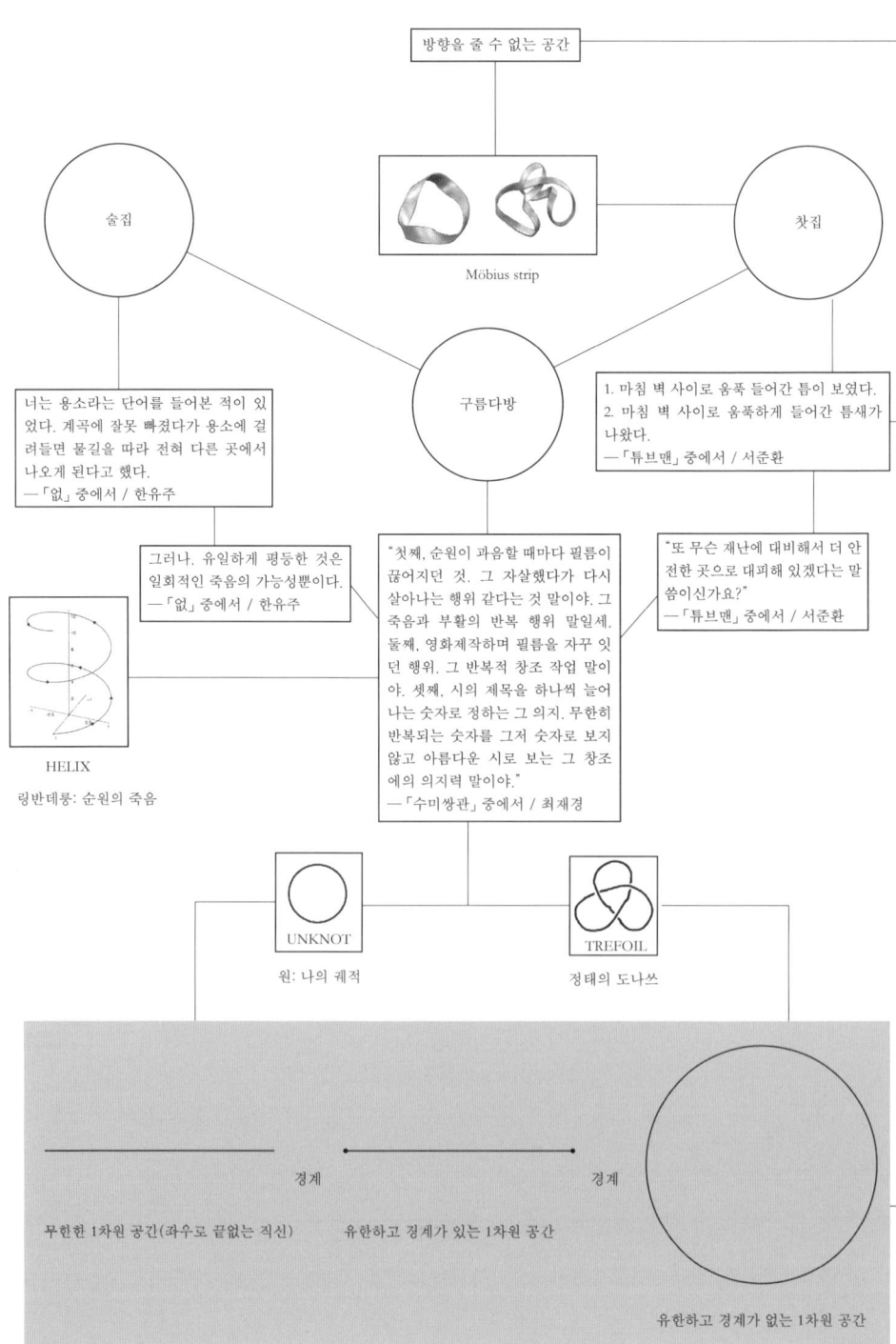

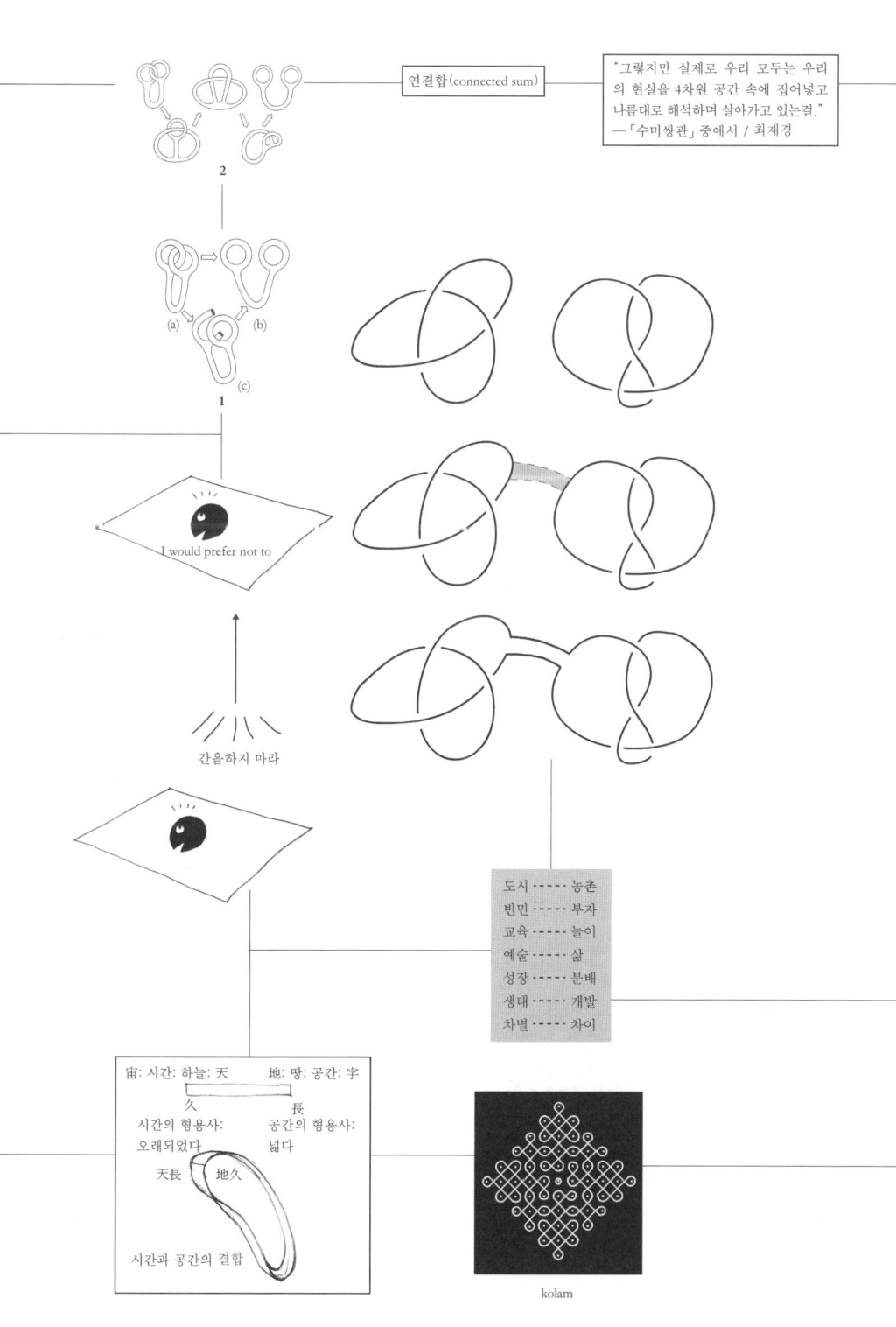

우리들의 순간은

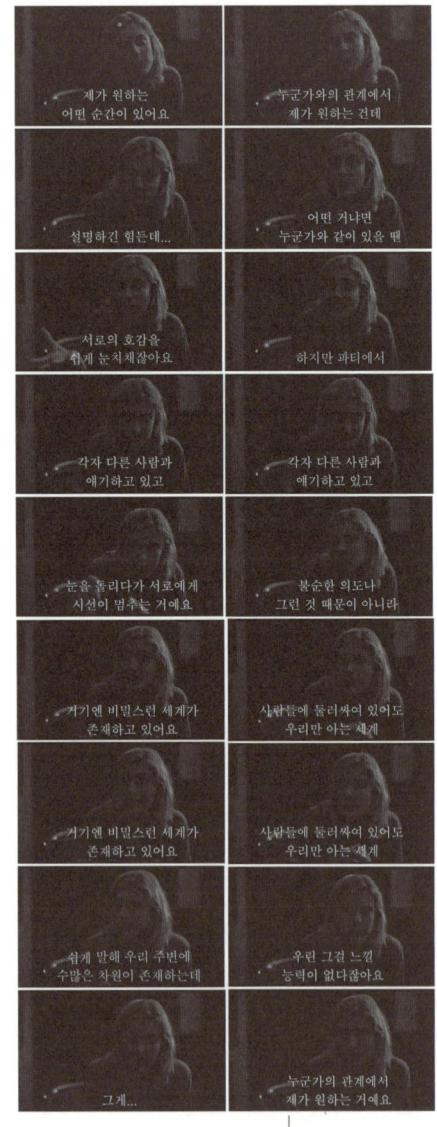

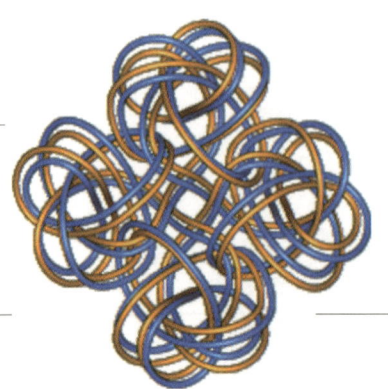

도시의 모형

안으로 확장하는 차원

차원의 전개

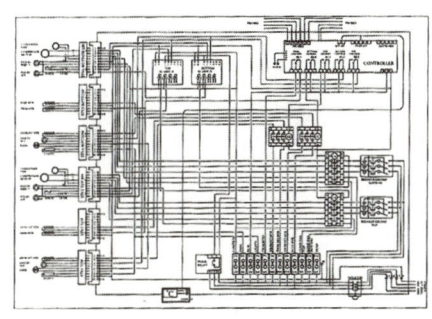

과학과 예술의 연결함

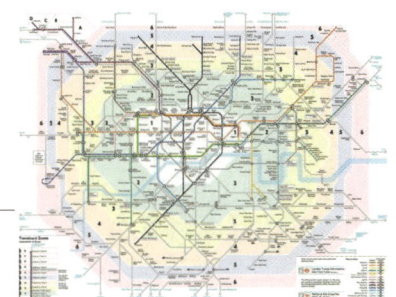
런던 지하철 노선도

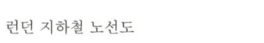
영업용 냉장고 배선도

설계도

3

연결합 도시, 그 조우

?AS: 40 + E_T (50-75)

$$\mathcal{L} = \bar{\Psi} \slashed{D} \Psi + F_{\mu\nu} F^{\mu\nu}$$

$$+ (D\phi)^\dagger (D\phi)$$

$$?_o + \phi \bar{\Psi} \Psi$$

$$+ \mu^2 |\phi|^2 + \lambda |\phi|^4$$

$$F = ma = G_N \frac{mM}{r^2} \qquad E = mc^2$$

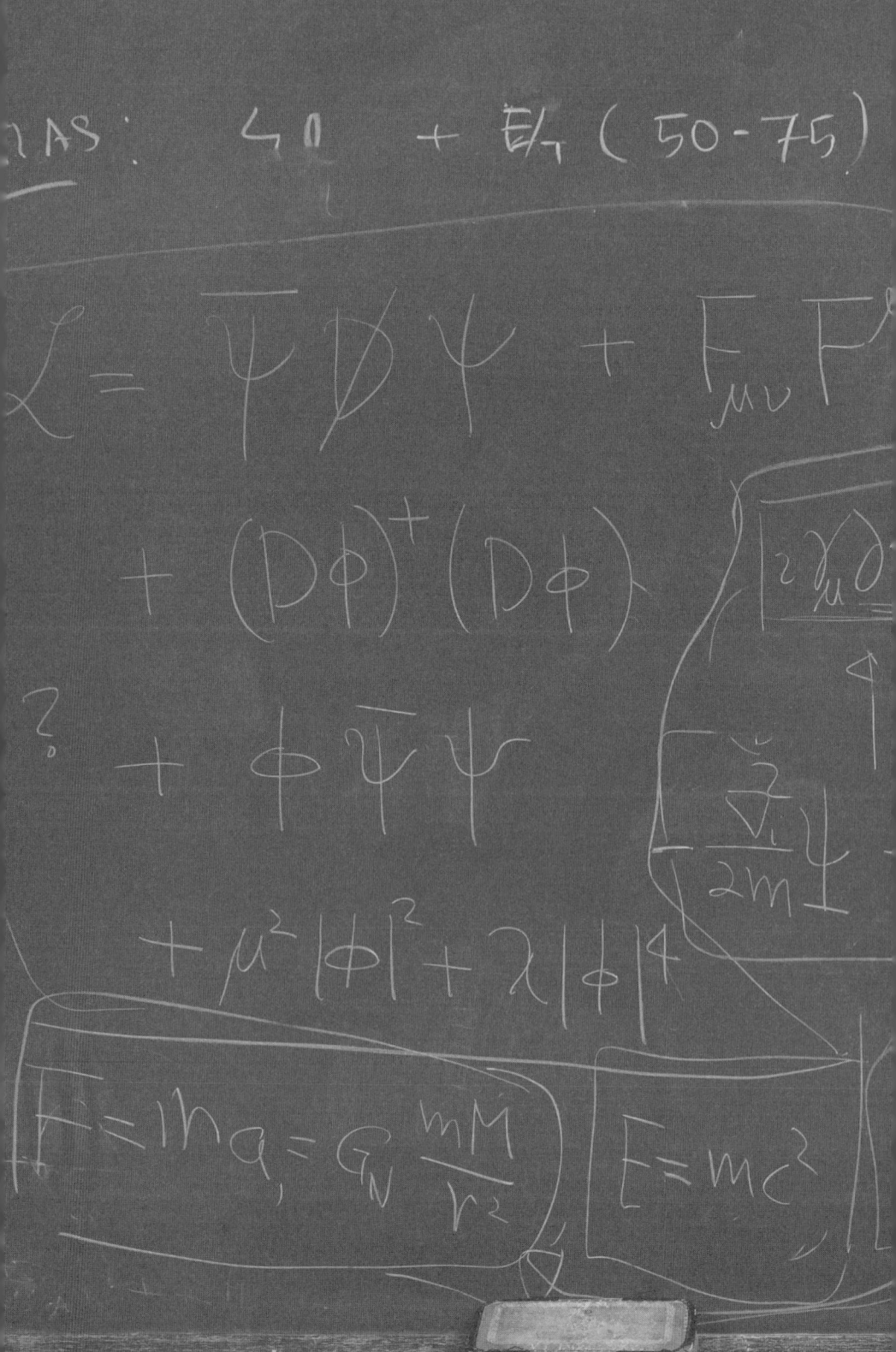

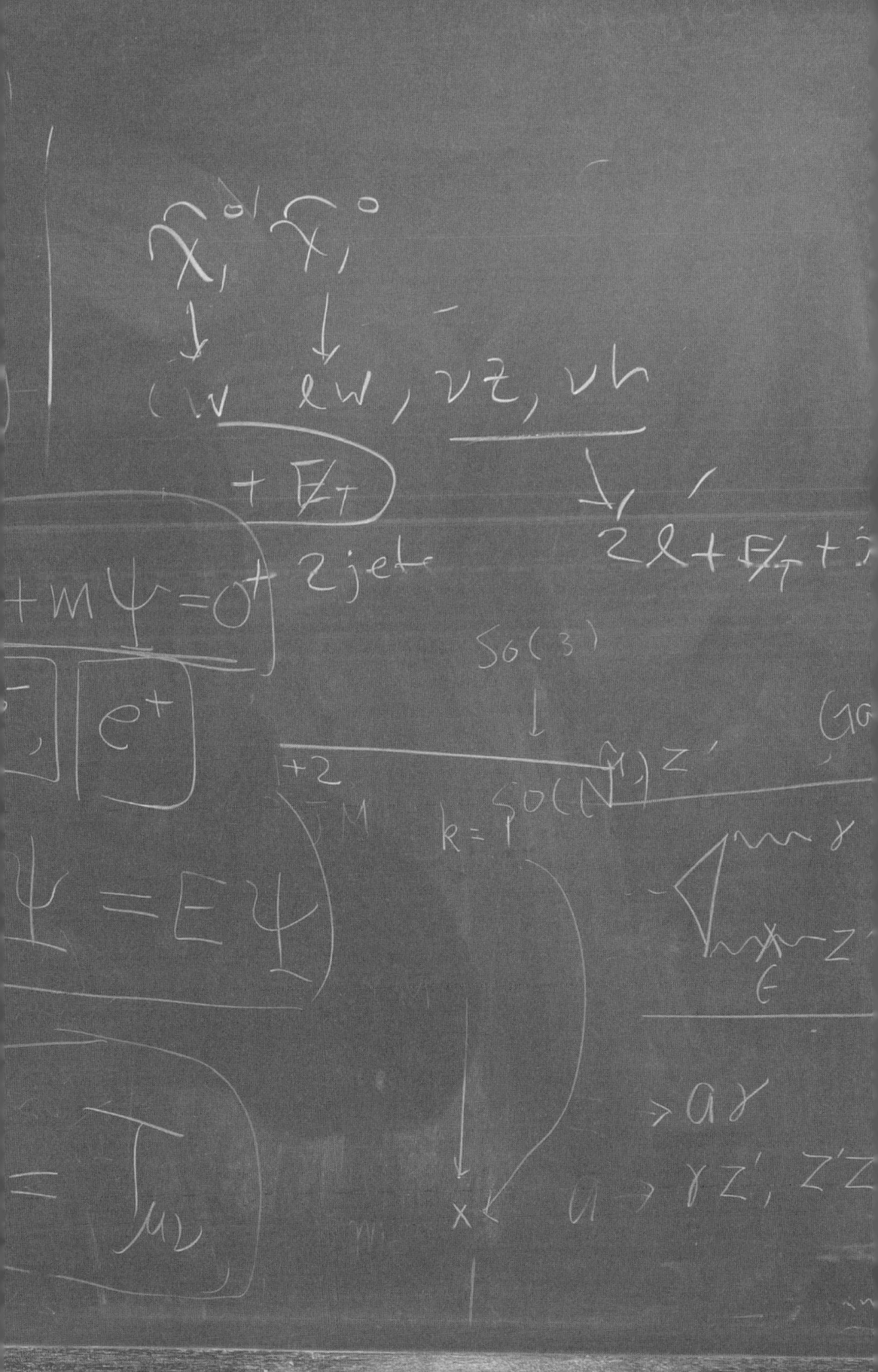

공연 연출가 김제민의 칠판 드로잉. 김제민 작가가 도시에 팀원 전체가 배우로 참여하는 열린 공연을 제안하며 칠판에 공간도를 그렸다. 2015년 7월 1일.

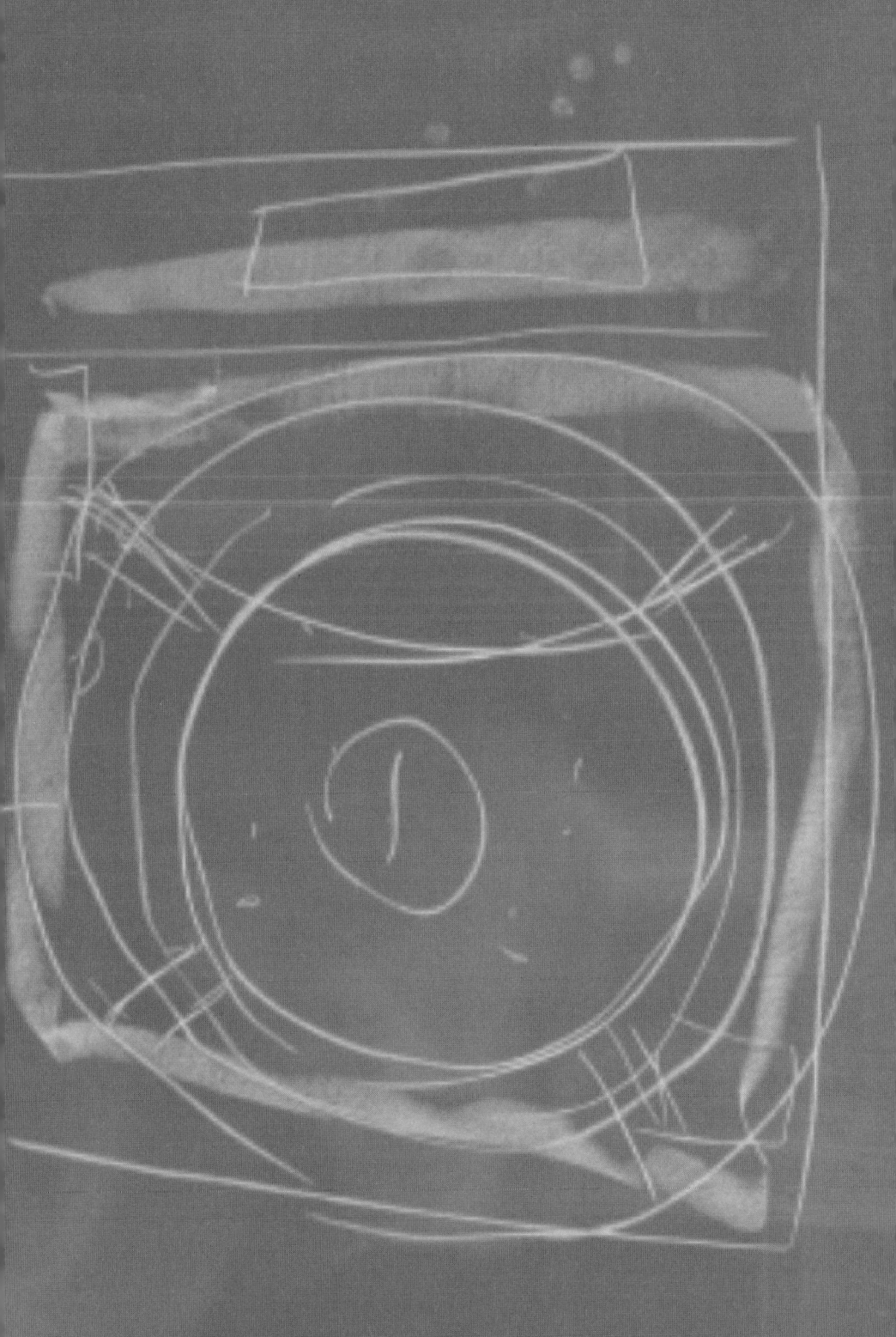

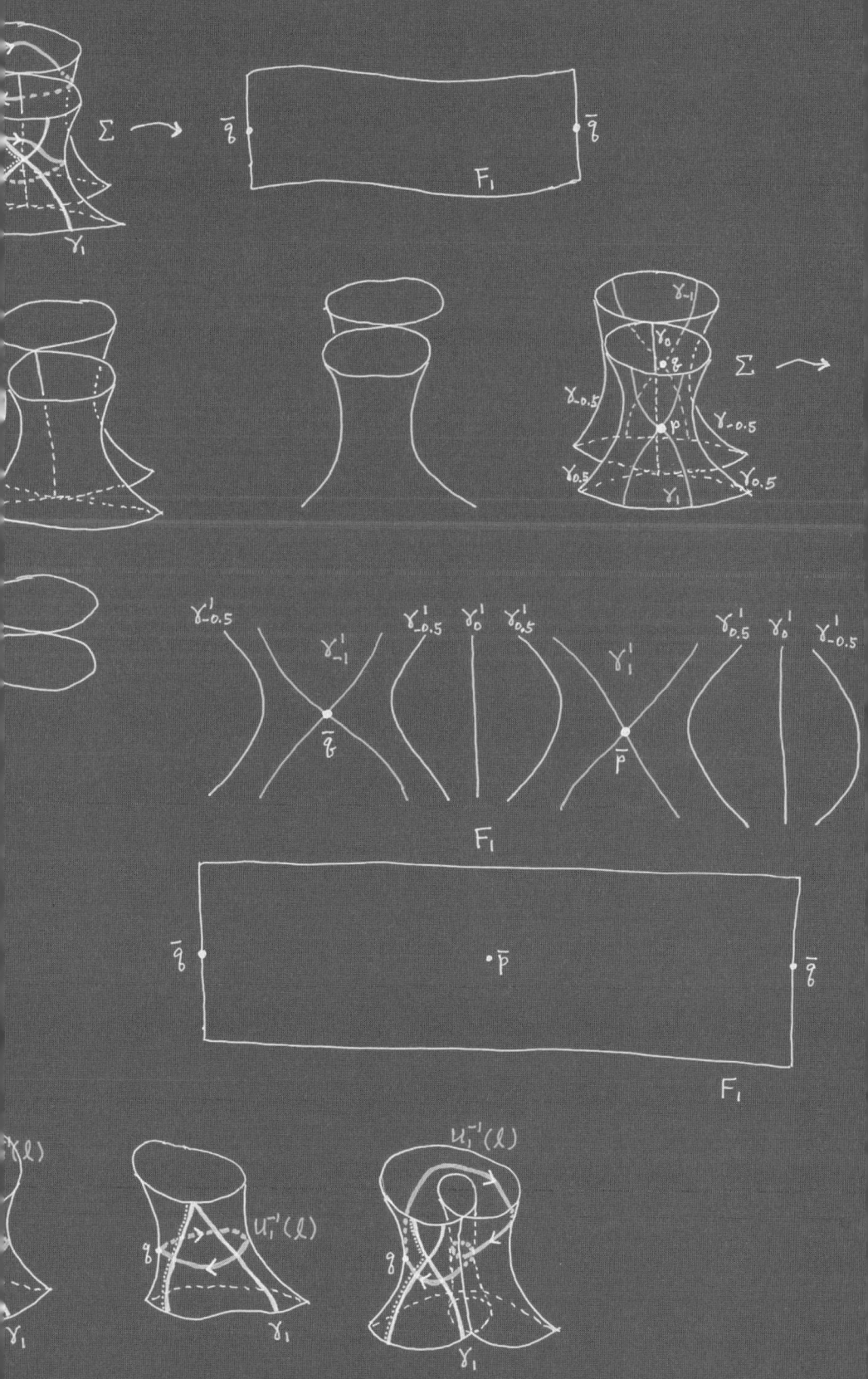

knot theory   Reidemeister move

crossing

¬ knot
surface event

6
Nexus
spatomy

1,2,6 → 1   (1→) 3 →   Twist
                          open

time   Activated   1 → 3
         time
        → V ∋ Ω
        Resistance
                    mRNA time
                    genesis knot
                            phenotype
time → Resistance

            Next
          generation

                          matter of fact → matter

연결합 도시,
그 조우

함성호

사람이 평생 자라온 환경은 그대로 그의 몸을 이룬다. 그러나 그의 인생에 방향을 주는 것은 언제나 짧고 강렬한 어떤 경험이다. 제2차 세계대전 당시 독일군 전투기 무선 조종사로 참전했던 요셉 보이스 역시 그랬다. 요셉 보이스나 생텍쥐페리와 같은 비행기 조종사 출신의 예술가들에게 나는 묘한 동경을 가지고 있다. 하늘을 나는 것이 주는 자유와 추락의 운명 때문일까?

사랑하는 나의 오빠, 언제 우리는 뗏목을 만들어
하늘을 따라 내려갈 수 있을까요?
사랑하는 나의 오빠, 곧 우리의 짐이 너무 커져서
우리는 침몰하고 말 거예요.
사랑하는 나의 오빠, 우리 종이 위에다
수많은 나라와 수많은 철로를 그려요.
조심하세요, 여기 검은 선(線)들 앞에서
연필심과 함께 훌쩍 날아가지 않게요.
사랑하는 나의 오빠, 만약 그러면 나는
말뚝에 묶인 채 마구 소리를 지를 거예요.
하지만 오빠는 어느새 말에 올라 죽음의 계곡을 빠져나와,
우리 둘은 함께 도망치고 있군요.
집시들의 숙영지에서, 황야의 천막에서 깨어 있어야 해요,
우리의 머리카락에서 모래가 흘러내리는군요.
오빠와 나의 나이 그리고 세계의 나이는
해로 헤아릴 수 있는 게 아니랍니다.
교활한 까마귀나 끈끈한 거미의 손
그리고 덤불 속의 깃털에 속아 넘어가지 마세요.

또 게으름뱅이의 나라에서는 먹고 마시지 마세요,
그곳의 냄비와 항아리에선 거짓 거품이 일거든요.
홍옥요정을 위한 황금 다리에 이르러
그 말을 알고 있던 자만이 승리를 거두었지요.
오빠에게 말해야겠어요, 그 말은 지난번 눈과 함께
정원에서 녹아서 사라져버렸다고 말이에요.
많고 많은 돌들 때문에 우리 발에 이렇게 상처가 났어요.
발 하나가 나으면, 우리는 그 발로 펄쩍 뛸 거예요,
아이들의 왕은 그의 왕국에 이르는 열쇠를 입에 물고
우리를 마중하고, 우리는 이런 노래를 부를 거예요:
지금은 대추야자 씨가 싹트는 아름다운 시절!
추락하는 이들마다 날개가 달렸네요.
가난한 이들의 수의에 장식 단을 달아준 것은 빨간 골무,
그리고 오빠의 떡잎이 나의 봉인 위로 떨어지네요.
우리는 자러 가야 해요, 사랑하는 이여, 놀이는 끝났어요.
발꿈치를 들고. 하얀 잠옷들이 부풀어 오르네요.
아버지 어머니가 그러는데요, 우리가 숨결을 나누면,
이 집안에서는 유령이 나온대요.

— 잉게보르크 바흐만, 「추락하는 것은 날개가 있다」

1943년 크리미아반도 상공에서 러시아군에 의해 격추당한 요셉 보이스는 타타르족에 의해 구출된다. 얼어붙은 보이스의 몸을 펠트와 지방으로 싸서 돌본 이들 덕분에 보이스는 다시 생명을 찾고 한동안 그들과 생활하면서 타타르족의 풍습에 젖어든다. 이때 받은 강한 영향은 나중에 그의 작업에서 유라시아의 대

지와 제의적 성격으로 나타난다.[1] 제의에 가까운 그의 행위 예술은 "예술 작품은 일상의 사물과는 그 존재 방식이 다르기 때문에 작품의 질과 가치 개념은 개별 예술 안에서만 가능하며, 나아가 예술 작품의 평가는 현실의 시간 속(현존성presence)에서가 아니라 비시간적인, 영원하고도 총체적인 현시성(presentness)에서 찾아져야 한다"는 프리드의 모더니즘 이론을 정면에서 부정하는 것이었다. 유라시아라는 대지의 에너지와 샤머니즘적인 힘이 실제로 그의 작품에 얼마나 녹아 있는지 정확히 설명하기는 어렵지만 그가 타타르인들과의 경험을 통해 현대 예술의 한 측면을 돌파해나간 것은 틀림없다.

요셉 보이스의 〈무제-태양의 나라〉는 그가 대중 강연에서 사용했던 칠판을 그대로 뚝 떼어내 작품으로 만든 것이다. 그는 이러한 행위를 통해 미술의 문제가 양식이 아닌, 신화나 역사, 사회적 문제에 대해 토론하는 행위가 될 수 있다고 역설한다. 또한 그러한 강연 행위를 통해 이루어지는 모든 소통의 과정이 보이

---

1. 유럽과 아시아는 원래 초원 지대로 연결되어 있었다는 유라시아 개념은 유럽과 아시아를 구분하지 않는 동류의식을 촉진해주었으며 이에 대한 알리바이로 보이스와 백남준이 동원된 것이었다. 백남준의 〈달은 가장 오래된 TV다〉란 작품과 보이스의 작품 속에 빈번히 출몰하는 토끼는, 달에 토끼가 산다는 몽골인의 설화에 연대되어 있다. 이들은 몽골인과 유라시아 개념을 더욱 확고히 하기 위해 1988년 서울올림픽을 기해 서울에서 한국의 전통 무속과 한바탕 굿판을 벌이기로 계획한 바 있다. 불행히도 보이스의 갑작스런 죽음으로 계획은 무산되었지만 1990년 백남준은 보이스를 추모하는 진혼제를 한국 무속과 더불어 현대화랑 앞마당에서 펼친 바 있다. 그는 무속과 어우러져 굿판을 이끌어가면서 자신의 뿌리에 대한 강한 회귀 의식을 드러내었다(오광수,「백남준의 예술과 유목민 의식」, 김달진미술연구소 주최 심포지엄 '백남준과의 대화' 자료집, 2006년 5월 10일).

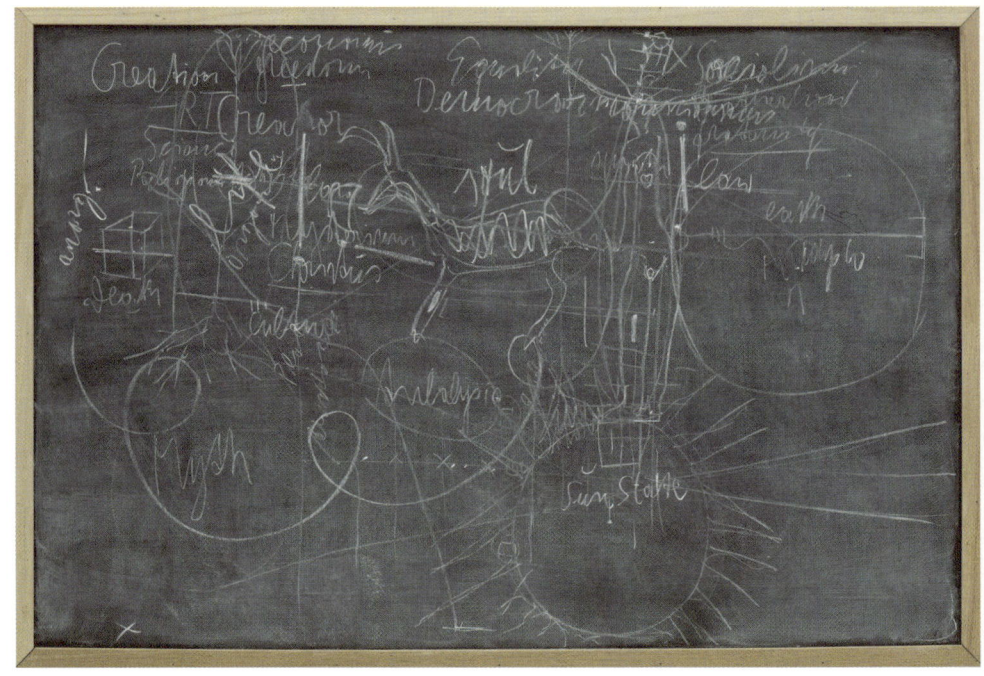

요셉 보이스, 〈무제-태양의 나라〉, 칠판 위에 분필과 사인펜, 120.7×180.7cm, 1974

© Joseph Beuys / BILD-KUNST, Bonn – SACK, Seoul, 2017

지 않는 '힘'에 의해 바뀌거나 변형되므로 이것을 '에너지 플랜'이라고 명명하였다. 그에 의하면 이러한 '에너지 플랜'을 통해 사람들은 창조성을 발휘할 수 있으며, 그런 행위 자체가 사회를 발전시킬 수 있는 '사회적 조각'이라고 주장했다. 나는 이것을 '흔적의 사유'라고 부르는데, 강의 내용이 칠판에 하나의 흔적으로 남아 있다는 의미가 아니라, 그렇게 해서 남겨진 흔적이 그 이후로는 스스로 말을 하기 시작하기 때문이다. 그것은 칠판에 무언가를 적어나간 사람의 의도와는 전혀 다른 메시지다. 우리는 요셉 보이스의 칠판을 보면서 실제 그의 강의 내용과는 전혀 다른 메시지를 읽는다. 그것은 흔적 자체가 우리에게 말을 걸고 있기 때문이다.

그리고 그것이 내가 처음 고등과학원의 복도에서 본 풍경이다. 복도에는 벽면 가득 칠판이 붙어 있었고, 그 앞에서 뭔가를 분필로 적어나가는 한 사람과 팔짱을 낀 상태에서 턱을 만지며 그것을 유심히 바라보는 또 한 사람. 그리고 이어서 팔짱을 끼고 있던 사람이 뭔가를 적고, 앞서 적어나가던 사람은 이제 그것을 바라보는 사람이 된다. 그런 행위를 여러 차례 거듭하다가 그 두 사람은 마치 1막을 마친 연극배우들처럼 서로 인사도 나누지 않고 각자 헤어져 자기 길을 갔다. 그동안에 만들어진 소리는 칠판을 두드리는 분필의 소리가 유일했다. 톡, 톡, 톡, 톡, … 톡, 톡! … 톡톡, 톡, 톡, … 톡! 그런가 하면 대화를 나누는 사람들도 있었다. 그럴 땐 칠판은 이상한 역할을 담당했는데, 그들의 대화는 둘 사이에 오고 가는 것이 아니라 칠판을 통해서 번역되고 있다는 느낌이었다. 말하자면 한 사람이 뭔가를 말하면 칠판이 그것을 번역하여 다른 사람에게 전해주고, 그 번역을 받은 사람은 다시 칠판을 통해 얘기를 전달하고 있었다. 자세히 보면 칠판에 적혀 있는 내용은 대부분 수식이었고, 간단한 도형이 그려진 경우도 있었다. 그들은 대화가 끝나면 대부분은 칠판을 지우지도 않고 떠났기 때문에 나는 그 칠판 앞에 잠시 서 있어 보기도 했다. 그들이 무슨 얘기를 나누었는지 알고 싶어서 거기 서 있었던 것은 아니었다. 비록 거기에 뭔가가 적혀 있긴 했지만 그건 내가 알 수 없는 문자였고, 알고 싶지도 않았다. 단지 나는 거기에 서서 칠판이 그들에게는 하지 않았던, 오직 나에게만 건네는 말을 듣고 싶었던 것뿐이다. 요셉 보이스식으로 말하자면 '에너지 플랜'이 거기에 있었고(왜냐하면 내가 그 앞에 섰으므로), 내 식대로라면 '흔적의 사유'가 풀려나오고 있었다. 무언가를 해결하기 위한 설명으로서 그것은 이미 그것을 적었던 사람들의 것으로 끝나 있었고, 그 이후의 칠판은 그 앞에 서 있는 새로운 사람들에게 각자의 생각으로 변이되어 있었다. 칠판은 나에게 무슨 말을 건네고 있었던가?

  그가 당신에게 무슨 말을 했는지 말해볼까요?
  당신을 황홀케 했던 그날 그가 했던 말을
  어떤 말 어떤 눈빛으로 당신을 설레게 했는지
  나는 말할 수 있는데
  그가 내게도 똑같은 말을 했기 때문이라오
  그가 나도 똑같이 황홀케 했다오

  그가 당신에게 어떤 말을 했는지 말해볼까요?
  저 산속 깊은 곳에 숨어 있는 진리의 城에 들어가면

세상의 어떤 꽃보다 더 아름다운 꽃을 만날 수 있고
세상의 어떤 저녁노을보다 더 아름다운 노을을 볼 수 있고
세상의 어떤 그림보다 더 아름다운 그림을 찾을 수 있다고
그 성의 문지기가 당신에게 달콤한 목소리로 말했죠

당신만이 그 아름다움을 독차지할 수 있고
당신에게만 그 문을 들어가는 방법을 알려주겠다고 말한
그의 그 말이 얼마나 허황됐는지
그의 그 말로 당신이 얼마나 가슴 아파하는지
나는 알고 있습니다
당신보다 내가 아마 더 가슴 아픈지도 모르겠습니다

그 문지기가 결국 몇 번 내게 아까운 듯 문을 열어줬었다오
거기서 나는 꽤 아름다운 꽃과 저녁노을과 그림을 찾아냈
　지요
더 아름다운 것을 줍지 못한 아쉬움은 이제 접어두고
진한 기억 가슴 깊이 담아두고 오늘도 나는
깊은 산속 그 높은 성을 그려보고 있는데
거기서 본 아름다움을 내내 떠올리며 살아가고 있는데

긴 세월 그의 문 앞에서 기다리다 지친 당신에게
그 문지기가 서산에 노을이 질 때쯤 해줄 말을 들려드릴까요?
그 말은 그의 문밖 도처에도 예쁜 꽃이 피어 있고
걷다 보면 어디서나 붉게 물든 노을을 볼 수 있고
당신도 붓을 들면 괜찮은 그림을 그릴 수 있다는 말입니다.

성안과 성 밖에는 오늘도 해 뜨고 달이 지며 아름다운 시간이 흐르고 있습니다.

— 최재경, 「꽃과 노을과 그림」

우리가 과연 '더 아름다운 것을 줍지 못한 아쉬움'을 진심으로 접을 수 있을까? 우리가 그것을 접을 수 없을 때, 우리는 끝없이 문을 두드리는 나그네이지만 그것을 접었을 때, 아마도 우리는 문지기가 될 것이다.

연결합 도시는 우리가 생활하는 실제적인 도시이기도 하지만 문지기가 지키고 있는 성안에 대한 이야기이기도 하다. 성안에 대해 우리가 할 수 있는 유일한 일은 상상하는 것일 수밖에 없다. 너무나도 미약하고 손쉬운 일같이 보이지만 상상한다는 것은 가장 위대한 일일 수 있다. 아마도 상상하지 않았다면 모든 생물 종의 진화는 없었을 것이다. 그들은 상상했기 때문에 변했고, 생존할 수 있었다. 상상(想像)한다는 것은 코끼리를 창조하는 것이 아니라 코끼리를 그려보는 일이다. 우리는 상상을 통해서 그 자체가 아닌, 상상의 과정을 통해 여기저기 흩어져 있는 다른 무엇과 조우하게 된다. 이것이 상상의 위대함을 낳는다. 조우(遭遇)는 우연히 맞닥뜨리는 것이다. 뜻하지 않게 만남으로써 우리는 전혀 생각하지 않았던 것을 그릴 수 있게 된다. 이것은 한 편의 글이나 창작의 과정에서도 그렇고, 수학이나 물리학의 난제들을 풀어가는 입장에서도 동일하다. 우리가 문제를 풀어나가는 것이 아니라 문제가 우리를 어딘지 모르는 곳으로 이끌어가는 경험. 예측할 수 없고, 갑작스러운 만남에서 촉발되는 또 다른 상상들. 연결합 도시는 이러한 생활을 담는 도시이면서 상상하는 행위

자체이기도 하다.

　그러나 아무리 예측할 수 없고, 전혀 떠올리지 않았던 그림과의 조우를 기대할 수 있다 하더라도 그런 만남이 아무렇게나 이루어지지는 않는다는 것 또한 우리는 알고 있다. 그것은 적어도 방향이 옳았을 때 기대할 수 있는 만남이다. 상상은 바람직한 기반 위에서 그 자유도를 더한다. 그래서 연결합 도시는 그 기반으로 차원의 논리를 수학에서 가져왔다. 수학적 모델을 바탕으로 물리적 토대를 마련하고 거기에 예술을 통해 관리와 효율이 아닌, 행위 중심의 도시를 상상하고자 했다. '행위 중심의 도시'라는 말은 근대 이후 전 세계인의 삶을 지배하는 '효율적으로 계획된 도시'가 가지는 도구적 사고에 대한 저항을 의미하고, 그러한 도시로 인해 파편화된 인간의 삶을 재생하기 위한 것이었다. 우리는 도시를 재생한다는 생각 이전에 근본적으로 삶을 재생해야 한다. 삶이 재생되지 않는 도시는 폐허와 같기 때문이다. 인간의 길이 사라지고 자동차의 길이 확장되면서, 도시와 도시의 이동이 중요시되고 속도가 숭배되면서, 건축과 땅이 관계를 상실하고 부동산 가치가 삶의 가치가 되면서, 인간의 행위는 거대한 산업화의 부품으로 전락했다. 그러나 사랑하고, 미워하고, 배우고, 싸우고, 돕고, 만들고, 공감하는 인간의 행위는 사라지지 않았고, 사라질 수도 없다. 이러한 인간의 행위를 잘 담기 위해서는 도시는 행위를 담는 그릇이 아니라 행위 그 자체가 되어야 한다. 그러기 위해서는 구체적이고 물리적인 접근보다는 가장 개념적인 접근이 오히려 가장 구체적일 수 있다는 가정을 했다. 물론 그 가정의 바탕이 된 것은 2013년부터 1년 동안 고등과학원에서 열린 과학과 예술의 상호작용 및 근접 가능성을 모색한 인디트랜스 세미나였다. 우리는 그 1년 동안의 세미나를 통해 과학과 예술이 자연과 인간을 이해하는 데 있어 서로 대립할 수 없는, 서로 이어지는 파도와 같은 것임을 공통으로 인식했고, (그 인식을 바탕으로) 행위 중심의 도시를 위해 먼저, 과학과 예술이 만나는 하나의 공간을 가정했다. 그리고 그 가정을 위해 다음과 같은 조건을 세웠다.

1. 행위란 인간 행위를 포함한 자연과 생태, 문화, 역사를 포함한다.
2. 개념적인 접근을 위해 수학적 모델을 바탕으로 한다.
3. 수학적 모델을 바탕으로 물리적, 예술적 행위를 표현한다.
4. 시각, 청각, 촉감, 미각, 후각 등 느낌이 표현되는 도시를 표현한다.
5. 행위는 느낌에서 나온다.
6. 행위를 통해 물리적 토대가 바뀌고, 수학적 모델이 변형될 수도 있다.
7. 이 조건들은 허약해야 한다.

그리고 곧 최재경 교수로부터 하이퍼큐브의 모델이 제시되었다. 이 세계 안에서 우리가 볼 수 없는, 숨겨진 차원을 표현한 이 모델은 예술가들에게 많은 영감을 주었고, 우리는 그 숨겨진 차원의 확장된 점들을 수학적이고 물리학적인 이해를 넘어서 인간의 마음 작용으로 이해하기 시작했다. 만약 수학적으로 그런 차원이 존재하고 물리학적으로 그런 공간들이 존재한다면 그것은 분명 우리에게 영향을 미치고 있을 것이 틀림없었다. 그렇다면 그것은 다른 무엇이 아닌 우리 안에 있어야 했다. 즉 역시 인간에 대한 탐구였던 것이다. 연결합 도시를 위한 수학적 모델은 근대와 근대 이전의 인간 인식의 변화, 그에 따른 문학작품의 예

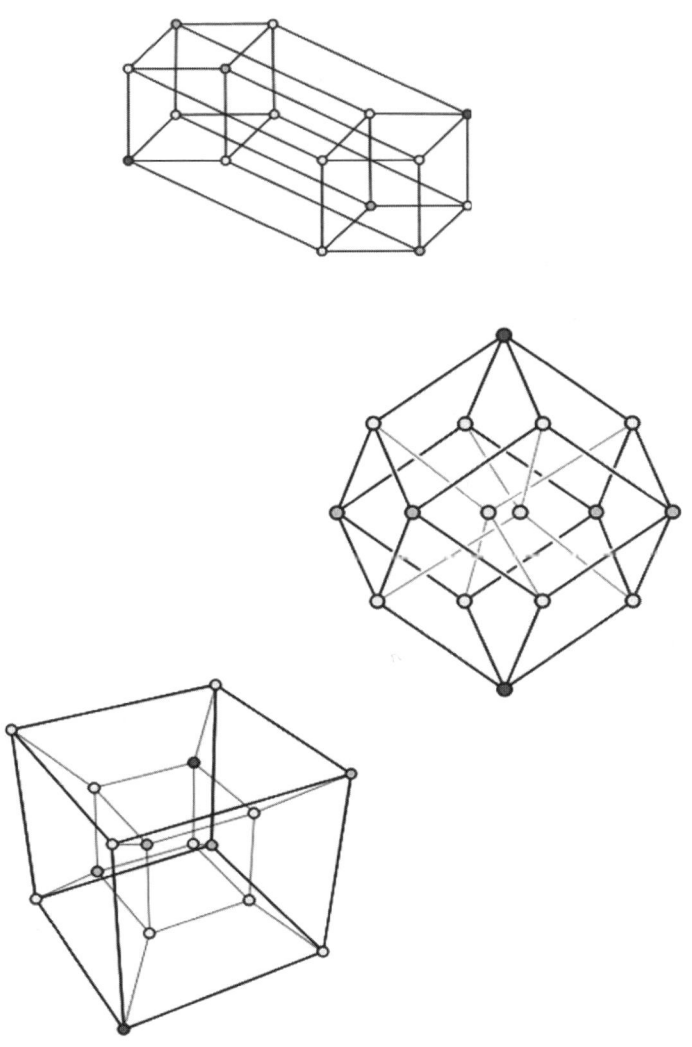

4차원 테서렉트의 3차원 그림자

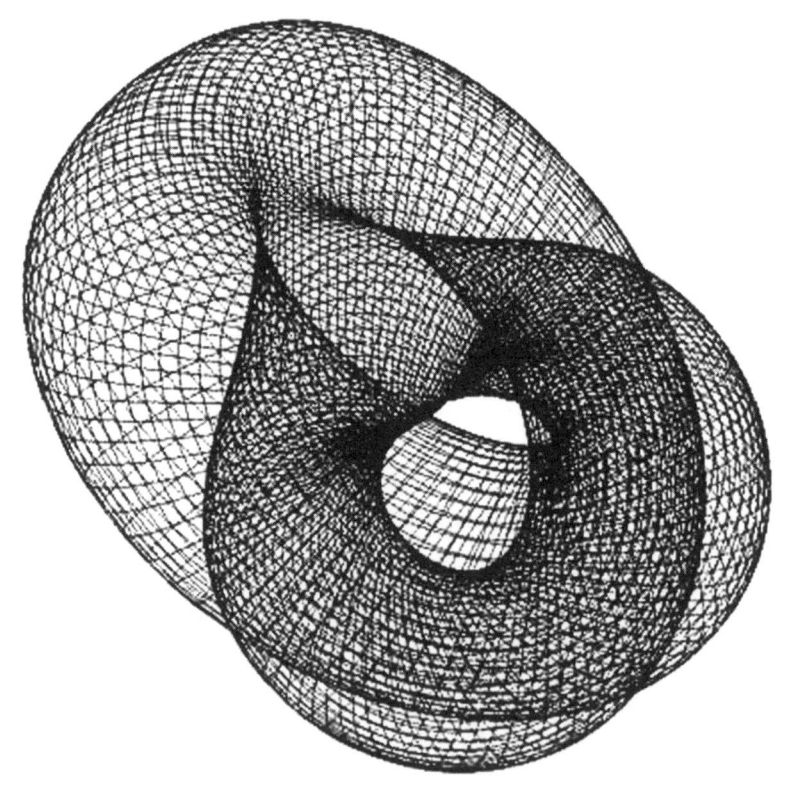

클라인 씨의 병 2

들로 확장되었다. 그 결과 초기에 제시되었던 하이퍼큐브는 3차원 입방체를 포함하는 것이 아니라 3차원 입방체의 내부에서 작용하는 것으로 바뀌었다. 말하자면 클라인 씨의 병과 닮은 큐브 같은 것으로, 그림자놀이로 치자면 빛이 외부에 있는 것이 아니라 내부에 있게 된다. n차원의 내부에서 (편의상) 켜져 있는 빛.

불가에서 말하는 오온(伍蘊, pañca-skandha)은 인간이라는 존재를 '다섯 가지 덩어리'로 설명한다. 그 다섯가지는 색(色, rūpa. 육체 작용), 수(受, vedanā. 감각 작용), 상(想, samjñā. 표상 작용), 행(行, samskāra. 의지 작용), 식(識, vijñāna. 판단 작용)이다. 그렇다면 그것을 느끼는 '나'는 어디에 있는가? 불가에서는 이 다섯 가지 덩어리 외에 고정불변하는 자아(ātman)는 존재하지 않는다. 만약 그런 것이 존재한다면 인간은 변할 수 없는 존재가 된다. 인간이 변할 수 있는 존재가 되기 위해서는 고정불변하는 자아가 없어야 된다. 그러면 이제 편의상 켜놓았던 빛을 꺼도 이 세계에 존재하는 숨어 있는 차원들은 하나하나의 작용으로 존재하게 된다. 그와 같이 연결합 도시에서 숨어 있는 차원은 마음의 작용으로 드러난다. 다행히 고타마 싯다르타(Gautama Siddhārtha, B.C. 563?-483?) 이전에도, 그 이후에도 인간은 끝없이 스스로에 대해 생각해왔고, 문학은 언제나 인간에 대한 질문을 해왔다. 그중에서도 우리가 주목했던 것은 『모비 딕(Moby-Dick)』의 작가로 유명한 허먼 멜빌(Herman Melville)의 『필경사 바틀비(Bartleby, the Scrivener: A Story of Wall-street)』였다. 이 소설은 미국 뉴욕의 월 가에 있는 변호사 사무실에서 필경사로 일했던 바틀비라는 인물에 관한 이야기이다. 소설의 화자인 변호사는 일이 많아지자 필경사 한 명을 더 고용한다. 그가 바틀비다. 처음에는 밤낮을 가리지 않고 열심히 일하는 바틀비를 변호사는 미더워한다. 그런데 어느 날 바틀비가 변호사의 작업 지시를 거부하면서부터 문제가 발생한다. 일을 같이 하자는 변호사의 말에 바틀비는 부드러우면서도 단호하게 "그렇게 안 하고 싶습니다(I would prefer not to)"라는 이상한 문장으로 자기에게 주어진 일을 거부한다. 처음에는 원본과 필사본을 상호 대조하는 작업을 거부하는 것을 시작으로 바틀비는 나중에는 모든 작업을 거부한다. "I would prefer not to"라는 문장으로. 거기서 더 나아가 바틀비는 사무실을 아예 자신의 숙식처로 삼아버리기까지 한다. 급기야 변호사는 바틀비를 쫓아내지도 못하고 사무실을 옮겨버린다. 문제는 거기서 끝나지 않는다. 바틀비는 사무실이 옮겨 간 뒤에도 여전히 그곳에 상주한다. 바틀비 문제를 해결하라는 요청을 받은 변호사는 바틀비에게 일자리를 알아봐주겠다거나 심지어는 자신의 집에 들어와 살라고까지 제안하지만 바틀비는 그 모든 제안을 거부한다. 예의 "I would prefer not to"라는 문장으로. 결국 바틀비는 부랑자 수용소로 보내지고 거기서 죽게 된다. 그리고 그가 죽은 후 변호사는 바틀비의 과거를 찾아 나선다. 워싱턴 D.C.에서 수취 불능 우편물(dead letter)을 처리하는 일을 했다는 것이 변호사가 알아낸 바틀비의 과거의 전부였다.

우리는 이 "I would prefer not to"라는 문장에 관심을 쏟았다. 일상적인 문장은 "그렇게 하고 싶지 않다(I would not prefer to)"로 부정문일 것인데, 바틀비의 말은 긍정문도 아니고 부정문도 아닌 새로운 결(紋)을 보여주고 있었기 때문이었다. 양운덕에 따르면 이 문장의 독일어 번역은 "Ich moechte lieber nicht(차라리 하지 않았으면 합니다)"로, 일본어 역은 "しないほつがいいのてすが

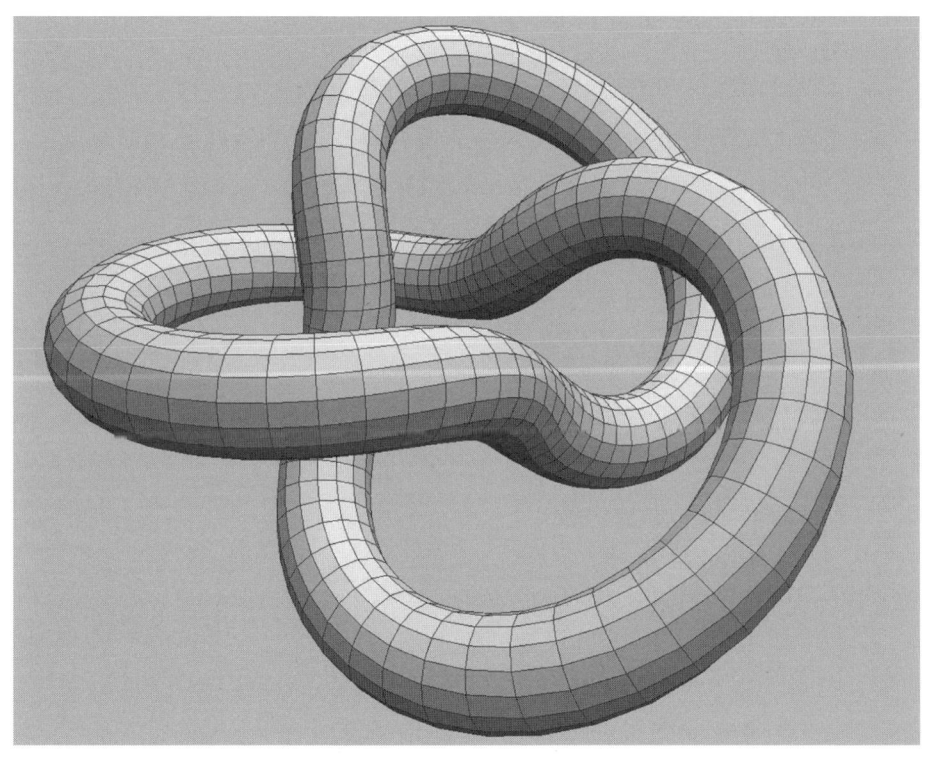

매듭

(하지 않는 것이 좋겠습니다)"로 옮긴다. (이 묘한 언어의 결은 한국어의 아이 말에서 가끔 표현된다. "나 안 하고 싶어"와 같은 것이 그 예다.) 아감벤(Giorgio Agamben)은 '무위(inoperosità)'라는 개념으로 바틀비를 해석한다. 그의 '무위의 불량배(voyau desœuvré)'는 순수하게 잠재적인 존재로서, 비-존재, 비-행위할 수 있기 때문에 아무것도 하지 않는다. 변호사는 바틀비에게 "…이거나 …이거나(either/or)"의 선택을 요구하지만 바틀비는 "나는 당신을 안 떠나고 싶습니다"라고 말한다. 아감벤은 이것을 바틀비가 새로운 선호의 논리를 발명한 것으로 본다. 즉 '…할 잠재성과 …하지 않을 잠재성의 비구분 지대를 보여주는 것'이라고 말한다. 다시 말해 바틀비는 구분 자체를 구분하면서 그 경계 위에 있게 된다. 현실에서는 언제나 이것 아니면 저것이지만, 잠재성 속에서 그 둘은 동시에 존재하게 된다.

그렇다면 아감벤의 말대로 바틀비는 과연 새로운 선호의 논리를 발명한 것일까? 그렇다기보다는 새로운 언어의 결을 만졌다고 해야 옳을 것이다. 논리는 상황에 따라 번복될 수 있지만 이 결을 한번 만진 사람은 다시는 그 이전으로 돌아갈 수 없다. 그렇기 때문에 바틀비는 죽어가면서까지 모든 도움의 손길을 뿌리칠 수 있었던 것이다. 아감벤이 노자(老子)를 참고했는지는 모르지만 미묘한 언어의 결은 이미 노자의 무위(無爲)의 개념에서도 뚜렷하게 활용된 예가 있고, 천장지구(天長地久)와 같이 결을 꼬고 비틀어 도저히 설명할 수 없는 개념들을 시공간의 틈에서 동시에 제시하기도 한다. 天長地久는 원래 문법대로라면 天久地長으로 '하늘(시간)은 오래되었고, 땅(공간)은 넓다'로 쓰여야 한다. 그러나 노자는 이것을 착종시킴으로써 시간과 공간을 하나로 만들었다. 그리고 우리는 이 꼬인 언어의 결을 따라 노자의 세계관을 따라간다. 아마도 "I would prefer not to"라는 바틀비의 말을 들은 변호사는 에드윈 애벗의 『플랫랜드』에 나오는 3차원 인간의 목소리를 들은 2차원 인간과 같은 입장이었을 것이다. 그리고 어쩌면 예술가는 항상 숨겨진 차원에 어이없이 끌리고 있는 변호사와 같은 존재인지도 모른다. 무엇인지 모르면서도 거부할 수는 없는 어떤 매혹.

"I would prefer not to"처럼 부정어의 위치에 의해 만들어지는 새로운 의미의 결과 천장지구와 같이 형용사가 꼬이면서 이루어지는 착종의 결은 이것/곳과 저것/곳에 동시에 존재하며 연결된다. '연결합 도시'는 이러한 동시적 사건을 통해 현대 도시가 조장하는 파편화된 삶을 인간 의식의 저변에서 통합하려는 시도이기도 하다. 따라서 '연결합 도시'의 설계도는 도면을 통해서 구현될 수가 없었다. 도면이나 이미지가 갖는 그림자로서의 3차원적 한계는 우리가 구현하려고 한 연결의 상(像)을 제대로 나타낼 수 없었다. 그래서 우리는 소설을 설계도로 채택했다. 그 결과 소설에 나타난 상들을 연결하여 전체적으로는 매듭과 같은 모델을 제시할 수 있었다. 우리는 이 모델이 무한한 매듭이 되길 바란다. 무한한 매듭의 교차점에서 만나게 될 또 다른 무엇인가가 우리에게 던질 질문이 궁금해지기 때문이다.

흩어진
합

김윤철

김제민

김태용

박영선

배윤호

서준환

오재우

최재경

한유주

함성호

흩어진 합

한편으로
연결합을 희구하면서도
자신의 몸과 개성으로 인하여
섬처럼 흩어지는 행위자들이
빛과 소리로 구현되는
생성적 알고리즘의 시공간 속에서
애초의 의도와 다른
연결합이 되어간다.

2015년 8월 28일
고등과학원 1503호

김윤철
예술가, 전자음악 작곡가

김제민
매체예술가, 공연 연출가

김태용
소설가, 텍스트사운드 퍼포머

박영선
사진가

배윤호
영화감독, 공간 연출가

서준환
소설가

최재경
수학자

한유주
소설가

함성호
건축가, 시인

오재우
현대미술가

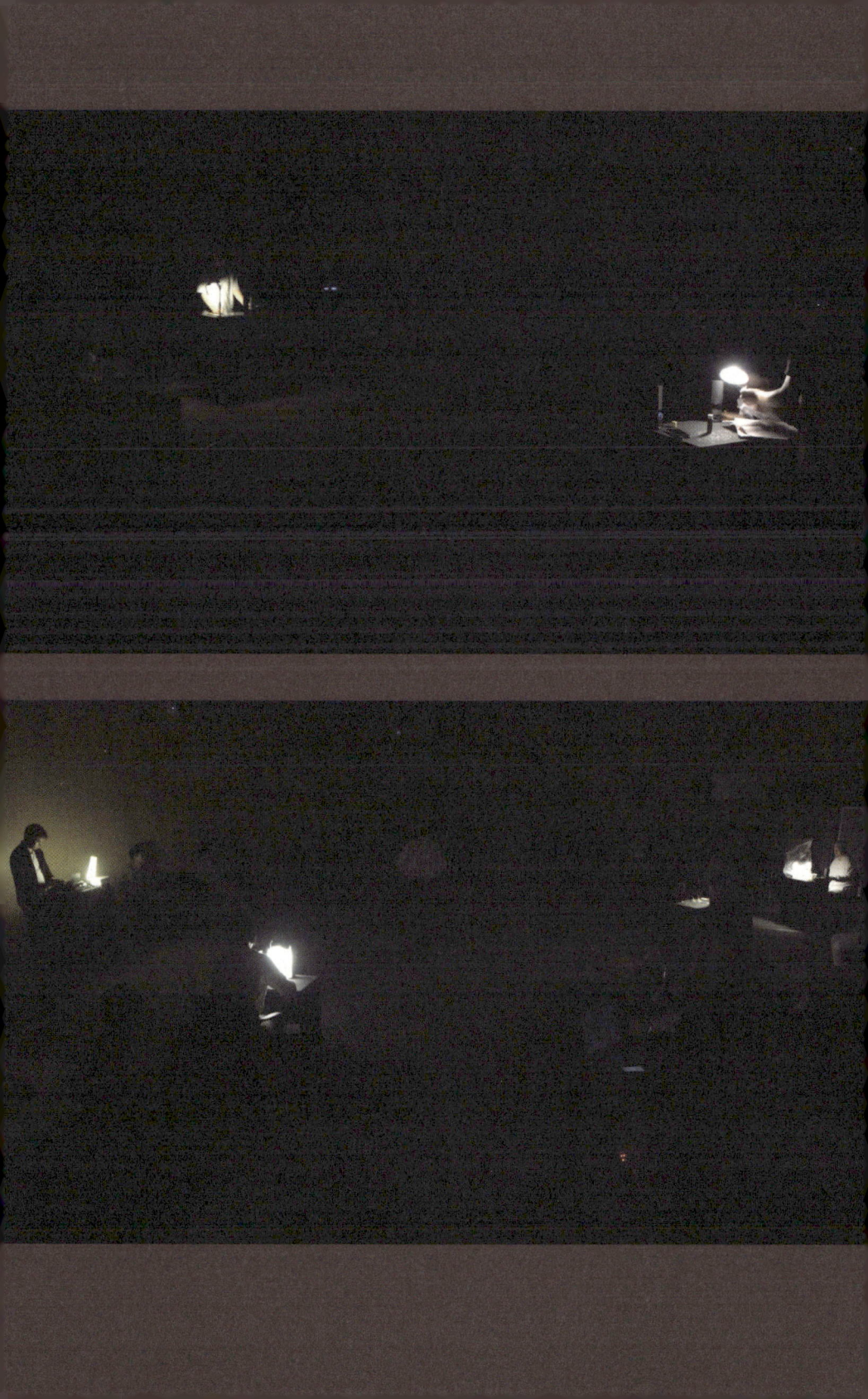

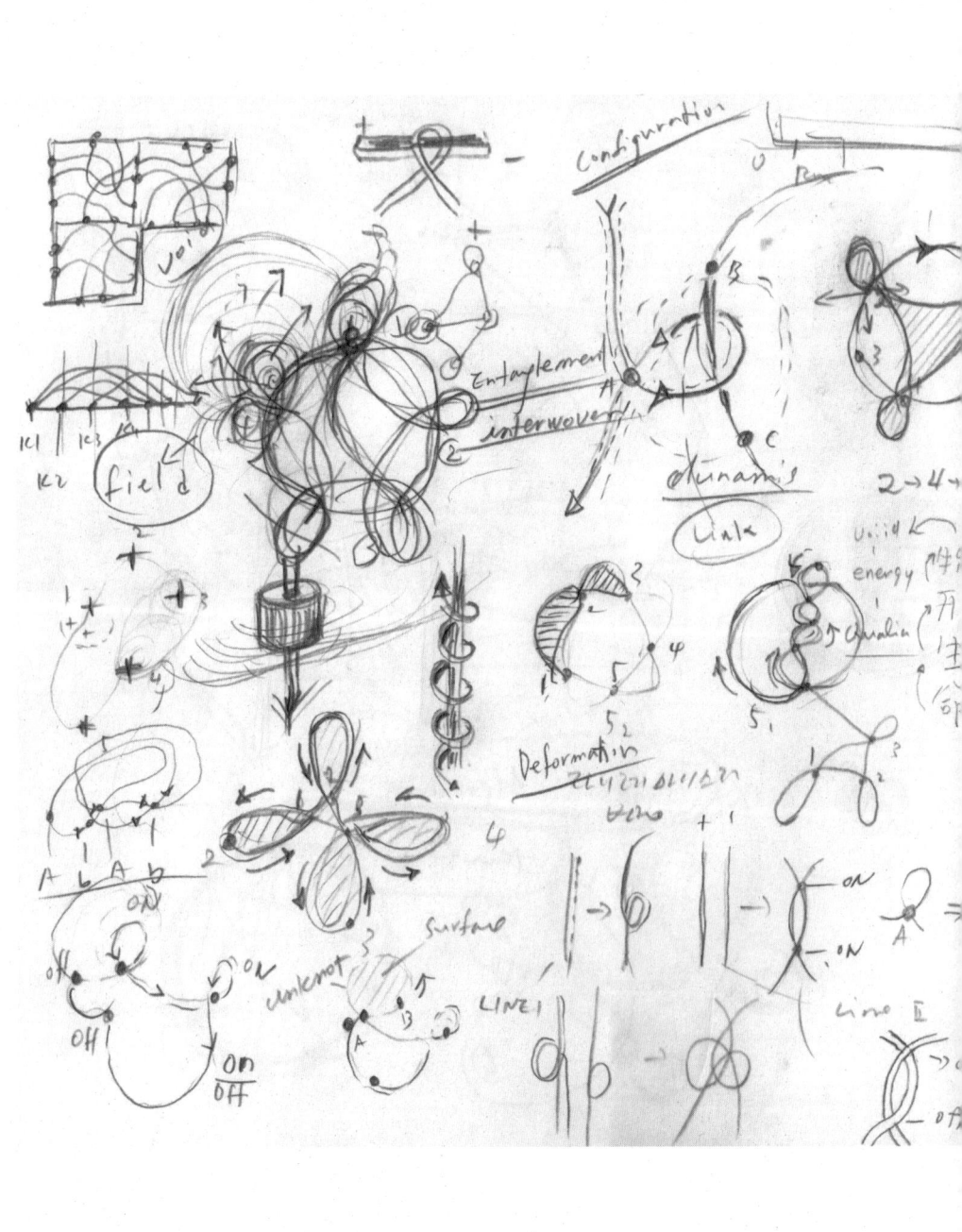

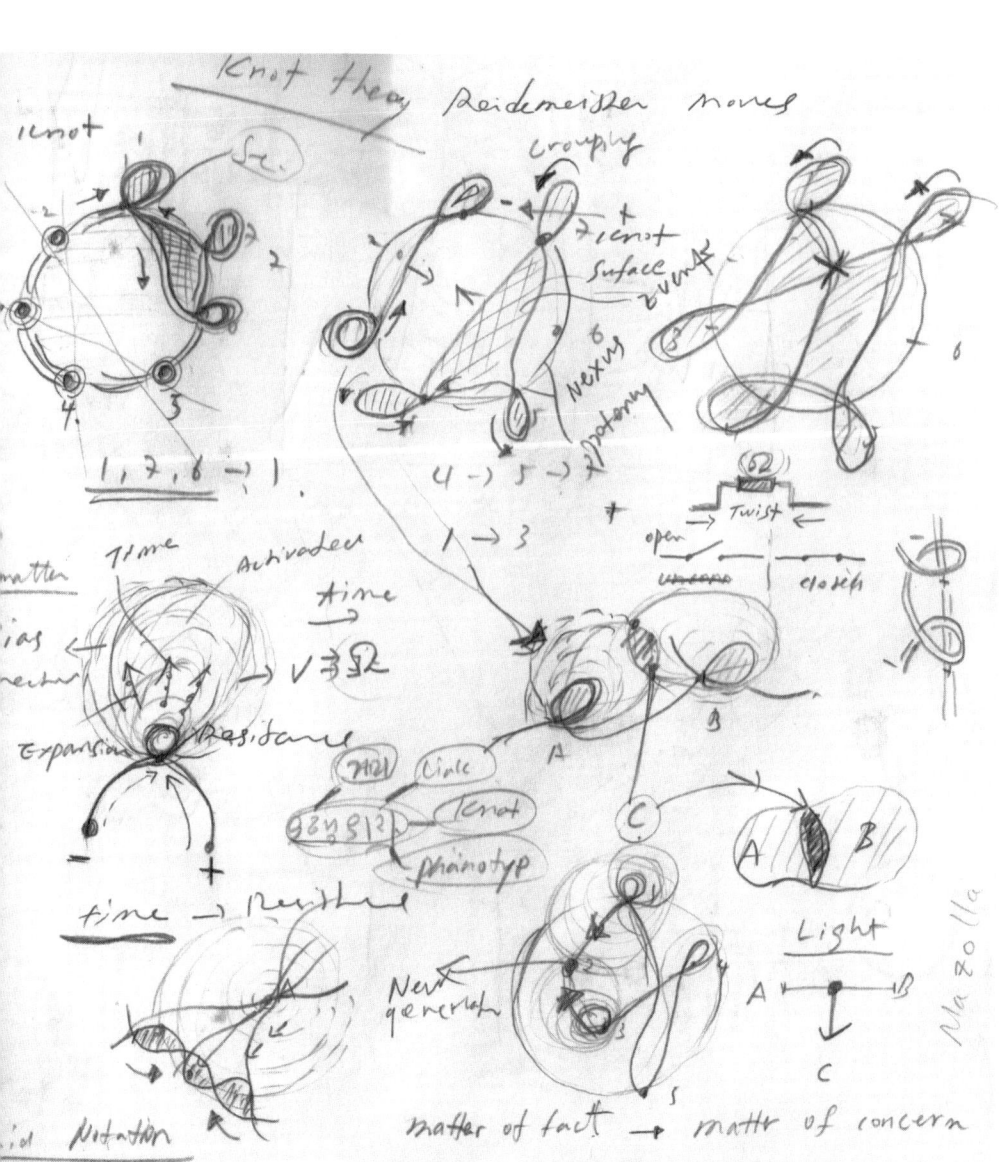

김윤철, 공연 〈흩어진 합〉 알고리즘 제작을 위한 아이디어 스케치, 종이, 연필, 2015 ©김윤철

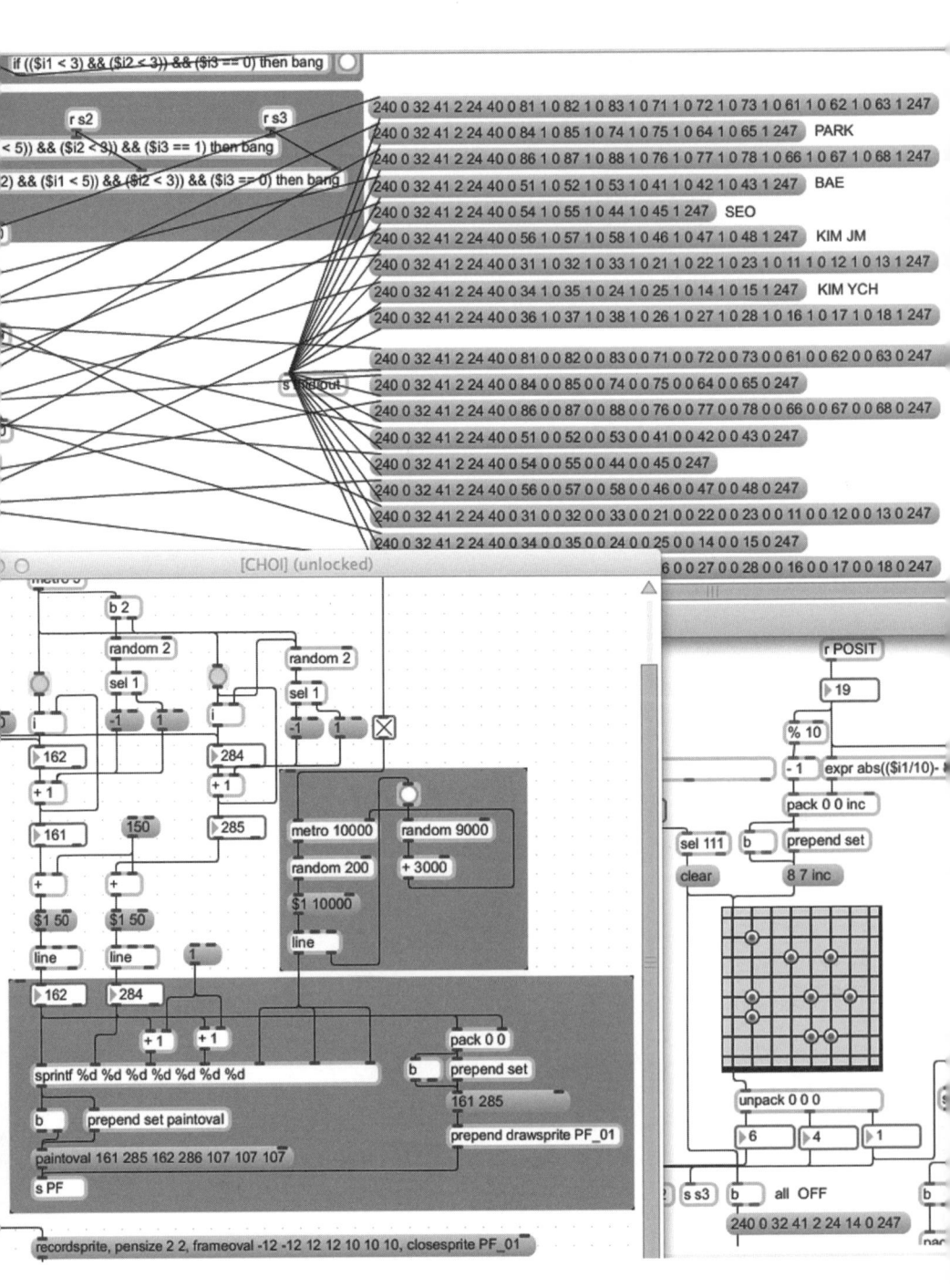

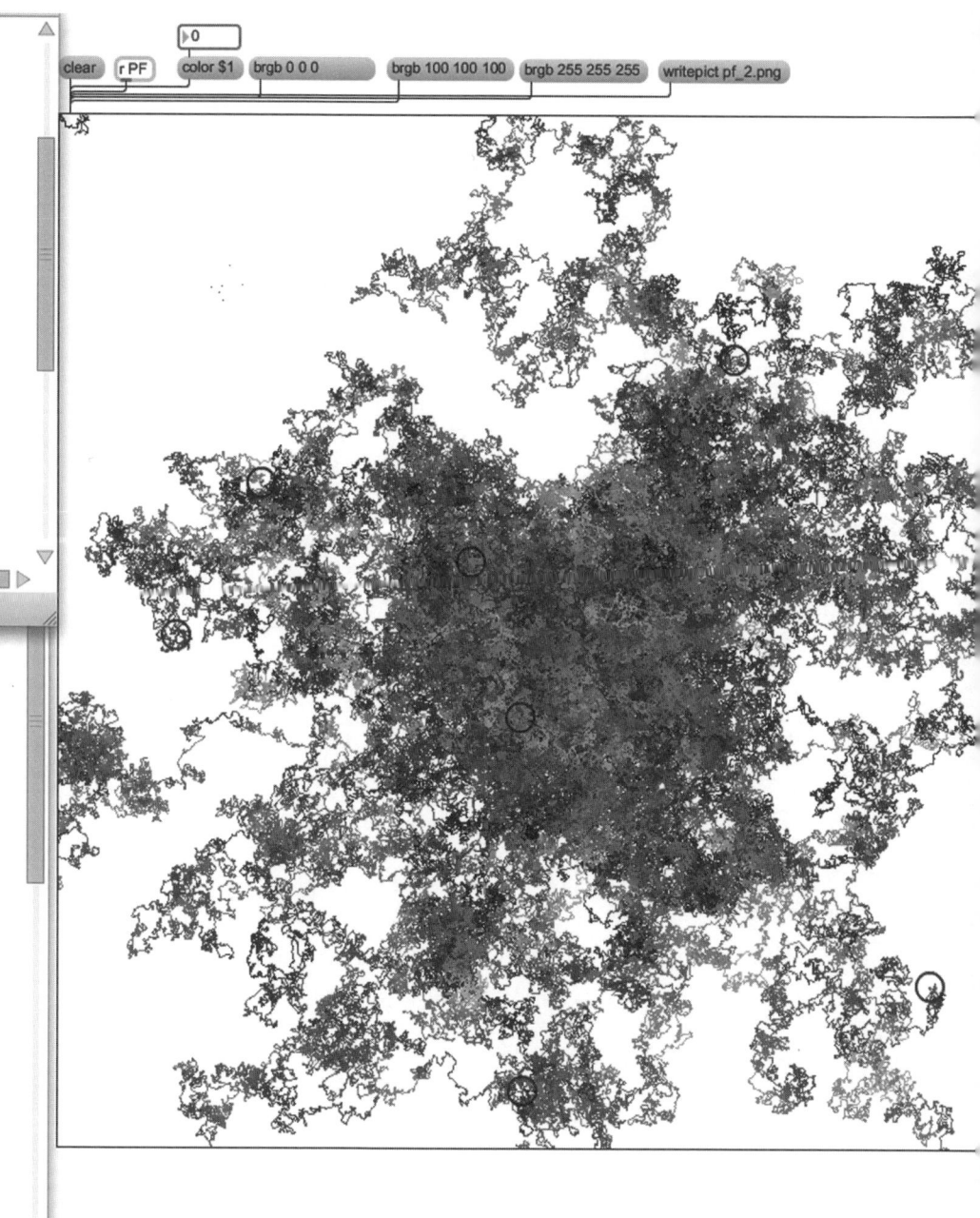

김윤철, 〈흩어진 합〉을 위한 알고리즘 제작 과정, 2015 ⓒ김윤철

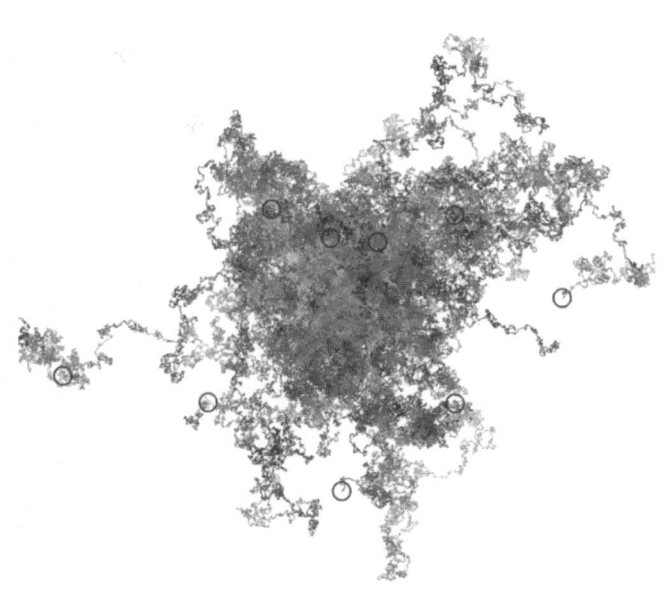

김윤철, 생성 알고리즘이 그리는 9개의 흩어진 행위자들의 궤적, 2015 ©김윤철

김윤철, 공연을 위한 9채널 콘트롤러 장치, 2015 ⓒ김윤철

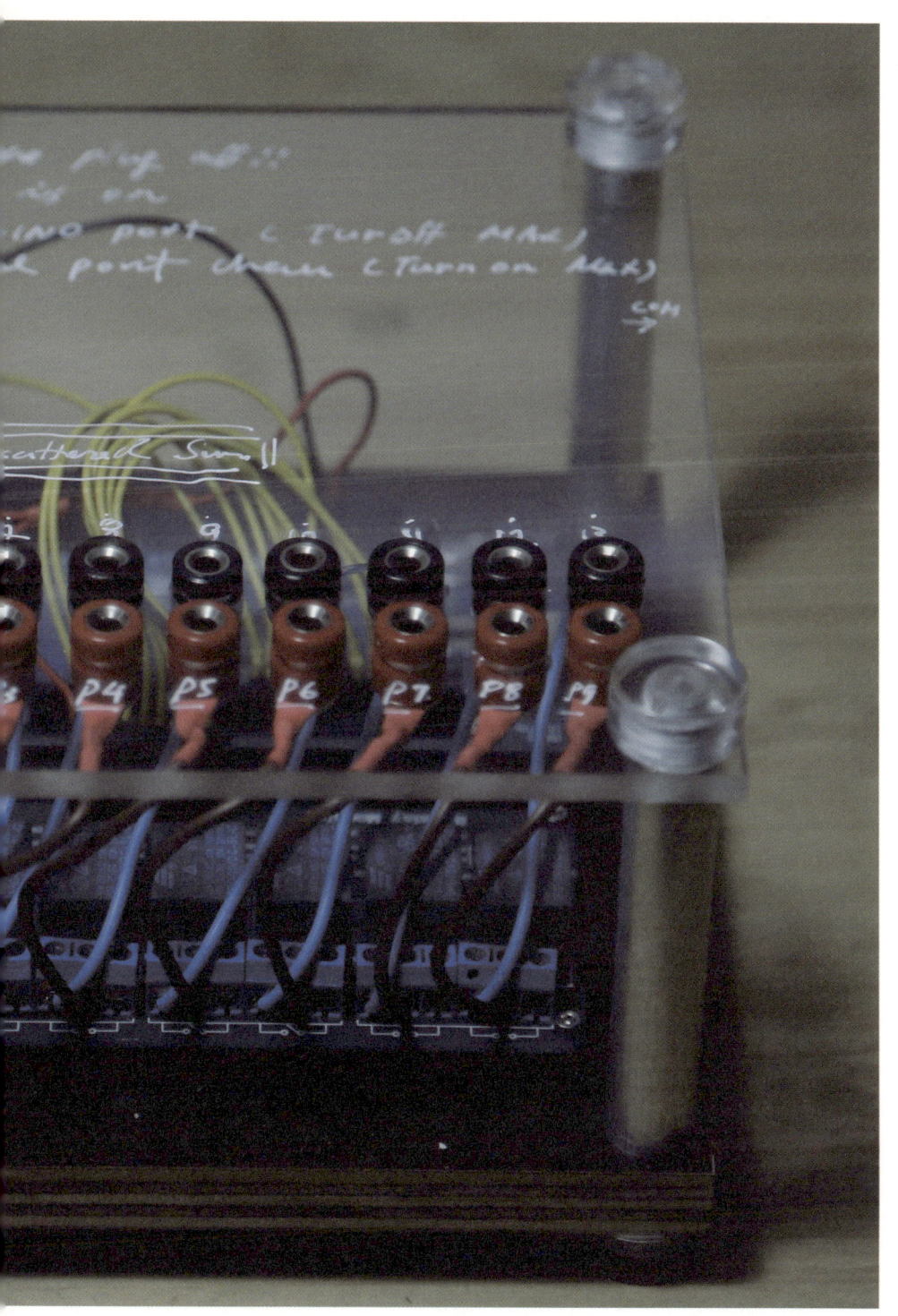

또 다른
합

대담
전응진
한유주
함성호
서준환
최재경
이기명
배윤호
박영선
오재우
김제민
김윤철
김태용

또 다른
합

전응진
배윤호
최재경
김제민
이기명
오재우
김태용
박영선

전응진
배윤호

배 연구실에 미술 작품이 많은데 연구하시면서 지루해지거나 막힐 때 그림의 도움을 받으시나요?
전 예. 제가 여가 시간에 머리 쓰는 걸 싫어하는데 그림들을 보면서 리프레시가 돼요. 감동을 받기도 하고. 그림을 보면 좋은 게 화가들이 저희가 새로운 이론을 만들 때 하는 고민과 비슷한 고민을 하는 것 같아요. 제 나름대로 상상을 하는 것도 있고, 미술관에 걸려 있는 그림들을 보면서 그 화가들을 은연중에 과학의 대가들과 연결시켜서 생각을 해봐요.

배 어떤 그림을 가장 좋아하시나요?
전 제가 처음 갔던 미술관이 뮌헨의 미술관입니다. 교양을 쌓으러 갔는데 일요일에는 공짜예요. 알테 피나코테크와 노이에 피나코테크에 갔어요. 알테를 먼저 갔더니 루벤스의 그림 같은 거대한 대작들이 눈에 먼저 들어오더군요. 그런데 세 번쯤 보니까 질리기 시작하고 그다음부터 다른 것에 눈이 가요. 그러면서 점점 뒤로 가요. 르네상스로, 그리고 조토로. 조잡한 듯하지만 나름대로 또 다른 감성에 눈을 뜬 거죠. 지금도 좋아하는 그림이 있다면 〈수태고지〉예요.

배 감명 받았거나 인상 깊었던 작품들에 선생님이 가진 과학적 지식이나 분석 틀들을 투영하기도 하나요? 혹은 어떤 체계화된 것을 거기서 찾

전웅진

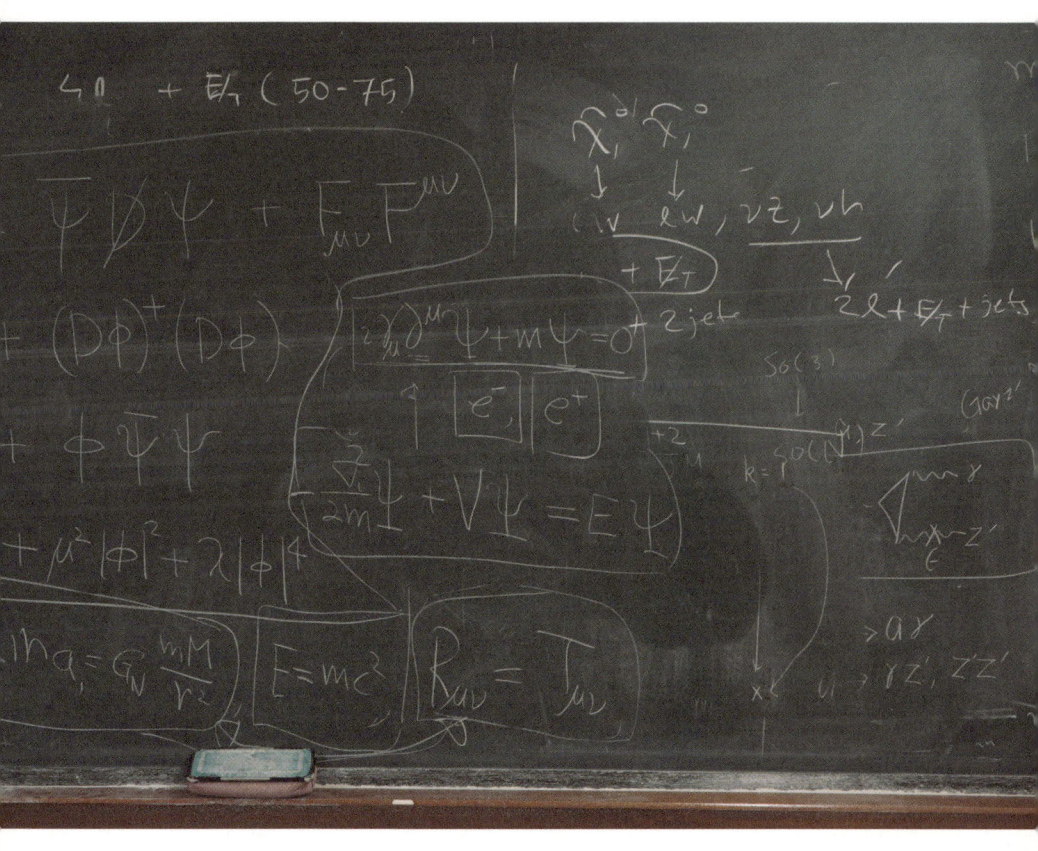

물리학자 전웅진 교수의 칠판. 2015년 6월 29일 고등과학원 연구실.

아내나요?

전 예, 그런 것 같아요. 그림 쪽은 체계화된 것은 없죠. 하지만 감동을 받는 것 같아요. 뉴턴의 방정식이나 아인슈타인 방정식 같은 아름다움이 그림들에도 있죠.

배 2013년 인디트랜스 공동 발표 세미나 때 누구랑 파트너로 작업을 하셨나요?

전 서준환 작가와 작업했습니다. 재미있었습니다. 서준환 선생님은 제 논문 두 편을 읽고, 저는 서준환 선생님의 SF 단편을 보고 이야기하기로 했습니다. 저는 제 논문을 문학 하는 분이 어떻게 이야기해줄지 궁금했고, 소설은 일반인도 다 읽으니 제가 읽기에도 부담이 적을 것 같았어요. 저는 소설을 읽고 과학자의 사명과 의무를 다해서 틀린 부분과 맞는 부분을 정확히 지적했죠.

배 소설을 보시면서 과학적 정확성의 잣대를 들이댄 거죠?

전 네. 저는 그게 나름대로 제가 할 수 있는 최대한의 것이라고 생각했어요. 그런데 그게 갈등의 씨앗이 되기도 했습니다. 어떻게 받아들이느냐는 입장에 따라서 다를 수 있었어요. 하지만 그것을 계기로 서로 어떻게 생각하고 있는지 알 수 있었기 때문에 좋은 기회였던 것 같습니다.

배윤호
기억도시를 위한 드로잉

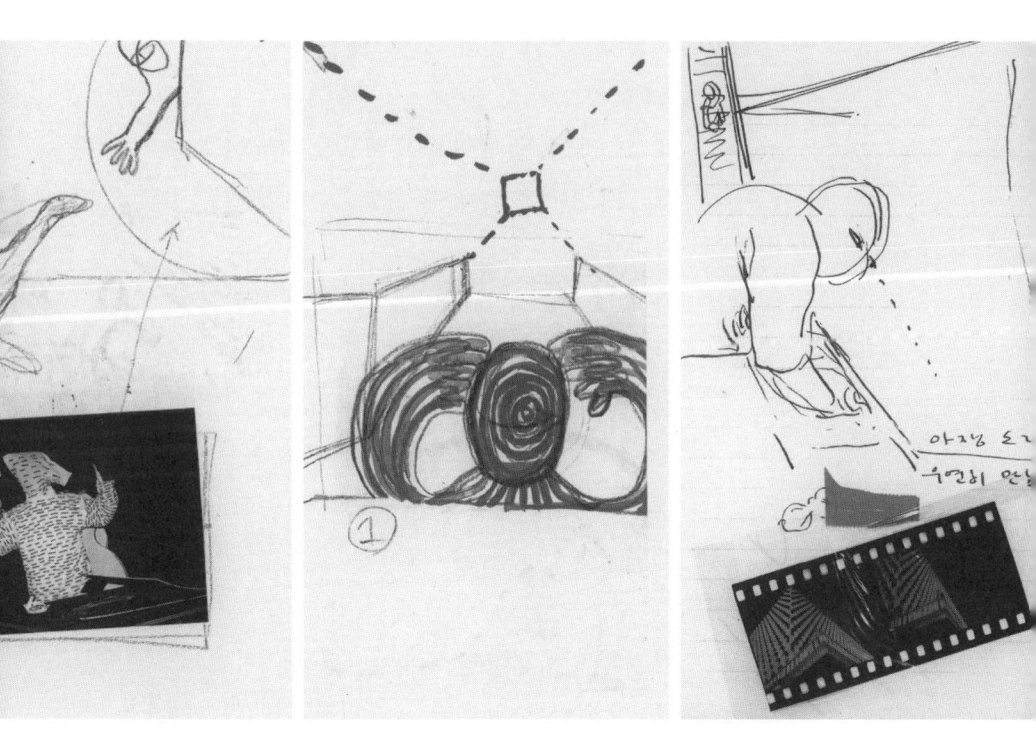

배윤호, 〈공간 연습 — 베를린 퍼포먼스를 위한 무대 스케치〉, 종이, 색연필, 영화 필름, A3, 1992-1993 ©배윤호

한유주
배윤호

배 2년 넘게 고등과학원에서 과학자들과 세미나도 하고 독특한 경험을 했는데, 어땠나요?
한 평소에 잘 알 수 없는 이야기를 사석에서 듣는 기분이라 재미있었어요. 인디트랜스 협업 세미나에서는 과학자들보다 소설가들이 훨씬 재미있었을 것 같아요.

배 인디트랜스 협업 프로젝트를 위해서 소설도 썼는데, 인디트랜스 활동이 소설에 영향을 많이 줬나요?
한 이번에 쓴 소설에는 굉장히 많은 뭔가를 추구할 깜냥이 없어서 아쉬움이 많은데, 저는 전에도 글을 쓸 때 다른 사람의 글들보다는 뜬금없는 대중 과학서들을 보다가 생각이 많이 나는 편이라 (앞으로) 협업 경험을 좀 잘 활용할 수 있지 않을까 생각해요.

배 과학자에 대한 평소의 이미지는?
한 〈빅뱅 이론〉의 네 명의 캐릭터 같은 이미지들. 뉴턴이 머리 풀어헤치고 음식에 달걀 넣어야 되는데 시계 넣는 그런…. '소설가들처럼 술을 먹고 뻗는 유형과는 다르지 않을까?' 하는 생각을 했어요. 저 같은 경우에는 뭔가를 쓸 때 엄밀함을 생각하기는 하지만 문장은 주어 동사만 맞으면 만들어지니까 그냥 떠오르는 것을 쓰기도 하는데 과학자들은 정밀한 언어를 구사할 것 같아요.

배윤호, 〈IMF 일상 한 장 — 서울, 약수동 고개길〉, 종이, 목탄, 아크릴, A3, 1997-1998 ⓒ배윤호
뒤 | 배윤호, 〈베를린, 독일 통일의 인상〉, 종이, 색연필, 아크릴, A3, 1995 ⓒ배윤호

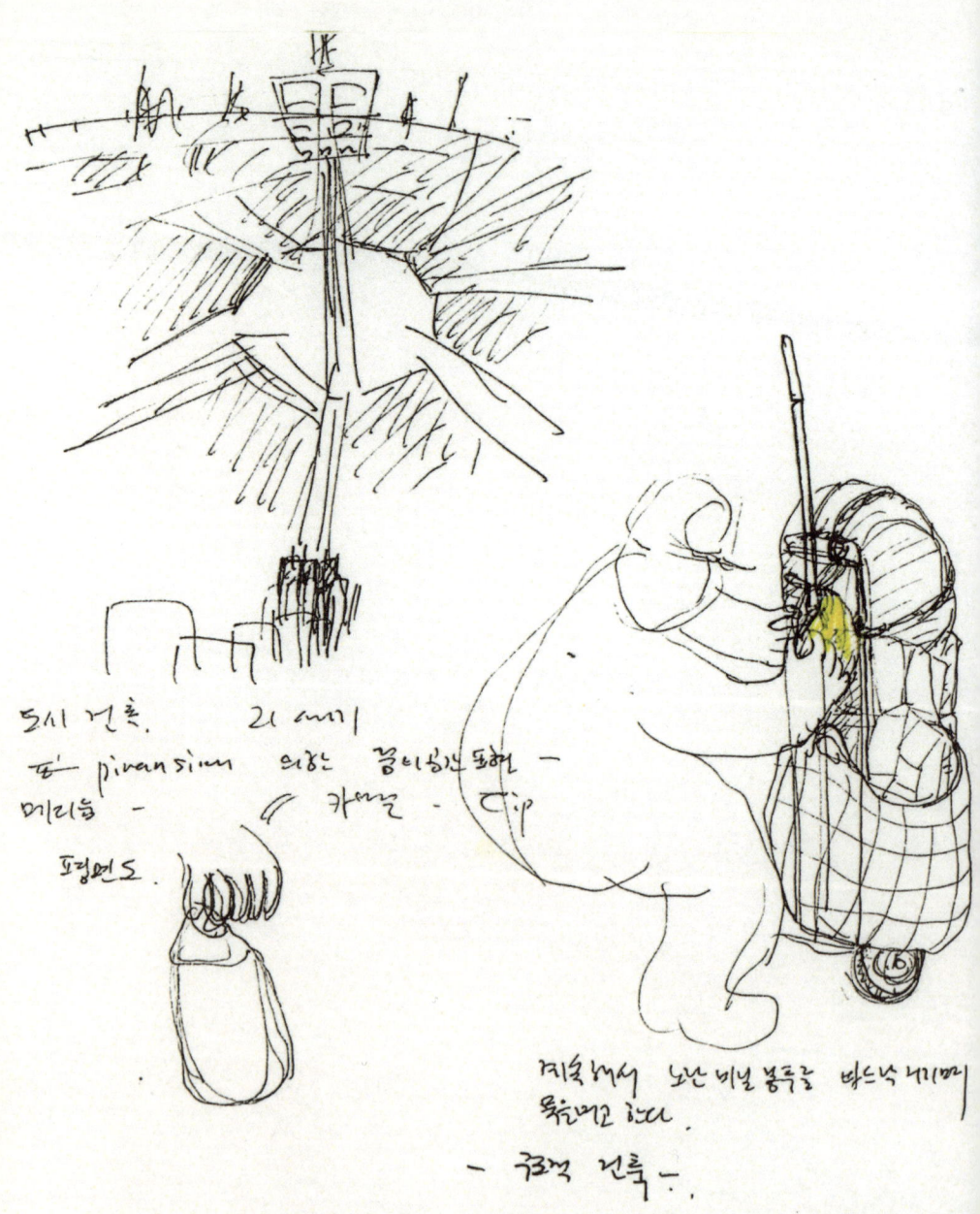

도시 건축. 21세기
또 piransium 의한 끝이 없는 도해 —
메디움 — 카메라 — Tip

표경면 S.

저쪽 뒤에서 노란 비닐 봉투를 발드득 비비며
울음 먹고 있다.
— 극적 건축 —

배윤호, 〈통일된 베를린의 일상〉 1, 종이, 잉크, 아크릴, A3, 1996 ⓒ배윤호

배윤호, 〈통일된 베를린의 일상〉 2, 종이, 잉크, 아크릴, A3, 1996 ⓒ배윤호

배 과학자들이랑 일하면서 힘든 일은 없었어요?
한 이필진 선생님과 『문예중앙』에서 인터뷰를 했는데, 이필진 선생님께서는 문학을 잘 아시는데 저는 초끈이론에 대해서 거의 모르니까 뭘 질문할지 모르겠더라고요. 정확하게 파고드는 질문을 하고 싶었는데 그게 안 돼서 힘들었어요.

배 문학은 일반적으로 일반 대중과 소통하기 손쉬운 언어를 쓰는 편인데 과학자들은 아예 소통 안 되는 언어를 쓰는 것에 대해서 어떻게 생각하세요?
한 문학도 사실은, 어떤 문학은 사람들이 읽기 어려워하고, 어떤 문학은 쉬워하잖아요. 예를 들어 문학을 하는 사람과 안 하는 사람을 비교한다면 문학을 하는 사람이 (어려운 것을) 읽는 것에 대해 친숙하게 느끼는 것처럼, 과학자들 사이에서도 뭔가 어려움이 있을 거라 생각을 하고, '그들이 사용하는 언어들에 대해서도 내가 조금만 더 노력한다면 알 수 있지 않을까? 그리고 과학자들도 서로의 언어에 대해서 모르는 것이 있지 않을까?' 이렇게 생각을 해요.

배 우리가 일 년 동안 참여해온 결과물들이 우리가 예측할 수 있는 상투적 형태로 나오는 것이 아니라 어떤 점핑이 가능하려면 어떻게 해야 될까요?

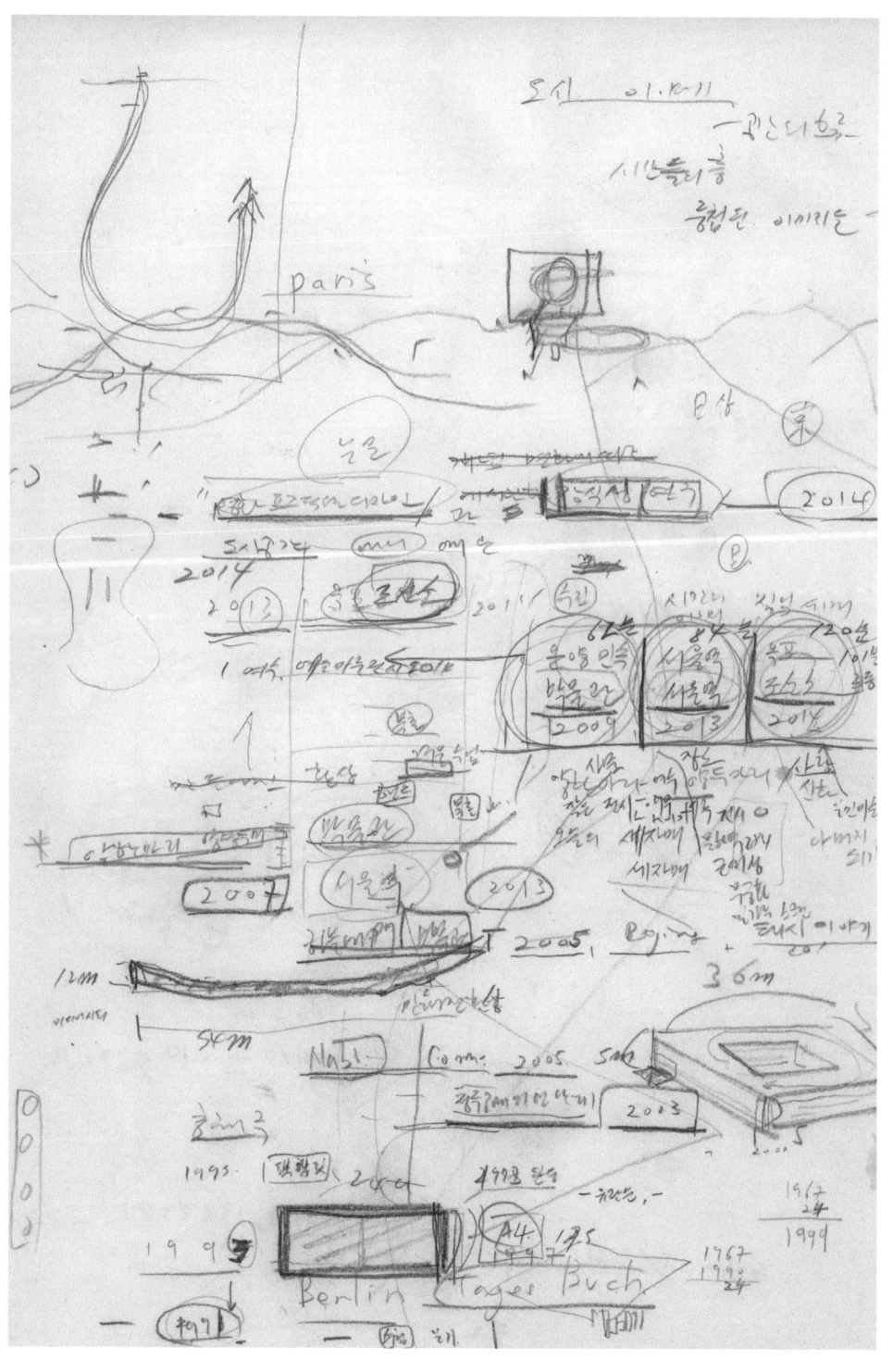

배윤호, 〈나의 작업 흐름도 1991-2017〉 1, 종이, 연필, A4, 2017 ⓒ배윤호

한 서로 공부를 더 해야 될 것 같아요. 많이 싸우고…. 다른 종류의 싸움이 시작되면 좋을 것 같아요. 개인적으로 걱정이 되는 것은 과학 하는 사람들은 문학을 읽을 수 있는데, 문학 하는 사람들이 과학을 읽지 못할 수도 있다는 게 큰 문제겠다 이런 생각을 해요.

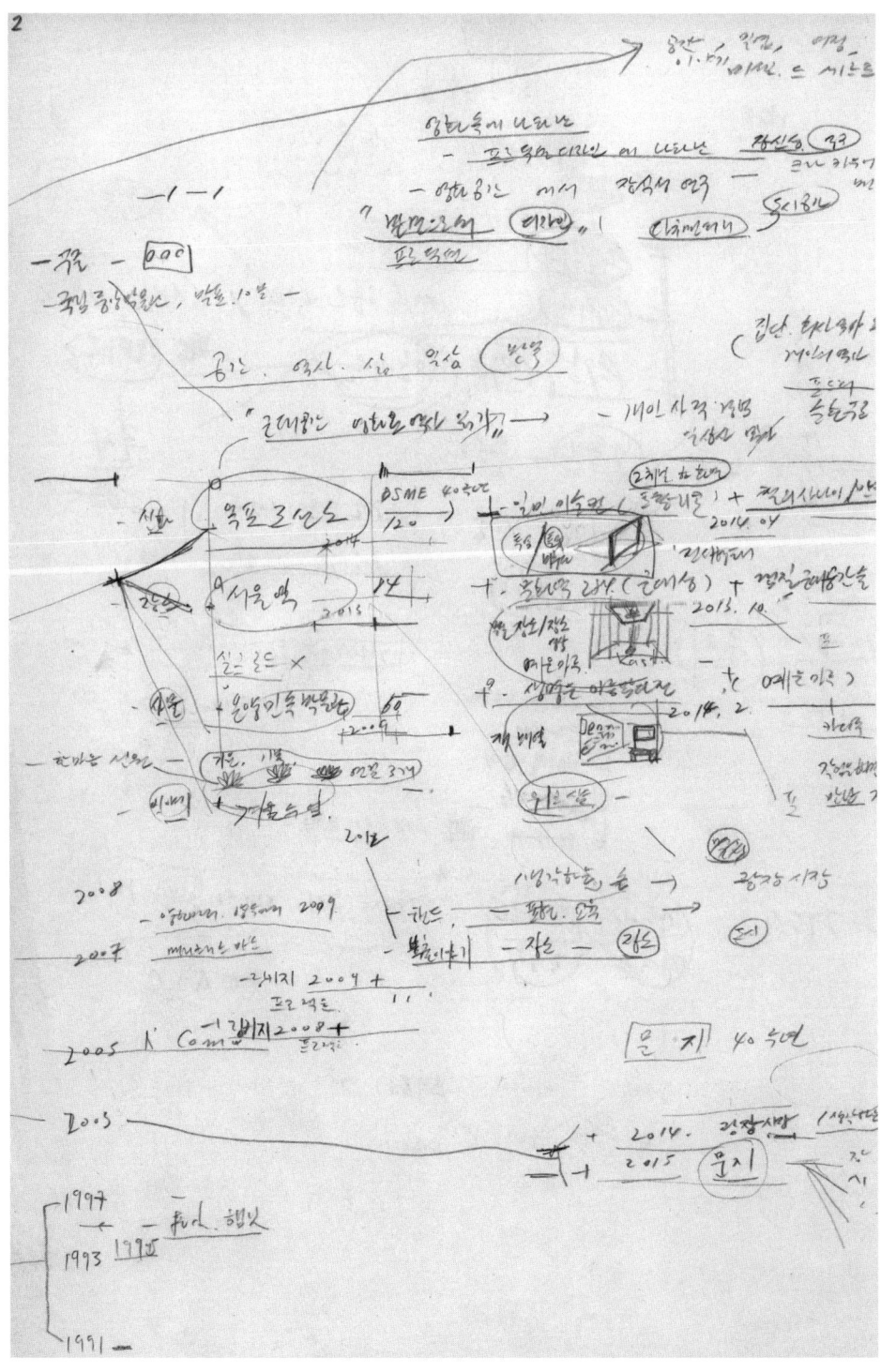

배윤호, 〈나의 작업 흐름도 1991-2017〉 2, 종이, 연필, A4, 2017 ©배윤호

함성호
배윤호

배 도시-에 프로젝트를 진행할 때의 의도와 달리 8월 말 퍼포먼스를 준비하면서 방향이 바뀌었는데, 이에 대해서 어떻게 생각하시나요?

함 원래 글을 쓸 때도 처음에 나는 이렇게 이렇게 써야지 생각했다가 정작 그렇게 되면 글이 별로 안 좋거든요. 항상 다른 생각들이 틈입해서 '이게 뭐지? 이게 뭐지?' 하면서 가다가 끝나는 글들이 좋아요. 이것도 똑같은 것 같아요. 뭔가 의외성이 나오고 장르까지 완전히 바뀌고 그러면서 새로운 결과가 나오는 게 좋은 게 아닌가 하는 생각이 들어요.

배 인디트랜스는 원래의 의도와 어긋나는 것들을 유연하게 받아들이고 있는데, 건축가로서 계획이 변경되는 일은 이와는 다르지 않나요?

함 처음에 '도시-에'를 기획할 때는 실제 도시를 염두에 뒀는데 나중에 어디서 그 생각이 촉발됐는지 모르지만 '설계도가 왜 꼭 선이나 기호여야 하는가?' 하는 생각이 들었어요. '소설이 되어도 되지 않을까?' 하는 생각이 들었어요. 그렇게 설계도가 바뀌게 되면서 우리가 처음에 구상했던 도시의 모습과는 완전히 달라지게 되었죠. 그래서 오히려 많은 가능성이 열린 것 같아요. 다른 뭔가를 풍성하게 만들어줄 수 있는 가능성이 열렸어요.

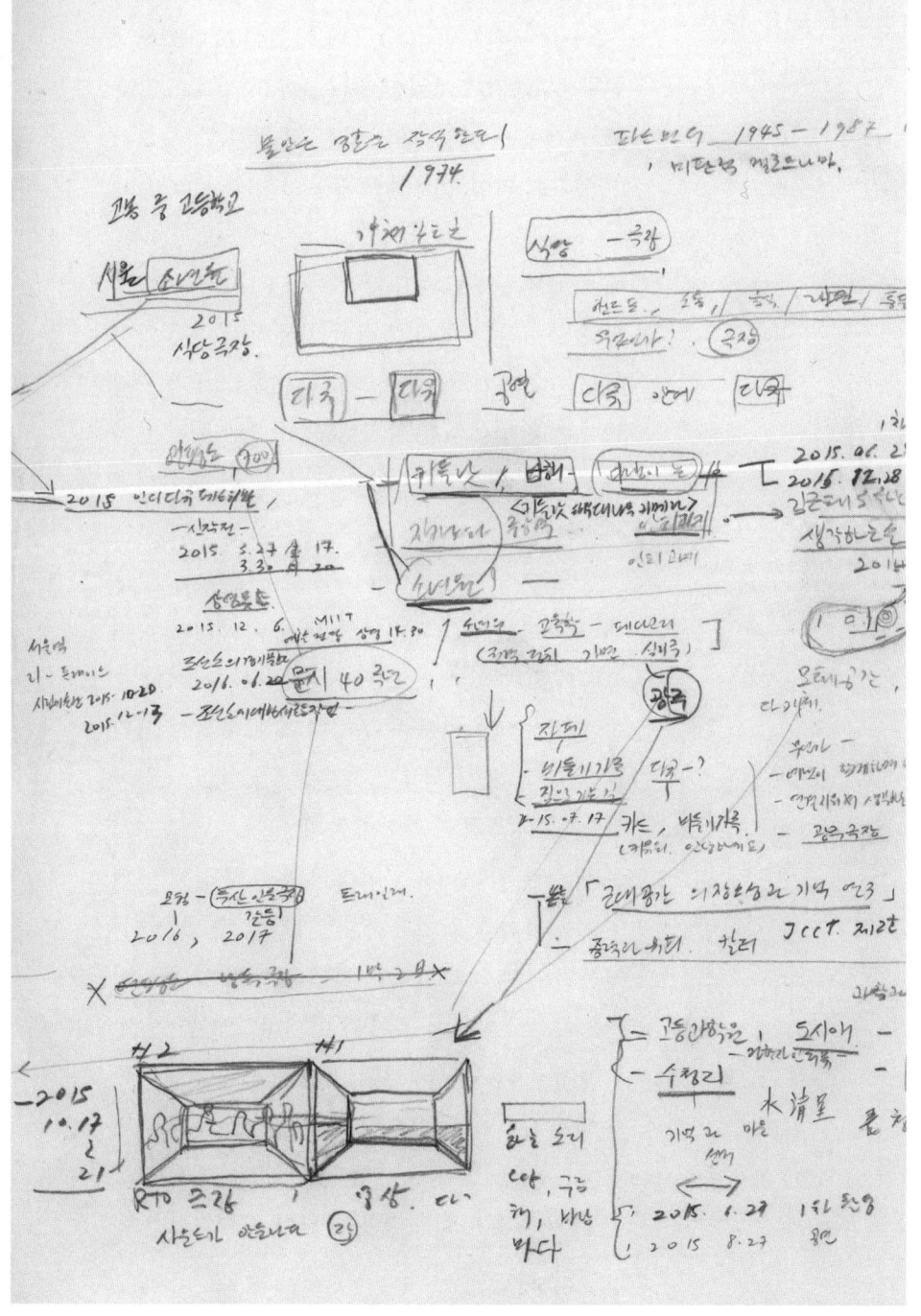

배윤호, 〈나의 작업 흐름도 1991-2017〉 3, 종이, 연필, A4, 2017 ©배윤호

배 우리가 의외로 파생되는 것을 받아들이면서 (세미나를) 완주하고 있는데 이것이 도나쓰처럼 연결이 될까요? 아니면 사라질까요?

함 연결이 안 되는 것은 없는 것 같아요. 우리가 다 연결이 되어 있기 때문에.

배 최재경 선생님과의 작업은 어땠나요?

함 수학이라는 것에 대해서 기본적인 것만 알고 있었는데 최재경 선생님과 만나면서 '내가 생각 했던 것을 넘어서는 차원이구나' 그런 생각을 하게 되었어요. 그 새로움에 이어서 '이걸 어디에 써먹는다는 이야기야?'라는 생각이 들었죠.

배 문학이나 인문학이나 철학은 이야기를 하면 알아들을 수 있어요. 그런데 이론 물리학이나 수학에 대해 예술가들이 무지한 것은 어떻게 생각하세요?

함 저는 나름대로 과학자들의 이야기를 흡수하는 방식이 있는데요. '이것이 우리의 삶에 어떤 질문을 던져줄 수 있을까? 의미가 될 수 있을까?' 질문하며 계속 번역하는 작업을 했어요. 초끈이론의 경우 '이것이 입자가 아니라 끈이라는 것, 그게 우리의 삶의 의미에 어떤 질문을 전달해줄 수 있을까?' 이런 식으로 그분들의 이야기를 번역하는 거죠. 최재경 선생님과의 만남에서 갈등이 없었던 것은 최재경 선생님이 문학적 소양을

- 인터뷰 2016. 01. 03
작업에 새로운 세계.
안개처럼! 인연은 나나서! 도연의 꿈.
되었다 푹이 -두려워, 으로 만들면
좋으것

→ 기둥넷, 대내북 카메라 - 60분간 촬영
- 공간의 발견해. 나와어서 -
2017. 01. 24

옥외전시도 괜찮을까
함께 있다면
崔文

- 2016. 06. 21
< 신동 175-2번지 >
곧 신동 175-2번지, 건축, 도면이도로
바뀌는 공간의영화. 인생. 众. 몾
3D안 프로젝트.

- 하늘에 비명인채 인연 (2003) - 2016에 연결
2017. 02. 02
171감 발표 지점 작성

공간
전사 -법선. 9세-
- 장소를 기억거 이해, 성찰하는지; → 대척하점 +
- 전시 -

50 미 이내서 쓰기?
삶의 1/3 상사를 지점 에서.

2015. 12. 24. 진동상가에서 친설
- 랑의 형 - 대우건설 기공월

→ 공도 豊
逃
島

쌓으신 분이라 수학을 인문학적으로 잘 이야기해주셔서 그랬던 것 같아요.

배 과학의 지식 체계가 단단하다 보니 예술가들이 과학자들과의 관계에서 균형감을 만들어내기 힘든데 그 점에 대해서는 어떻게 생각하세요?
함 저는 그전까지 과학이라는 것이 굳건한 사실이라고 생각했어요. 지구는 둥글다든가 지구가 태양 둘레를 돌고 있다든가 그런 사실들로만 점철된 것이 과학이라고 생각했는데, 여기 와서 과학자들이랑 이야기해보니까 그게 아닌 거예요. 그게 다 가설들인 거예요. 과학적 체계라는 것이 하나의 거대한 가설의 체계라는 생각을 했어요.

최재경

여기의 그림들은 기하학 논문을 쓸 때 아이디어를 설명하기 위해 손으로 그려서 논문에 첨부한 것이다. 수학의 깊은 논리는 때론 그림이 가장 적절하게 대변한다.

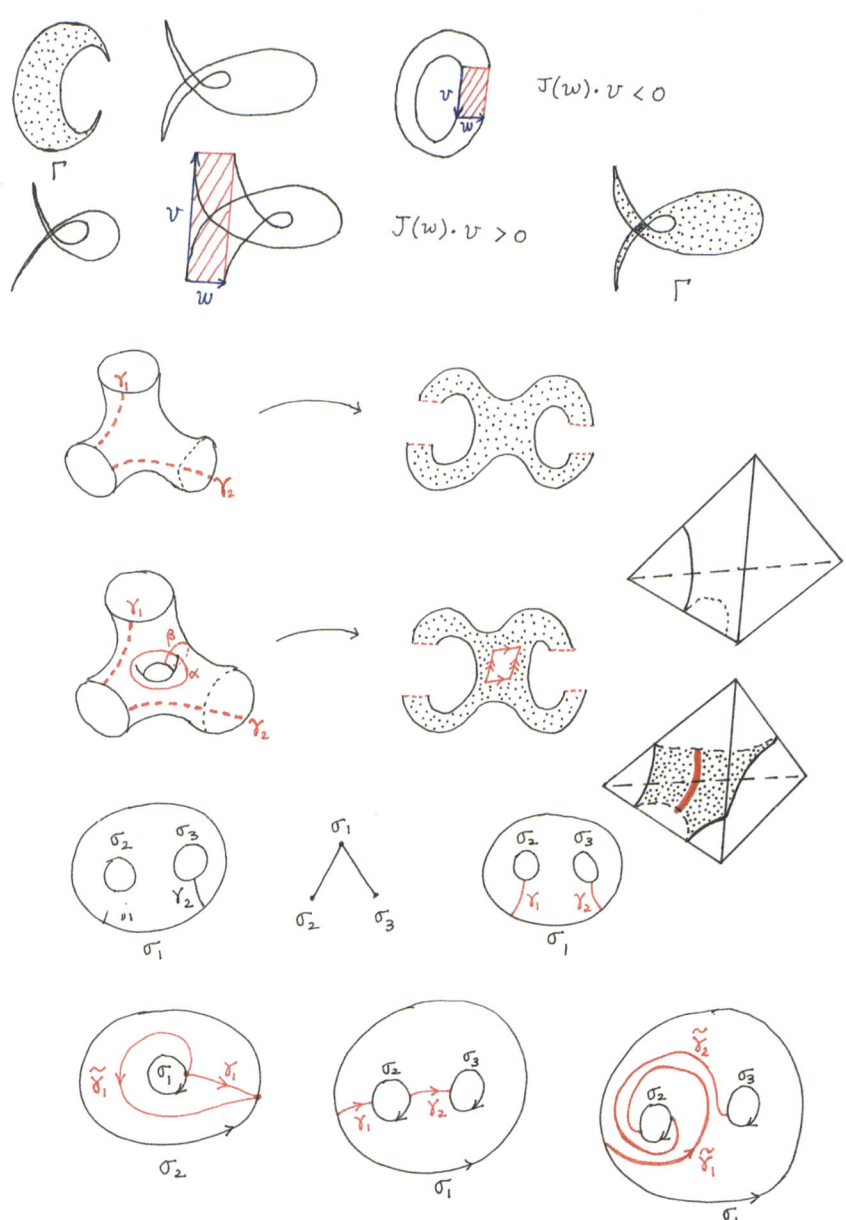

서준환
배윤호

배 2년여 동안 이어지던 인디트랜스의 여정이 끝나가는데, 그동안 과학자들을 만나보신 소감이 어떠세요?
서 아주 좋습니다. 한 번씩 고등과학원 왔다 갔다 하는 것도 부담이 없었고, 끝나면 같이 중국 음식 먹는 일도 기다려졌었죠. 또 어떤 이야기를 해도 큰 흐름 속에서 언제든지 그 이야기들이 재활용되니까 좋았습니다.

배 어려운 점은 없었나요?
서 초반에 도시 위상학과 관련해 기하학적 모형들을 만들었는데, 처음에는 감이 안 왔지만 내색하지 않고 감을 잡은 것처럼 앉아 있는 게 가장 어려웠습니다. 거기서 다행히 돌파구를 열 수 있었던 것은 제 직감을 믿고 낚싯대를 던져본 거였어요. 무슨 이야기를 하는지 모르겠지만 도시 위상학과 도시 발전에 대해서 떠오르는 직감들을 자양분 삼아서 낚싯대를 드리워보는 건데, 그런 이야기들을 어느 맥락에서 연결할 수 있는 지점이 발견되고, 제 이야기를 팀원들이 또 다른 토론거리로 삼아주고, 그런 것을 동력 삼아서 계속 참여할 수 있었습니다.

배 문학이나 역사나 철학에서 쓰는 언어들로는 의사소통이 되는 편인데 이론물리학이나 수학에서 쓰는 언어들이 너무 달라서 의사소통이 안 되

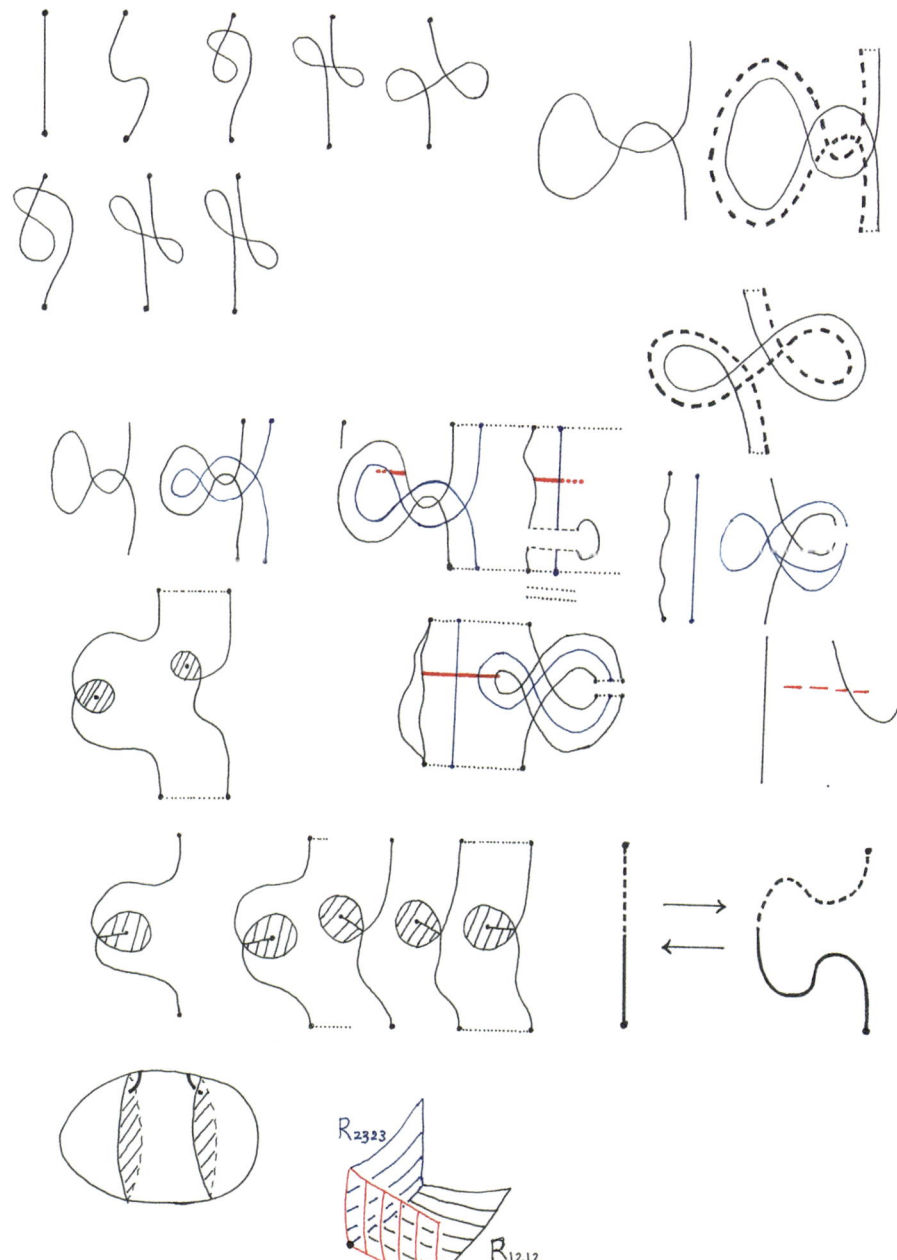

지 않았나요?

서 문학 자체에서도 답답함이 있죠. 제가 생각하는 개념이나 용어가 다른 데서 호환되지 않는다거나 다른 정의로 사용되고 있어서 오해가 발생하는 경우가 있죠. 막연하게 여러 방면에서 쓰다 보니까 합의됐다고 여길 때가 많았어요. 오히려 과학 용어들은 생경하기 때문에 더 조심해서 받아들이고, 더 알고 난 뒤에 구사하려고 했던 측면이 있었어요. 그렇게 본다면 소통이나 이해의 어려움은 어느 분야를 가든 똑같은 것 같아요. 어떤 개념을 익숙하다고 여기면서 잘못 사용하기보다는 어렵고 생경하다고 생각하면서 이해하려 노력하고, 정확하게 받아들이려 하는 태도가 중요한 것 같아요.

배 과학자들과 만나보니 어땠나요?
서 처음에는 혼자서 공부를 엉터리로 하고 과학자들에게 말을 걸어보려고 했는데 소통이 잘 안 됐어요. '역시 과학자들과 소통할 때의 벽은 높구나'라는 것을 실감했죠. 첫해의 세미나도 중도에 하차하고 말았는데, 그 이후에는 저도 이해의 폭이 넓어졌고, 인디트랜스에 참여한 과학자들의 경우에는 서로 융화하면서 자신들에게 생경하고 익숙하지 않은 것들을 밖의 사람들과 이야기하고 소통하려고 노력한다는 느낌을 받으면서 그 벽이 낮아진 것 같습니다.

u₁⁻¹(ℓ)
Σ
q̄
q̄
F₁
γ₁

γ₋₁
γ₀
q
Σ
γ₀.₅
p
γ₋₀.₅
γ₀.₅
γ₁
γ₀.₅

γ'₋₀.₅
γ'₋₁
q̄
γ'₋₀.₅
γ'₀
γ'₀.₅
γ'₁
p̄
γ'₀.₅
γ'₀
γ'₋₀.₅
F₁

q̄
p̄
q̄
F₁

u₁⁻¹(ℓ)
q
γ₁
u₁⁻¹(ℓ)
q
γ₁
u₁⁻¹(ℓ)
q
γ₁

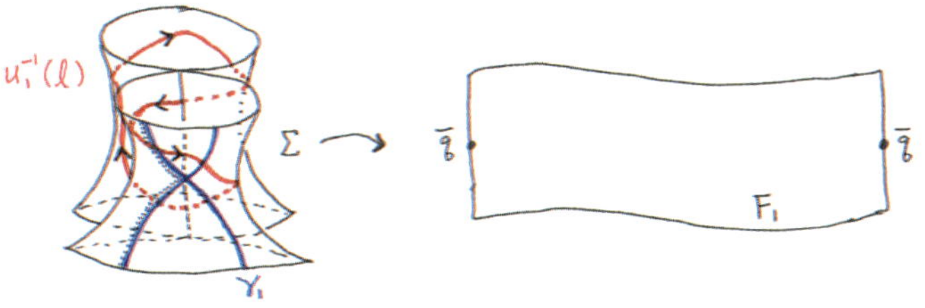

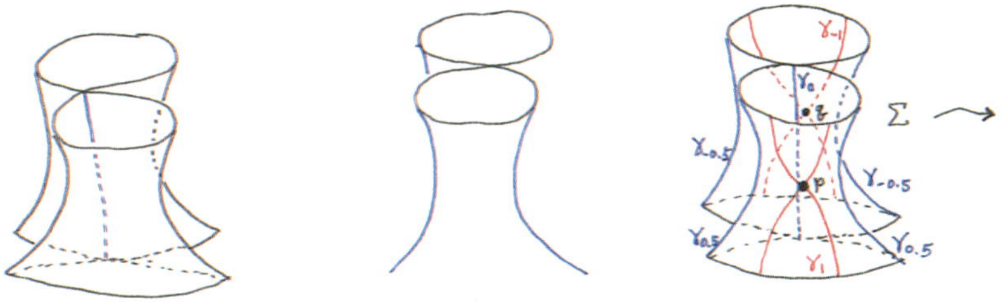

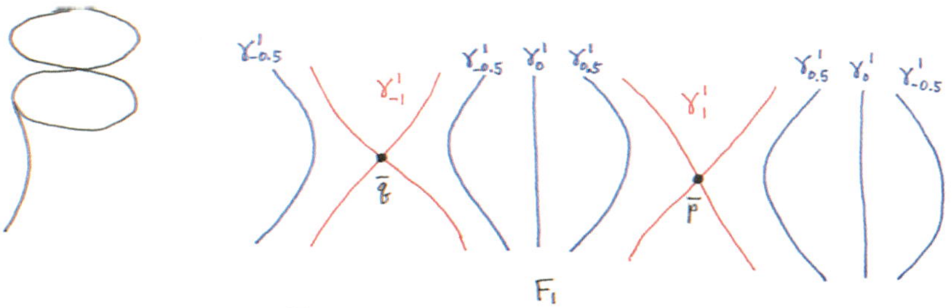

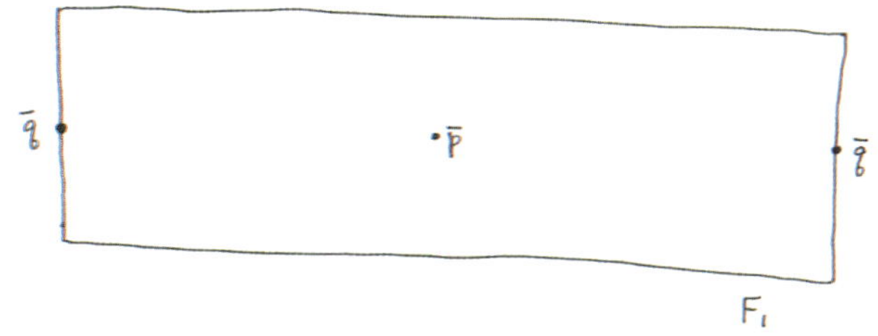

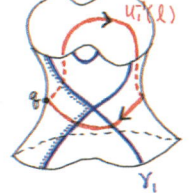

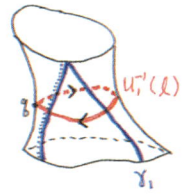

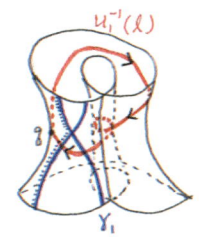

최재경
배윤호

배 인디트랜스가 무의식적인 자극을 위해 여러 언어와 다양한 매체를 썼는데 그것들이 선생님께 어떤 수학적인 자극을 주었나요?

최 수학을 하는 데는 자극을 주지 않았고, 소설을 쓰는 데 자극을 받았습니다.

배 「수미쌍관」이 첫 번째 소설인가요?

최 첫 번째 완성작이죠. 첫 번째로 쓰기 시작한 소설은 아직도 쓰고 있어요. 「수미쌍관」은 인디트랜스에서 과제가 주어지면서 구상하게 되었죠. 협업에 참여하면서 도시에 대해서 생각하게 되었어요. 처음으로 블로그에 작업 스케치를 썼죠. 동서남북으로 가고, 위아래로 가고, 이상 이야기도 썼어요. 작업 스케치를 쓰고 나서 1차원, 2차원, 3차원 이야기를 써야겠다는 생각을 했어요. 그래서 소설에 세 사람을 등장시켜서 1차원 스토리, 2차원 스토리, 3차원 스토리를 만들어야겠다는 생각을 했죠. 그러다 보니까 인디트랜스에서 예술적인 상상력을 동원해서 쓰게 되었죠. 인디트랜스에서 느끼던 그런 분위기를 저는 즐겼어요.

배 수학적 상상력과 예술적 상상력을 구분하셨는데 둘 사이에 비슷한 것도 있을까요?

최 수학도 그렇고 예술도 그렇고 창조하는 거죠. 둘 다 뭔가를 창조하는 건데, 수학은 논리에 맞게 창조해야 하고, 소설은 내 마음대로 할 수는 있는

꽃과 노을과 그림

그가 당신에게 무슨 말을 했는지 말해볼까요?
당신을 황홀케 했던 그날 그가 했던 말을
어떤 말 어떤 눈빛으로 당신을 설레게 했는지
나는 말할 수 있는데
그가 내게도 똑같은 말을 했기 때문이라오
그가 나도 똑같이 황홀케 했다오

그가 당신에게 어떤 말을 했는지 말해볼까요?
저 산속 깊은 곳에 숨어 있는 진리의 城에 들어가면
세상의 어떤 꽃보다 더 아름다운 꽃을 만날 수 있고
세상의 어떤 저녁노을보다 더 아름다운 노을을 볼 수 있고
세상의 어떤 그림보다 더 아름다운 그림을 찾을 수 있다고
그 성의 문지기가 당신에게 달콤한 목소리로 말했죠

당신만이 그 아름다움을 독차지할 수 있고
당신에게만 그 문에 들어가는 방법을 알려주겠다고 말한
그의 그 말이 얼마나 허황됐는지
그의 그 말로 당신이 얼마나 가슴 아파하는지
나는 알고 있습니다
당신보다 내가 아마 더 가슴 아픈지도 모르겠습니다

데, 좀 재미있으면서 사람들의 흥미를 끌게 써야 한다는 점이랄까요. 재미가 있어야 된다는 제약이 있죠. 그런 차이 말고 수학이나 소설이나 상상력을 동원해서 창조해야 한다는 점은 비슷한 것 같아요.

배 의식 아래에 가라앉아 있던 무의식의 침전물이 수학자로서 문제를 해결할 때 어떤 영향을 주는지요? 특별히 수학 문제를 해결하신 경험을 돌아보면 그때 구체적으로 떠오르던 날짜라든가 장소라든가 뭐 그런 게 있었나요?
최 예전에 신문 기사에 쓴 적이 있는데 포항공대에 있을 때, 다방에서 커피를 마시다가 딱 아이디어가 떠올라서 쓴 논문이 있었죠. 연구실 책상 위에 누워서 칠판에 그려놓은 그림을 보다가 아이디어가 떠오른 적도 있고요. 학생 때는 연습 문제를 풀다가 아이디어가 영 떠오르지 않았는데, 꿈속에서 친구가 이렇게 풀어야 한다고 제게 알려주어서 문제를 푼 적도 있습니다. 꿈속에서도 무의식적으로 수학 문제에 대해 생각을 했나 봅니다.

배 수학적 아이디어가 떠오를 때 아이디어만 떠오르나요? 아니면 그것과 관련된 다른 것들도 떠오르나요?
최 아이디어만 떠오르죠. 정제된 명료한 아이디

그 문지기가 결국 몇 번 내게 아까운 듯 문을 열어줬었다오
거기서 나는 꽤 아름다운 꽃과 저녁노을과 그림을 찾아냈지요
더 아름다운 것을 줍지 못한 아쉬움은 이제 접어두고
진한 기억 가슴 깊이 담아두고 오늘도 나는
깊은 산속 그 높은 성을 그려보고 있는데
거기서 본 아름다움을 내내 떠올리며 살아가고 있는데

긴 세월 그의 문 앞에서 기다리다 지친 당신에게
그 문지기가 서산에 노을이 질 때쯤 해줄 말을 들려드릴까요?
그 말은 그의 문밖 도처에도 예쁜 꽃이 피어 있고
걷다 보면 어디서나 붉게 물든 노을을 볼 수 있고
당신도 붓을 들면 괜찮은 그림을 그릴 수 있다는 말입니다.

성안과 성 밖에는 오늘도 해 뜨고 달이 지며 아름다운 시간이 흐르고 있습니다.

2013년 7월 최재경

어만. 침대에 누워 있다가도.

배 제 경우는 작업을 할 때 평상시보다는 초월적인 에너지와 시간을 쓰는 것 같습니다. 카메라와 상황과 시간이 응집될 때 창의력이 발휘되는 것 같아요. 그래서 그런지 상황과 컨디션이 맞아떨어질 때는 지금 이 장소가 고등과학원이 아니라 어떤 수학자의 확장된 에너지의 공간이라고 생각하게 돼요.
최 제가 하는 기하학은 머릿속에 그림으로 떠올려서 생각하는 것이라 연구실이라는 장소에 구애받지 않고 어디에서나 연구가 가능합니다.

배 기하학을 선택하신 이유는 무엇인가요?
최 개인적인 취향인데, 저는 공간지각을 좋아하는 편이에요. 미술은 뒤늦게 흥미롭다는 것을 깨닫게 되었죠. 저는 대수학이나 더 논리적인 쪽의 수학을 좋아했는데, 그러면서도 공간 지각을 하는 1차원, 2차원, 3차원 등을 다루는 수학이 더 재미있어지더라고요. 처음에는 기하학으로 바꾼 것을 후회했는데, 잘 바꾼 것 같아요. 공간지각 능력을 쓰는 것을 좋아하니까.

배 기하학에서의 공간은 차원을 넘어서는 공간인가요?
최 6, 7, 8차원으로 올라가면 3차원 유클리드공간

최재경, 〈과학과 예술의 연결함〉, 종이에 잉크, 2014년경 ⓒ최재경

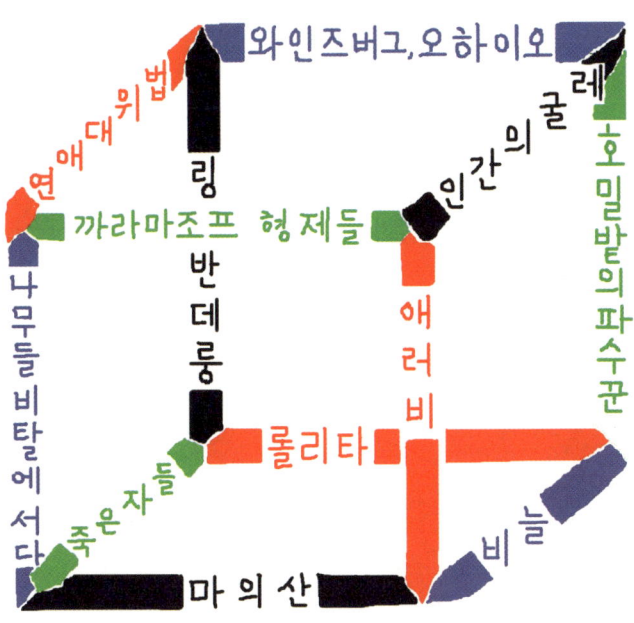

최재경, 〈3차원 소설 공간〉, 디지털 이미지, 2010년 8월 ⓒ최재경

상으로는 볼 수 없고, 머릿속으로만 생각해야죠.

배 경험적으로 재현하거나 구현할 수 없는 공간이 수학자의 머릿속에서 구현되나요?

최 사실 우리가 공간을 볼 때에도 머릿속에 공간을 구현해서 봐요. 3차원의 책상의 뒤편에 보이지 않는 것들을 우리는 머릿속에서 추측해야만 합니다. 고차원도 추측을 해가면서 본다면 그와 똑같죠. 머릿속에서 생각을 한다는 점에서…. 예술가는 그림을 그릴 때 3차원을 2차원으로 투영해서 그립니다. 그처럼 기하학자는 7차원을 머릿속에서 3차원으로 투영해서 그리는 거죠. 그런 점에서 기하학자는 화가와 하는 일이 비슷합니다.

최재경 교수가 그린 기하 도형들, 2015년 7월 3일 고등과학원 연구실, 사진 촬영 오재우 ⓒ오재우

수학자가 꼭 필요해서 그린 건조하기 짝이 없는 그림 속에서 예술가들은 나름대로 뭔가 의미와 아름다움을 찾는다.

— 최재경

이기명
배윤호

배 초학제연구단, 과학과 예술의 만남, 인디트랜스 등을 통해서 많은 만남과 리서치를 실험해보고 있는데 선생님께서는 어떤 점이 가장 중요하다고 생각하시나요?

이 과학자의 가장 큰 게임은 새로운 문(opening)을 찾는 건데, 아직 우리나라에는 그런 소식이 도달하지 않았어요. 새로운 문을 찾는 게 우선이 되어야 해요. 예술도 게임이에요. 누가 새로운 문을 선점해서 좋은 것을 만들고, 그 크레딧이 성장해서 우리 사회가 얼마나 풍부해지는가가 중요한 문제죠.

배 그러기 위해선 우리가 어떻게 해야 할까요?
이 우선 구체적 물질에 대한 관심과 쉬운 숫자에 대한 개념을 가지는 게 중요해요…. 그리고 세상을 크게 보고 큰 그림을 그리는 경험을 하는 게 중요해요.

배 인생에서 그런 경험을 하신 기억이 있으세요? 상전이 현상같이, 생활 습관이 바뀐다거나 갑자기 점핑되는 느낌을 받는다거나 상상력이 확장된다거나 하는 그런 순간들이 있으셨나요?
이 가장 중요한 경험이 몇 번 있었는데 그중에서 하나는 어렸을 때, 초등학교 때…. 더운 여름날 산이 있고, 소가 있고, 파리도 있고 그런 와중에 소나무 아래서 애들이랑 막 노는데 세상이 갑자

김제민

살토 모탈레

살토 모탈레(Salto Mortale)는 '죽음을 무릅쓴 점프', '목숨을 건 도약'을 뜻한다. 불현듯 겨드랑이에 가려움을 느낀 시인 이상(李箱)의 「날개」에서 영감을 받았다. "우리가 원하는 것이 필사적인 도약의 저 너머에는 존재할까?" 그 충동과 행위의 아름다움은 사회적 성공이 아니라, 생의 발견에 새겨져 있다.

살아 움직이는 그림을 뜻하는 타블로 비방(tableau vivant)은 사진과 매체가 결합한 매체예술 작품이다. 장소성에 기반하고, 찰나적 공간에 시간성을 중첩시킨다. 대형 사진을 스크린과 프로시니엄 개념으로 수용하고, 프로젝션 맵핑 영상을 통해서 생명을 불어넣는다. 타블로 비방 연작의 사진 촬영은 모두 서울 여의도에서 진행됐다. 여의도는 고층 건물이 많은 자본 집약적인 장소이다. 건물 위로 올라가는 사람들의 모습이 보인다. 이 연작에 등장하는 사람들은 모두 허공 위를 걷고 있다. 스스로를 위험에 빠뜨리는 현대인의 수직적 본능을 다룬다.

공연은 새로운 움직임의 방법을 연구해온 배우들의 신체 언어가 공간, 빛과 그림자, 영상, 소리 등과 다양한 방식으로 결합하여 새로운 시공간으로 이행하는 환영이 된다.

기 한눈에 보이는 거예요. 또 어머니가 떡을 이고 걸어가시고 나는 그 뒤를 따라가는데 달이 있고, 구름이 있고, 가을 밤하늘이 파란데 그때 세상이 아름답고 통일된 것이라는 걸 깨달은 거죠. 그때 이건 뭘까 하고 생각했죠.

배 선생님께서는 미래지향적이고 긍정적이셔서 새로운 시도들을 중요하게 생각하시는데요. 현실적으로 요즘 한국의 20대들은 사회에서 자신들의 위상이 점점 낮아지고 게다가 한국이 고령화 사회로 진입하면서 미래에 대해 공포감을 많이들 느끼고 있습니다. 생물학적으로는 젊은데 의식적으로 너무 위축되어서, 젊은 세대에게 패기보다는 두려움이 증가하고 있는 것에 대해서 어떻게 생각하시나요?

이 저는 오히려 이런 시대가 젊은 사람들에게 엄청난 기회가 될 수 있다고 봅니다. 사회 시스템을 개발해서 사람들의 상상력으로 그런 위기감을 극복해야 한다고 생각해요. 상상을 안 하면, 상상력이 떨어지면 현실은 무섭기만 한 거죠. 우리 사회는 새로운 수준으로 갈 수 있는 기회가 분명히 있어요.

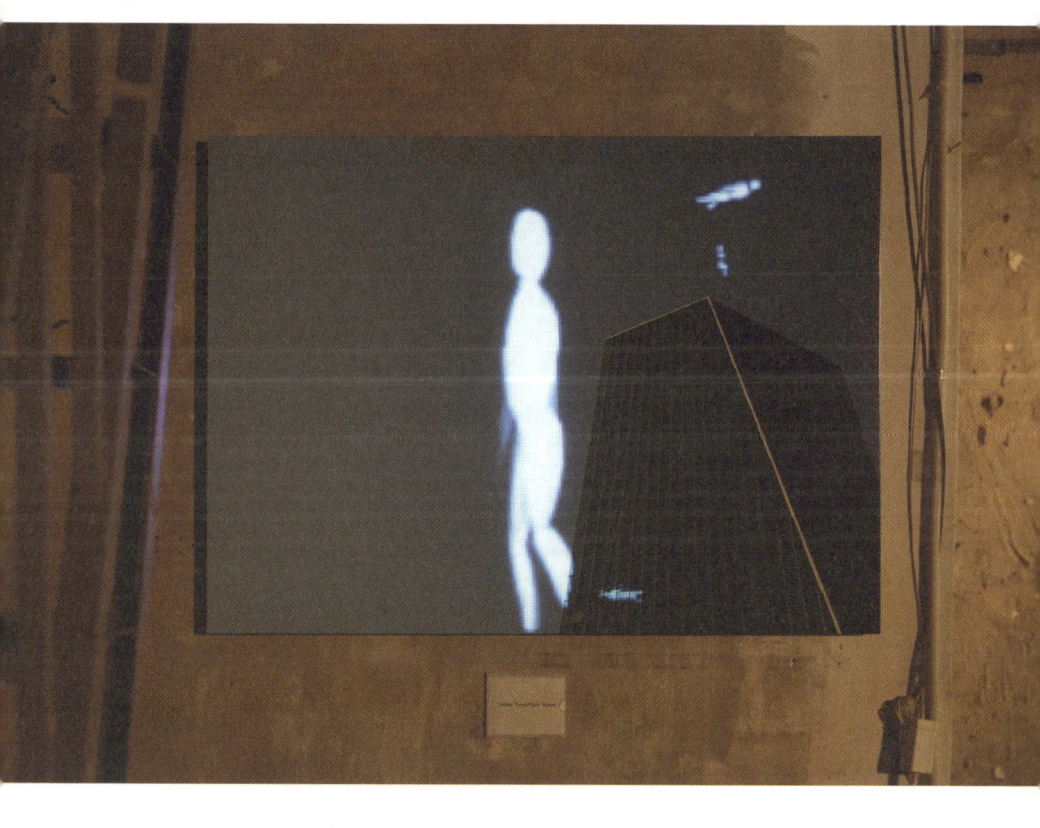

김제민, 〈타블로 비방: 살토 모탈레〉, 피그먼트 프린트, 디지털 매체, 900×700mm, 2016

배윤호
오재우

오 제가 다큐멘터리 〈서울역〉을 보면서도 느낀 건데, 계속 변하고 사라지는 것들의 궤적을 따라가려고 하는 시간 몰입적인 작업을 해오셨다고 생각합니다. 작품 제목들이 주로 장소의 이름들이잖아요. 우리가 진행하고 있는 이 프로젝트 '연결합 도시'와 선생님의 작업과의 연결성에 대한 생각을 듣고 싶습니다.

배 저는 주로 이미지를 구축하는 세계관에 대해서 불신과 질문이 있어요. 중세 때 영원하리라 생각했던 것들이 사라진 것처럼, 근대사회에서 영원할 것으로 여긴 것들도 사라질 거라고 생각해요. 지금 영원할 것으로 보이는 자본 또한 사라질 거라고 생각해요. 우리가 구축한 이미지는 불안 위에 존재하고 있어요. 이미지는 사실 견고하지 않고, 유지하려는 의지인 것 같아요. 제가 주로 관심 있는 것들은 그것을 유지하기 위한 구체적인 상들이에요. 그것이 인간의 본질적인 모습이라고 생각해요. 그것을 연결합 도시로 연결해서 생각해보면 과거의 도시, 잠재적 도시, 새로운 도시, 자애로운 도시, 뭔가 인간에 대한 희망이 있잖아요. 월세나 직업에 대한 노이로제들이 인간을 위기의식으로 몰아가고 있어요. 저는 예술가로서 무의미한 대상들을 모아서 의미 있는 것으로 만들려고 하죠. 우리 주변의 장소들, 사물들, 사람들의 이야기 속에서 관찰을 통한 기록적 방법으로 그 평범한 것들에 가치를 부여합니다. 모

김제민 연출, 〈살토 모탈레: 퍼포먼스〉, 공연 장면, 2016

든 주변의 환경이 매우 빠르게 변하고 결과 중심으로 그 과정 자체는 생략하고 의미를 부여하지 않으니까요. 매일 버려지고, 매일 세일할 수밖에 없는 불안함이 우리 삶에 늘 도사리고 있죠. 초라해지지 않을까 하는 두려움이 있는 거죠.

오 우리가 상상하는 연결합 도시는 초라함을 견디기 위한 하나의 방식일까요?

배 그렇죠. 과학과 예술이 만난다는 게 어려운 일인데, 그렇게 해봄으로써 삶의 초라함이 상쇄되는 부분이 있을 거예요. 거기에 중요한 것은 삶에 대한 태도와 풍요로움에 대한 희망과 연결되어 있지 않을까 생각을 해요.

그리다 에피소드 1: 엘 카스티요(El Castillo)

스페인 칸타브리아 지역의 엘 카스티요 동굴은 전 세계에서 가장 오래된 벽화들로 가득하다. 벽화에는 들소, 손바닥, 큰 점들로 그려진 사각형, 어떤 의미인지 알 수 없는 기하학적인 무늬들이 새겨져 있다. 까마득히 먼 옛날, 누군가의 손끝으로 그려진 벽화들은 당시 삶을 반영한다. 그것은 우리의 오래된 삶이자, 시간의 차원을 넘나드는 인터페이스가 된다. 공연자는 엘 카스티요 동굴벽화를 자신의 움직임으로 형상화한다. 드로잉 메소드를 이용해 배우의 신체를 붓으로 은유한다.

김제민 연출, 〈그리다 에피소드 1: 엘 카스티요〉 공연 장면, 2016

박영선
오재우

오 인디트랜스 세미나를 기획하게 된 것은 실천적 모델을 구현해보고 싶은, 작가로서 가지는 생산자의 욕구에서 비롯된 것이었나요?

박 아마 그런 것 같아요. 예술가들은 뭔가를 만들어내려는 에너지가 있는데요, 이 세미나를 통해 실제 제 작품을 만들지는 못했지만 그런 태도를 가지고 인디트랜스 기획과 운영에 임했던 것 같아요.

오 인디트랜스에서 했던 시도들은 이전에 없었던 것이라 저에게도 인상 깊었습니다. 그중에서 가장 기억에 남는 프로그램은 무엇인가요?

박 2013년에 과학자와 예술가 두 사람이 만나서 같은 주제로 계속 이야기하고 발표하던 틀도 좋았던 것 같아요. 하지만 처음에는 경험이 너무 부족했고 과학자와 예술가가 서로 낯선 상태에서 과도한 기획이 들어간 프로그램을 진행하다 보니 아쉬운 점이 있었어요. 그때 많은 경험을 할 수 있었죠. 예술가와 과학자의 차이에서 오는 트러블이라든지, 양쪽이 가진 사회적 정체성의 차이나 힘의 불균형을 조율하면서 어떤 식으로 인디트랜스를 해나가야 될지를 고민하다가 협업 프로젝트를 진행하게 되었어요. 열의가 있는 일정한 사람들이 꾸준히 길게 만나서 이야기를 하다 보면 이야기가 많아지고, 깊어질 수 있을 것이라 예상했고, 어느 정도 효과가 있었다고 봅니다.

김제민 연출, 〈그리다 에피소드 1: 엘 카스티요〉 공연 장면, 2016

오 중재자로서 어려운 점은?

박 과학과 예술의 상호작용에 대해 판단할 때 한쪽이 상대에게서 얼마나 영향을 받았는가를 계량화해서 비교하려는 관점은 잘못된 것 같아요. 서로의 차이를 긍정적으로 볼 수 있는 태도가 중요한 거 같아요. 자신이 가지지 않은 상대의 특성을 대립적인 것으로 받아들이기보다는, 자신이 가지지 못한 것을 가진 상대를 만남으로써 자기가 확장되는 경험을 할 수가 있다는 긍정적인 면을 보는 게 필요해요. 저는 가능하다면 과학자와 예술가 양쪽 의견을 다 듣지만 약간의 작가적 감각과 결단이 필요할 때가 있어요. 이번 협업에서도 몇 번의 고비가 있었는데, 팀원들과 논의를 많이 하고 필요한 결정들을 내리면서 지금까지 무난하게 진행해온 것 같아요.

그리다 에피소드 2: 거울(Mirror)

포도 수확의 계절은 지나갔다. 사유가 멈추고, 시간이 소멸된 시뮬라시옹의 무의미한 순환. 가상, 현실, 과도 현실로 비추어지는 이 위험한 거울의 응시에서 출발한다. 르네 마그리트의 그림을 모티브로 일상적 움직임과 드로잉 움직임을 탐구하고, 그 표현의 간극에서 데페이즈망 기법을 신체 언어의 방법론으로 수용한다.

김제민 연출, 〈그리다 에피소드 2: 거울〉 공연 장면, 2016

오재우
박영선

박 인디트랜스 활동에 2년 동안 참여하면서 느끼신 점은요?

오 저는 과학에 관심이 있었는데 그런 프로그램이 흔치 않아 재미있겠다고 생각해서 참여하게 되었어요. 저에겐 신선한 것들이 많아서 와서 보는 것만으로도 좋았고, 같이 해보고 싶은 것도 많았습니다.

박 수학을 좋아한다고 하셨는데요, 과학자들을 만날 때 어려운 점은 없었나요?

오 저는 감정적인 예술을 하는 스타일이 아니라 무언가를 객관적으로 판단하고 조건들 사이에서 배열하는 작업을 하는 편이라 과학자들의 태도가 더 좋았습니다. 오히려 예술가들의 어떤 작업들이 납득하기가 더 힘들었고, 과학자들의 작업은 정확한 근거가 있으니까 납득하기가 더 쉬웠어요. 하지만 조금 역설적으로 예술 작업을 하면서 정밀함과 타당성에 대해 많이 고민해왔는데, 이번에 초학제 연구 프로그램을 통해 과학자들을 만나면서 굳이 그러지 않아도 되겠다고 생각하게 되었습니다. 예술가들 사이에 있을 때는 오히려 예술의 특성을 잊고 있었던 것 같아요.

박 과학자들의 관찰과 예술가들의 관찰의 차이가 뭐라고 생각하세요?

오 과학자와 예술가는 공통적으로 호기심이 많은 사람들인 것 같습니다. 누군가 무엇을 오래 관

김제민 연출, 〈그리다 에피소드 2: 거울〉 공연 장면, 2016

찰하는 건 그것에 대한 호기심이 있기 때문이죠. 각 분야의 전문가들은 각자의 관점에서 전문 지식이나 자신의 감각을 이용해 관찰을 하는데 그 접근 목적이 다른 것 같아요. 과학자와 예술가를 두고 비교한다면, 예술가도 눈에 보이지 않는 것을 다루고 과학자도 눈에 보이지 않는 것을 연구하는 사람들인데 예술가들의 관찰은 시각적, 물질적으로 구현하기 위한 관찰일 테고, 과학자들은 수식 혹은 정리로 풀어내기 위한 관찰 같아요. 즉 눈에 보이지 않는 것을 어떻게 시각화할 것이냐, 눈에 보이지 않는 것을 어떻게 이해할 것이냐 하는 목적의 차이가 있는 것 같습니다.

박 도시-에 팀 협업은 어땠나요?

오 첫 번째 단계로 건축하시는 분과 수학하시는 분이 연결합 도시의 기본적인 개념을 잡다 보니 두 분야의 용어도 낯설고, 도시에 대한 접근 방식도 낯설었습니다. 기본 개념이 이해가 안 되고, 거부감도 들어서 이야기를 나누기조차 힘들었어요. 그래도 제 방식대로 이해하려고 노력하면서 나름의 실마리를 찾게 된 것 같아요. 정확하게 이해한다기보다는 장님이 코끼리를 만지듯이 뒷다리도 만지고 꼬리도 만지고, 다른 사람이 만진 앞다리 이야기도 듣고, 코 이야기도 듣다 보니 전체적으로 제 나름의 코끼리가 그려졌습니다. 하지만 저 사람이 그린 코끼리와 내가 그린 코끼리

그리다 에피소드 3: 강철(Steel)

공연자들은 작가적 신체 언어를 통해 구폐수처리장과 만나게 되고, 공간의 이미지와 소리 등을 탐색한다. 관객들에게 설치 작품과 전자 사운드를 안내하는 도슨트의 역할을 수행하면서 독창적인 행위로 관객들과 함께 새로운 의미 그물망을 형성해간다.

김제민 연출, 〈그리다 에피소드 3: 강철〉 공연 장면, 2016

가 같은 것 같지는 않은데 하는 불안감이 들었습니다. 결국 우리가 굳이 같은 코끼리를 그려야 할 필요는 없을 것 같다는 결론을 내렸습니다.

박 연결합 도시라는 것에 대해서 어떻게 생각하고 있나요?

오 저도 도시에 관심이 많았는데 연결합 도시를 통해서 도시를 보는 시야를 더 넓힐 수 있었던 것 같아요. 한국의 근대와 지금의 도시가 형성되어 온 과정에 대해 다양한 이야기를 나누면서 깨달은 게, 과학적인 것과 근대성은 맞물려 있는데 그 과정에서 예술가들이 해온 것들은 거기에서 충돌하고 벗어난 것들도 있었던 거죠. 그것을 다른 차원에서 보기도 하고 여러 시각에서 볼 수 있었던 것 같습니다. 두 번째 단계로 소설가들이 써 온 소설들을 돌아가며 낭독하면서 초현실적인 느낌을 받기도 했고, 프로젝트가 진행되면서 생각 자체가 구체적인 도시에 머물지 않고 관념적이고 상상적인 도시로 더 확장될 수 있었던 것 같아요. 도시라는 관념을 구체적인 도시의 길이나 건물, 지리적인 공간에 한정하기보다는 연결되는 지점에 존재하는 '그 무엇'으로 파악할 수 있겠구나 하는 생각이 들었어요. 세 번째 마지막 단계에서 그것이 각 개인이 연결되는 작동 방식으로 치환되는 과정이 흥미로웠습니다.

김제민 연출, 〈그리다 에피소드 3: 강철〉 공연 장면, 2016

김제민
오재우

오 인디트랜스 팀에 참여하면서 특히 기억에 남는 것은?

김 굉장히 많은데요, 지난번에 연대 수학과 교수님께서 피피티 다섯 장 정도의 프레젠테이션을 하셨어요. 앞의 한 장 정도는 이해가 됐는데 나머지 네 장은 무슨 말인지 하나도 모르겠더라고요. 그런데 워낙 그분이 지닌 에너지가 좋으셔서 계속 집중해서 보게 되더라고요. 그런데 마지막에 이런 이야기를 해주셨어요. '요즘 드라마도 재미있는데 내가 수학을 파는 이유는 딱 하나다, 드라마보다 수학이 재미있기 때문이다'라고요. 그때부터 호기심이 생겨서 관련된 것들을 찾아보기도 하고, 다큐멘터리들도 찾아보고, 양자역학 같은 주제들에도 관심이 생겼어요. 어떤 지점에서 통하는 것들이 생기면서 생각의 틀이 확장된 느낌이 들어요.

오 그런 영향들이 구체적인 결과물로 작업에 투영되기도 했나요?

김 작업을 하면서 받는 영감이라는 것은 어마어마한 것 같아요. 제가 근래에 포스트 드라마 연극으로 관심이 옮겨 간 것도 분명히 인디트랜스 세미나의 영향을 받았기 때문이라고 생각하고, 구체적으로 웜홀이라든가 연결합이라는 개념들을 접하면서 과학적으로 독해는 못하지만 무대나 작품 속에서의 시간과 공간에 대한 고민들에 자

이기명

물리학자 이기명 교수의 칠판, 2015년 7월 15일 고등과학원 연구실

극이 많이 되었어요.

오 우리가 잡은 주제에 대한 생각은?

김 작년 개인전 제목이 '시티 오브 라이트'였어요. 도시의 양태들을 빛으로 담아본 작업이었어요. 그래서 저도 도시라는 주제 자체가 흥미로웠지만 근대성이나 맥락들에 대한 공부가 필요했어요. 그런데 서로의 생각을 공유하고 소화하기에는 물리적 시간이 부족해서 많이 아쉬웠던 것도 사실이에요. 개인적으로는 주제를 적확하게 잡았다고 생각했고, 렘 콜하스의 논문들이나 레퍼런스들은 매우 흥미롭게 읽었어요.

오재우
오페라와 축구공

노들섬의 역사

노들섬은 근대화되어가는 한국 역사의 중요한 지점들에서 등장한다. 1860년대 김정호에 의해 그려진 〈경조오부도(京兆伍部圖)〉를 보면 '백사주이십리(白沙周二十里)'라는 엄청난 규모의 모래섬이 그려져 있다. 이 모래밭이 나중에 노들섬이 되는 지역이다. 〈성소대왕 능행도〉(1795)에 보면 배다리를 통해서 한강을 건너는 장면이 나온다. 당시 노들나루와 한강 남단을 연결했던 것이다. 배다리를 만들기 위해서 800여 척의 크고 작은 배들이 강제로 징발되었다.

노들섬은 원래 섬이 아니라 용산구 이촌동과 연결된 220만 평방미터 규모의 모래벌판이자 대표적인 피서지였다. 1907년의 『황성순보』에 '신초리'라는 지명이 나오는데 그곳이 바로 이곳 노들섬이 있던 모래밭이었다.

1917년 일본에 의해 인도교가 건설되면서 당시 다리의 중앙에 있던 모래언덕에 둑을 쌓으며 '중지도(中之島)'라 이름을 붙였다. 인도교는 한국 역사상 최초로 사람이 강을 건널 수 있는 철교였다. '철제 다리'를 밟고 한강을 건너는 경험은 한국인에게 근대를 실감하게 해주었다.

1930년대에 들어서 노들섬은 한강인도교역을 중심으로 데이트 코스로 이용되기도 했다. 1950년 6월 28일 한국전쟁 발발 사흘 후 이

김윤철
박영선
오재우

오 독일에서 하신 협업 프로젝트를 소개하는 강연을 2013년 인디트랜스 세미나에서 하셨는데, 그 내용에 대해 얘기해주세요.

김 천문학자, 예술사가, 저 이렇게 셋이서 '플루이드 스카이즈(Fluid Skies)'라는 그룹을 만들어서 예술적 연구(artistic research) 프로젝트를 한 적이 있어요. 그런 프로젝트 협업 과정과, 한국에서 이야기되는 융복합의 한 사례로서 실제로 어떻게 펀딩을 하는지까지 소개했죠.

오 그 프로젝트의 결과는 어떤 형태로 공개되었나요?

김 전시도 했고요. 심포지엄, 출판도 했어요. 협업을 하다 보니까 각자의 영역이 달라서, 저 같은 경우에는 전시에 초점을 맞추고, 예술사가나 과학자들은 심포지엄이나 출판에 주력했죠.

오 다른 분야 사람들과 대화하거나 의견을 나누는 데 장벽이 있었나요? 있었다면 어떻게 해결하셨나요?

김 장벽은 항상 있었던 것 같아요. 저희는 융합보다는 통합(integration)이라는 말을 많이 했어요. 각자가 가질 수 있는 것들을 최대한으로 모은다고 할까요? 내가 과학자와 교류하면서 영감을 받아서 뭘 하겠다는 것이 아니라, 그런 교류를 통해서 쌓이는 지식들을 융합한다기보다는 각자가

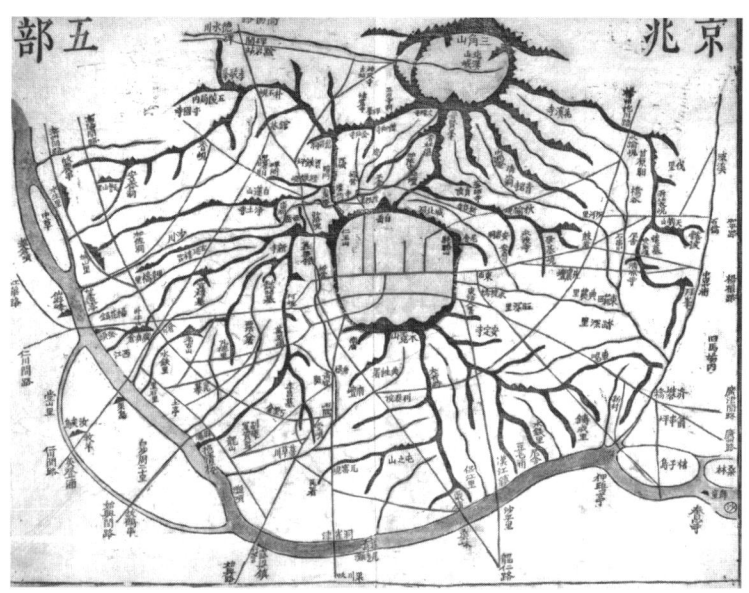

1861년 김정호가 교간한 대동여지도의 제1첩에 있는 〈경조오부도〉(국립중앙도서관 소장)

승만 당시 대통령을 비롯한 일부 위정자들이 자신들은 야반도주한 후에 한강대교를 통해 피신 중인 사람과 차량이 있음에도 불구하고 한강대교를 폭파해버렸다. 전쟁 후 1958년 5월 16일 한강대교 준공식에서 한강 인도교는 '제1한강교'라는 이름을 얻는다. 1960년 4월 19일에 대학생들이 한강을 건너 경무대로 향했던 것도 이 다리를 통해서였고 1961년 5월 16일 서울로 진입하려는 쿠데타 세력들과 헌병대들이 대치했던 곳도 제1한강교였다.

1968년 한강 개발이 시작되면서 노들섬 주변의 백사장은 사라지고, 1만 평이 되지 않던 노들섬이 4만 5,000평으로 확장되었다. 그때부터 노들섬을 관광지나 유원지로 개발하려는 시도가 있었다. 하지만 교통 문제와 용산기지에 근접한 위치 문제로 쉽게 성사되

또 다른 합

섭취한다는 거죠. 그런 과정을 많이 생각했어요. 과학자와 예술가의 다른 관점을 합쳐야 된다고 생각하지 않았기 때문에 언어 문제 같은 장벽들을 그냥 가지고 있자는 생각도 했고요. 그걸 허문다는 것은 어찌 보면 이데올로기적이기도 하고, 쉽지도 않다고 생각했어요.

오 네, 각자 다른 시선을 교류하며 쌓이는 지식들을 스스로에게 통합시킨다는 것이 흥미롭네요.
김 예, 저희는 공통의 시선을 가지려고 노력하지 않았습니다. 오히려 그 차이를 크게 인식하고 그 때문에 일어나는 불안정성을 중요하게 생각했죠. 안정된 시스템을 구축하기보다는 다름 때문에 일어나는 동요들을 통해서 우리가 만날 수 있는 여지가 만들어진다고 생각했어요. 왜냐하면 우리는 서로 다른 이야기를 하니까요.

오 그렇게 인정하고 가기 때문에 이해의 폭이 넓어질 수도 있을 것 같아 보이네요. 한편으로는 그 결과물이 각자의 범주 안에서 이뤄지므로 교류가 일어나지 않았다고 느껴질 수도 있을 것 같은데 선생님의 작업에 대해 다른 참여자들의 반응은 어떠했는지요?
김 많은 시각차가 있었습니다. 저도 다른 분야의 사람을 만나면 처음에는 그 사람이 하는 것에 대해서 공부를 하게 됩니다. 피상적이라도 암흑 물

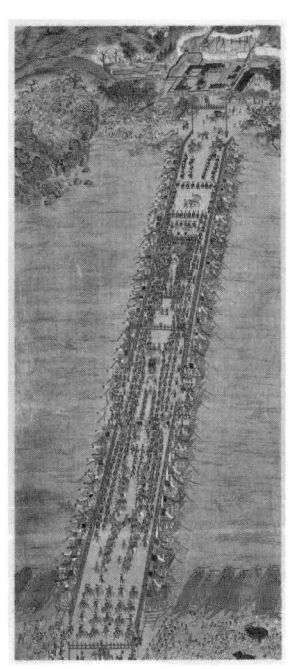

정조대왕 능행도 8폭 병풍 중 〈노량주교도섭도〉

지는 못했다.

노들섬에는 2005년 오페라하우스가 들어서기로 되어 있었다. 이명박 당시 서울시장은 막대한 규모의 예산이 들어갈 오페라하우스 설립 계획을 추진하였다. 그러나 오페라하우스 당선작이 구겐하임미술관의 탈락작을 그대로 모방했다는 것이 드러나면서 재공모를 추진하게 되었다. 다음 시장으로 당선된 오세훈 또한 노들섬에 오페라하우스를 건설할 계획을 세웠다. 오세훈 당시 시장은 '한강 르네상스'라는 이름으로 한강변을 개발하고, 한강에 다양한 시설과 건물을 지었다. 하지만 2011년 박원순 시장이 당선된 후 한강 르네상스 사업은 중단되었고, 노들섬은 텃밭으로 운영 중이다.

2015년 노들섬은 시민 공모로 또 다른 변신을 앞두고 있다.

질에 대해 찾아보고, 그 사람의 연구소에도 가보는데, 그러다 보면 생각지도 못한 아이디어들이 돌출되곤 해요. 단지 그 사람에게서 지식을 건네받아서 내게 영감이 떠오른다기보다는, 그 사람이 현장에서 실천하고 있는 모습을 보면서 가능해지는 인간적인 교류가 더 많았던 것 같습니다. 과학 이론이 작품에 들어갔는가를 보는 것이 아니라 그동안의 과정들에서 일어났던 여러 일화를 끄집어내는 것 같아요.

오 다른 분야의 사람들을 만나면 그 사람의 방법론, 태도를 보게 되는 것 같습니다. 선생님께선 과학자들을 만나면서 뚜렷한 차이를 느끼셨나요?

김 과학자의 상상은 예술가보다 훨씬 앞서가는 면이 있어요. 예술가는 시각화해야 하기 때문에 꿈을 꾸더라도 당장 눈앞의 재료들에 대한 고민을 하거든요. 실제로 이 재료가 얼마나 튼튼하게 견딜지, 이런 고민들을 현실적으로 해야 하죠. 그런데 천문학자들은 엄청난 스케일의 우주를 보다 보니까 그런 문제들이 아무렇지 않게 느껴질 수 있어요. 어떨 때는 그런 데서 오는 충돌이 엄청 많아요. 가령 저는 이 작은 아크릴 판에 25리터의 액체를 집어넣을 수 있을까를 고민하는데 과학자에겐 그건 아무런 문제가 아닌 거예요. 엄청난 것들을 보아왔기 때문에 예술가들의 고민

오페라와 축구공, 2015

노들섬에서 이뤄진 공연 〈오페라와 축구공〉은 2000년대 이후의 서울이 꿈꾸어왔던 시간을 돌아보는 작업이다. 1997년 IMF(외환위기) 이후 가라앉았던 건축 붐은 2000년대 이후 다시 활기를 띠기 시작하고, 서울은 이명박 시장 취임 후 열정적인 개발에 들어가다 해방 후 한국에서 개발은 언제나 긍정적인 단어였고, 경제와 맞물리면서 정계나 재계 양쪽에서 실패하지 않는 전략이 되었다. 이런 개발에 대한 뜨거운 사랑은 때로는 갑자기 식어버리는 남녀 간의 사랑같이 느껴진다. 세운상가가 지어질 때의 뜨거움은 50년 후 '복원'이라는 이름의 또 다른 사랑으로 대체되었다. 불과 몇 년 후 한강 일대에 대한 대대적인 사랑이 시작되었고, 그 열정은 또다시 식어 사랑의 부산물들만이 남아 한강에 떠다니고 있다.

어디로 튈지 모르는 공 같은 한국의 개발 현실에서 머지않아 또다시 옷을 갈아입을 노들섬을 둘러보기로 했다. 두 명의 무용가를 인터뷰하고, 그들의 삶에서 겪은 이야기들과 생각들을 노들섬이 변하는 과정들에 빗대어 열다섯 개의 에피소드로 제작하였다. 노들섬 주변의 소리들을 채집하고, 무용수들의 움직임을 더해 하나의 영상을 만들었다. 노들섬을 직접 걸어다니면서 볼 수 있는 공연으로 완성하였다.

은 아무것도 아닐 수도 있는 거죠. 그런데 협업을 하다 보면 그분들이 저의 고민을 현장에 와서 보게 되고, 그러면 자신이 가졌던 압력의 문제를 현장에서 해결하려고 해요. 그런데 막상 현장에서는 별로 도움이 안 돼요. 왜냐하면 그분들이 그걸 안 해보셨으니까요. 우리가 공장에 다녀보면 공장에서 일하시는 분들이 알루미늄이나 쇠의 성분을 알아서 깎는 게 아니거든요. 금속공학과 다니는 친구가 있는데 그 친구는 알루미늄을 이론으로 배우니까 직접 알루미늄을 봐도 그게 알루미늄인 줄 몰라요.

예술가들은 어쨌든 재료를 만져야 되잖아요. 만지고 그것을 현장에 세워야 되고, 무게를 생각해야 되고, 관람객이 다치지 않을지도 신경을 써야 하니까요. 또 다른 경우 작품이 6, 7개월 전시될 때 얼마나 튼튼하게 견딜까도 생각해야 되는 거죠. 한편 과학자들은 이론적으로 한 번이라도 되면 되는 것이기 때문에 시간의 스케일이 완전 다릅니다. 단위 자체도 엄청 다르고요. 그러다 보니 이론 물리를 하던 플루이드 스카이즈 팀의 친구도 현장에서 같이 일하는 것을 매우 흥미로워했습니다.

오 실제적인 경험이 만들어낸 결과들이 흥미로웠을 것 같습니다.

김 유럽에서도 이론을 시각화하는 사례들을 많

0. 인트로

1. 오페라

2. 풍경

3. 치료

4. 정지

5. 상체는 불같이

6. 숨

7. 도시

이 봤어요. 그래서 우리는 과학 이론을 시각화하는 작업을 하지 말자고 했어요. 완전 다른 접근을 하고 싶었어요. 이론은 이론대로 가져가고, 예술가는 예술가의 실천의 영역에서 하자.

오 과학자들이 갖는 과학적 태도는 진리 혹은 영구적인 것을 탐구하는 것이라면 예술가의 태도는 매우 다양할 수가 있을 것 같은데 선생님의 예술가로서의 태도는 어떤지요?

김 제가 과학자와 전적으로 다르다고 느끼는 것은 저는 데이터를 위해 작업을 하는 것은 아니거든요. 과학자에게는 과학적 데이터가 중요하잖아요. 과학자에게는 어떤 상황에서 액체가 물리적 작용을 하는지에 대한 데이터가 중요한데, 저는 감각으로 작업을 하는 입장이기 때문에 어떤 액체를 만드는 데 필요한 기존 데이터가 저에게는 아무런 의미가 없어요. 과학적으로는 손으로 휘저을 필요가 없지만 저는 그 액체를 제가 알고 싶기 때문에 어떨 때는 한두 달을 휘저을 때가 있어요. 과학자가 보기에는 전(前)과학적인 태도죠, 현대 과학적인 태도가 아니라. 물질을 손으로 직접 느끼려고 하니까. 하지만 저도 어느 정도 물질과 친숙해지면 과학적 데이터만 봐도 현미경으로 본 것과 비슷하게 보게 되는 것 같아요. 연구실에 가서 직접 재보면 대략 비슷하거든요.
근데 그게 저 스스로 처음엔 신기했어요. 막상 어

8. 축구공

9. 텃밭

10. 질서

11. 풍경

12. 하체는 물같이

13. 질식

14. 자연

머니들이 김치 만드는 것만 봐도 산도를 다 감각으로 체크하시잖아요. ph 센서가 없더라도요. 저도 그것과 비슷한 것 같아요. 예술은 감각이 중요하기 때문에, 이성적인 것도 중요하고 이론도 중요하지만 결정적으로는 제가 몸을 쓸 수밖에 없는 것 같아요.

오 선생님께서는 예술이란 인간이 신체를 통해서 어떤 다른 물체, 세상과 교감할 수 있는 지점에서 발생한다고 믿으시는 건가요?
김 예술가에게 현상이라는 것은 체험적이에요. 그림을 그려도 몸과의 관계잖아요. 사진도 마찬가지고, 영상도 마찬가지고, 아무리 큰 스케일을 찍어도 결국에는 자기 몸과의 관계이기 때문에 저희에게 현상은 체험적이에요. 신체 단위로서의 현상들, 제가 실험실에서 용액을 손으로 휘저을 수 있는 신체의 속도에서 나오는 물체의 움직임들 같은 것이지요. 하지만 과학적인 방법들도 많이 차용합니다. 정확한 속도와 온도에 대한 엄청난 데이터들이 있기 때문에 그런 경우 일일이 하지 않고 데이터들을 보면서 참고를 하죠.

오 작업하는 과정에서 과학적인 방법론을 차용하되, 추구하는 결과는 과학과 차이가 있다는 말씀이시죠?
김 그렇죠. 어떻게 보면 과학과 완전히 반대일 수

도 있는 거죠.

오 도시-에 팀이 '연결합 도시' 심포지엄에서 공연했던 작품에서 선생님이 하신 역할에 대해 이야기해주세요.
김 저는 그 퍼포먼스에서 가장 기본이 되는 기계 장치를 제작했고요, 램프들을 각각 껐다 켤 수 있는 장치들을 만들었어요. 그리고 최재경 선생님의 위상수학에서 차원 문제들을 공부했어요. 그래서 그런 이론들이 무작위적으로가 아니라 알고리즘을 통해서 위상 공간들을 빛에 흩어지는 움직임들로 표현할 수는 없을까 해서 알고리즘을 만들어 실제 공연 때 실험을 했죠.

오 그 알고리즘이 위상수학과 최재경 선생님의 소설의 영향으로 만들어진 건가요?
김 그런 영향이 있었죠. 제가 뒤늦게 참여했기 때문에 인디트랜스 팀 참여자 분들이 앞서 많이 이야기되고 어느 정도 구체화된 관심사에 따라 저도 그쪽으로 알고리즘을 짰습니다.

오 그때 알고리즘은 수학적인 알고리즘인가요? 어떤 반복과 리듬이 있었는지요?
김 사이버 스페이스로 매듭이 꼬이면서 다른 차원이 되고, 매듭이 세 개로 꼬이면서 더 복잡해지고, 그러면서 다시 풀릴 수 있고, 아니면 다시

풀리지 않는 다른 차원으로 넘어가고 하는 요소들을 알고리즘 구성에 넣었습니다. 조명들이 켜지고 꺼지는 것이 그 알고리즘으로 작동되었습니다.

오 공연이 구성될 때는 그 알고리즘이 중요한 맥이 된 것 같아요. 공연은 어떠셨나요?

김 저는 굉장히 좋았습니다. 개개인의 퍼포먼스들, 서로 다른 분야에 있는 사람들이 일상의 관심들을 표현하는 것이 연극적으로 재미있었던 것 같습니다. 끝나고 모두들 상당히 고조되었던 듯합니다. 이 팀이 조금 더 지속돼서 연습이 충분히 이루어졌다면 더 완성도 있는 뭔가가 나오지 않았을까 하는 아쉬움이 있었는데, 아무튼 재미있었습니다.

오 과학자들과의 작업이 그 이후의 작업에 영향을 미쳤나요?

김 영향을 많이 받았죠. 무엇보다도 아이같이 흥분하고 좋아하는 과학자들의 열정을 보면서 많이 반성했어요. 최재경 선생님이나 이기명 선생님, 전웅진 선생님을 보면 완전 소년같이 자기 일에 빠져 계시잖아요. 그렇게 자기 일을 투철하게 믿고 가시는 모습을 보면서 나도 저렇게 내 일에 더 즐겁게, 열성적으로 흠뻑 빠져들어야겠다는 생각을 했어요. 그렇게 자기 세계를 꾸준히 꽉 붙

들고 가는 분들이 예술이나 과학을 떠나서 이 사회에 꼭 필요한 분들이지요. 그리고 과학자들의 세계관에서도 당연히 영향을 받았어요. 과학을 접해보면 실제로 우리가 일상생활에서 알 수 있는 우주나 어떤 세계에 대한 상상 너머에도 엄청나게 재미난 것들이 많이 있거든요. 그런 것들이 직접적으로 제 작품으로 변환되지는 않겠지만, 세계에 대한 어떤 새로운 시선을 가질 수 있다는 것은 제겐 정말 큰 영감인 것 같아요. 아주 좋은 시를 읽은 것처럼요. 어떤 이론이 만들어지고 증명되기까지의 과정을 저는 수학적으로 알지 못하지만 수많은 시간을 연구에 투자하고 이론화하는 과정을 보면, 어떤 면에서 그런 모습이 예술가들과 비슷한 것 같아요.

박 선생님의 작품들이 아트 앤 사이언스 프로젝트의 한 성과로서 받아들여질 수도 있을 거 같은데요. 물론 저는 그런 맥락 짓기가 통념적이라고 봅니다만. 실제 작업에서 과학은 어떤 위치를 가지나요?

김 저는 제가 얼마나 과학적으로 작업하는지 개인적으로 잘 모르겠어요. 솔직히 과학 논문들은 많이 읽어요. 그렇긴 한데 저는 오히려 과학자의 삶의 모습을 많이 봐요. 사실 과학이라는 게 우리에게 당장은 필요 없는 것일 수 있잖아요. 은하계가 어쩌고저쩌고하는 것이 우리 일상에 무슨 필

요가 있겠어요. 그런데 우리가 하는 예술도 그렇잖아요. 김현 선생님이 예전에 그러셨어요. 시 하나가 밥 한 그릇을 먹여주냐, 왜 그렇게 쓸데없는 것을 하냐고 어머니가 혼냈을 때 자기가 아무런 대답을 못했다고 하더라고요. 젊었을 때는 그런데 나중에 나이가 들었을 때 알게 된 게 뭐냐면, 바로 그 쓸모없음이 우리에게 강요하지 않기 때문에 우리에게 중요하다는 거죠. 그 쓸모없음이 결국에는 인간이 할 수 있는 위대한 것 아닌가 싶거든요. 저는 과학적이다, 예술적이다 구분하지 않아요. 제가 작업할 때, 실험실에서 있을 때는 저도 과학자라고 생각해요. 아트 앤 사이언스 카테고리가 불러일으키는 선입견 때문에 아쉬울 때가 많아요. 이 사람이 독일의 연구소에서 일을 했기 때문에 그 연구소에서 엄청난 기계장치와 지원을 받아서 이런 작업을 한 게 아닐까 하고 생각하죠. 그런데 실제는 그렇지 않거든요. 제 작품은 모두 작업실에서 나사 하나에서부터 시작해서 만드는 거예요.

박 그간 유럽의 좋은 분위기에서 작업을 하셨는데, 고등과학원 인디트랜스 프로젝트에 참여하면서 어떠셨나요? 사실 인디트랜스는 한국에서 전례가 없는 프로젝트였기 때문에 여러 가지 난관이 많았거든요.

김 저는 이 프로젝트가 참 소중한 것 같아요. 연

결합 도시 자료집이나 고등과학원 초학제연구총서들을 보면, 누군가가 10년, 20년 뒤에 '너희들 그때 한국에서 뭐했냐?'고 묻는다면 우린 이런 것들을 했다고 자랑스럽게 보여줄 수 있을 것 같아요. 이것도 역사인데 그런 역사에 제가 참여하고 있다는 데 대한 소명감도 있고, 그래서 더 즐겁게 잘해야겠다는 마음도 있어요. 아직 한국에는 이런 연구 풍토도, 유럽만큼 유연한 지원도 없고 행정절차도 복잡해서 안타깝습니다. 저는 지금 한국에서 회자되는 융복합 같은 개념보다 인디트랜스 팀의 활동이 더 큰 의미를 갖는다고 생각합니다.

김태용
박영선
오재우

박 2013년 12월 인디트랜스 세미나에서 물리학자 고병원 선생님과 "숨겨진 세계, 드러난 언어"라는 주제로 사전 대화를 하고 공동 발표도 하셨는데요. 그때 '암흑 물질(dark matter)'에 대해 얘기를 나누셨지요. 암흑 물질은 물리학에서 아직 규명되지는 않았지만 이론상으로는 우주의 대부분을 채우고 있을 거라고 가정되는 보이지 않는 물질을 지칭하는 용어인데요, 그 표현이 과학적이라기보다 문학적이다 보니 물리학적 규정을 넘어 여러 영역에서 다양한 상상을 자극하며 변용되거든요. '암흑 물질'이라는 언어가 불러일으키는 이미지를 둘러싼 예술적 상상의 영역, 그리고 이론과 계산상으로는 존재해야 하지만 아직 알 수 없는 미지의 영역에 대한 물리학적 상상의 영역이 두 분의 대화 과정에서 어떤 연결 고리를 만들어갔나요?

김 과학과의 관계 맺기는 인디트랜스 세미나에 참여하면서 제게 매우 어려우면서도 흥미로운 부분이었습니다. 암흑 물질을 연구하는 물리학자와 문학 안에서의 암흑성, 언어의 암흑성, 신비로움에 대해 이야기한다는 것이 쉽지 않았어요. 저는 글 쓰는 사람이 가지고 있는 고유한 덩어리 같은 것에 관심이 있어요. 그건 언어로 밝혀낼 수 없는 어떤 것 같아요. 그런데 그 덩어리가 있기 때문에 우리가 문학이 만드는 심연으로 들어가고, 읽고, 향유하게 되지요. 그래서 그때 고 선생

노들섬의 관람객들은 아이패드를 보면서 노들섬 텃밭에 들어와 콘크리트 제방들을 걷는다. 노들섬은 강변북로가 만들어질 때 모래를 가두기 위해 만들었던 그 시설 그대로 한강에 떠 있다. 관람객들은 3분 간격으로 노들섬을 향해 떠난다.

노들섬을 한 바퀴 돌고 난 후 요트를 타고 노들섬이 모래언덕이었던 흔적들을 찾아 돌게 된다. 강의 북쪽도 강의 남쪽도 아닌 한강의 가운데서 서울을 마주하며 다음 경로인 동작대교 하단으로 향한다.

님과 우울증, 즉 멜랑콜리에 대한 이야기를 하게 되었어요. 통념상 치료되어야 할 병적 증상으로 여겨지는 우울증적 특성이 사실은 문학에는 긍정적인 정신 상태라는 관점에서 이야기를 했어요. 같은 어휘가 과학에서 해석될 때와 문학에서 해석될 때의 차이를 발전시키면서 대화했던 것 같아요.

박 보이지 않지만 모든 현상에 관여하는 어떤 힘이랄까 물질이랄까 그런 것에 대한 관심은 오래 전부터 있어왔는데요, 실제로 암흑 물질이라는 어휘가 과학적으로 가정된 실체로서 우리에게 던져졌을 때에는 아주 구체적이고 실제적인 상상을 하게 하거든요. 그래서 예술가들이 암흑 물질이라는 모티브를 자신들의 작업에서 진전시키는 경우가 왕왕 있기는 한데요. 멜랑콜리와 암흑 물질의 연결 역시 흥미로운데요.

김 저는 멜랑콜리에 감성적으로 접근하고 싶지는 않았어요. 멜랑콜리는 몸에서 분비될 수 있는 어떤 호르몬 물질 같기도 하지만 저는 멜랑콜리가 언어를 만들어낼 수 있다고도 생각합니다. 언어가 결합될 때 우리 몸 속에서 무슨 일이 벌어지고, 멜랑콜리의 특성이 언어의 결합을 특별하게 만들지 않나 하는 증명될 수 없는 가설 같은 것이죠. 어떤 사람은 사과 다음에 바나나를 이야기할 수 있지만 어떤 사람은 사과 다음에 원숭이 엉덩

김태용

스웨덴 체조

도는 노란색
레는 검은색
미는 파란색
파는 빨간색
솔은 하얀색
라는 라디오 레코딩
2분음표 자주색
까마귀를 자주 본다는 하이쿠
기계의 낮
체조의 밤
스웨덴 스웨덴 스웨덴
시는 무슨 색인가
음계 아래서 우리는 헤어졌고
어리석은 당신과 더 어리석은 당신이 갔던 길로
여럿이 모여
멀리서 왔다
호수가 있고 언덕이 있고
호수가 있고 언덕이 있고

이를 생각해낼 수 있잖아요. 이런 언어 결합의 차이를 만들어내는 것이 무엇일까요? 그것은 단순히 타고나는 것이라고 할 수도 없고, 학습에 의한 것만도 아니지요. 제가 학생들을 가르치면서 항상 힘든 것이 이 지점 같아요. 똑같은 조건에서 단어를 제시했을 때 학생들이 저마다 전혀 다른 문장을 만들어내거든요. 그럴 때 아주 놀라운 친구들도 있고, 아주 유아적인 친구들도 있어요. 그런 차이들이 재미있는 것 같아요. 문장과 문장, 크게는 문단과 문단, 이미지와 이미지의 결합 관계들에 관심이 있어요. 문학에서의 언어학적 관심에 가깝다고 볼 수 있는데, 이런 제 관심의 맥락에서 암흑 물질과 멜랑콜리가 연결되었던 거죠.

박 그런 다양한 언어적 결합들을 멜랑콜리와 연결 지어 설명할 수 있는 어떤 규칙이나 원리가 있다고 생각하세요?

김 언어학자나 기호학자 들이 이야기하는 몇 가지 이론이 있기는 하죠. 하지만 실제로 이론과 일치하는 것 같지는 않습니다. 그런데 그 이론을 알고 있으면, 처음에는 그 이론의 원리에 따라 글을 쓰지는 않지만 퇴고할 때는 그 원리에 맞춰서 글을 바꾸기도 하고, 비슷한 군의 언어 혹은 다른 군의 언어들을 가져다가 섞는다든가 해요. 저에게 가장 도움이 되는 것은 로만 야콥슨이 이야기한 실어증과 관련한 언어 결핍 혹은 언어 연결

호수가 있고 언덕이 있다
양치기의 이름을 버리고
눈치기의 이름을 버리고
또 어떤 이름을 버릴 수 있을까
겨울 식탁에서 라디오를 조립하고 있다
모든 침묵을 비웃으며
공통 감각 속에서
살색 이런 색깔들
도레미파솔라시란 무엇인가
스웨덴스웨덴스웨덴

2015년

이에요. 야콥슨의 책은 읽고 생각할수록 계속 자극을 주는 것 같아요.

박 그러니까 문학의 심연, 문학의 우주를 이루는 보이지 않는 암흑 물질로서의 멜랑콜리가 작가에게 실어증적 진술을 유발한다고 생각하시는 것인데요. 그렇다면 과학적 진술과 실어증적 진술이 어떤 연결 고리를 가질 수 있다고 보세요?

김 과학에서는 수학적 기호라는 약속된 언어를 사용해서 가설을 세우고 또 확인해나갑니다. 문학에서는 공식을 세우고 답을 내는 것은 아니지만, 이 단어 다음에 다른 단어가 왔을 때 어떤 파장, 충돌이 일어나는가를 실험하면서 언어의 구조적 결합을 시도합니다. 과학에서는 답을 찾고 알아내는 일이 중요하지만 문학에서는 답을 잃어버려야 한다고 생각해요. 그 답은 소설 주제나 인간형일 수도 있지만 지시 혹은 확신의 언어들에 대한 회의에서 비롯된다고 볼 수 있어요. 문학에서 답을 안다면 시시해지죠. 그런 큰 차이가 있지만 과학과 문학이 수행되는 과정은 유사한 것도 같아요.

박 실제 작업에서 그 과정이 구체적으로 어떻게 일어나나요?

김 저는 과학적인 지식들과 생물학적인 정보들을 아는 것에도 흥미가 있지만 그보다는 과학자

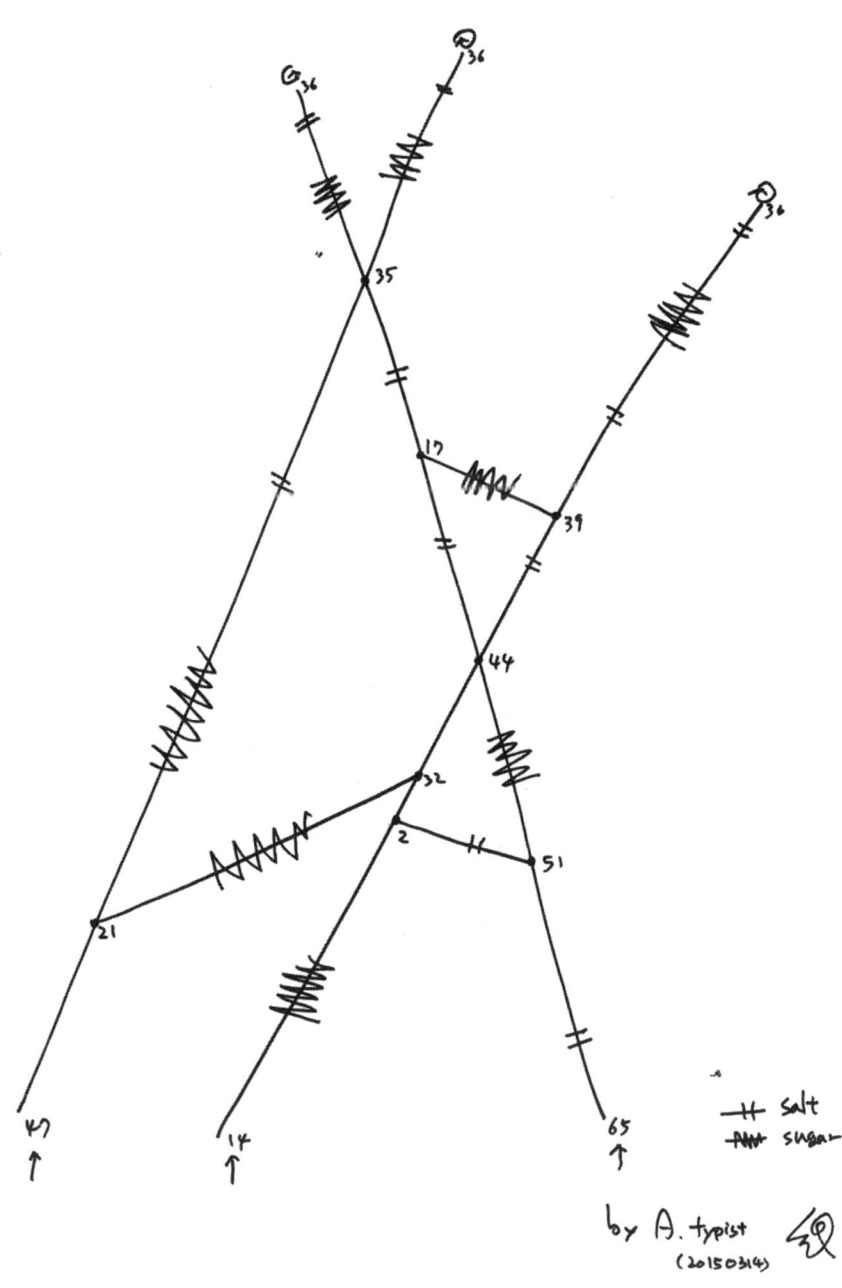

김태용, 〈A.typist 사운드 공연을 위한 악보〉, 종이에 잉크, 2015년 3월 14일 ©김태용

들과 수학자들이 논리를 풀어가는 방식을 어떻게 글에 형식적으로 도입해볼 수 있을까 하는 데 더 관심이 있어요. 그런데 저는 답을 찾아가기까지는 재미있는데 그 답을 읽으면 시시해져버립니다. 그 답을 얻는 과정은 수학 문제를 풀어가듯이 풀어가지만, 그 답이 내려지는 순간 스스로 오답을 선택한다든가, 오답의 문장을 쓴다든가 합니다. 보통 소설에서는 a 다음에 b가 나오고 c가 나온다면, 저는 a를 쓰고 b를 쓰고 갑자기 f를 쓰고 또다시 a를 쓰는 이런 방식이 흥미롭습니다. 최근에 장편을 그렇게 썼는데 재미있었습니다.

오 답을 찾아가는 과정에서는 기존의 방법론을 따라가다가 답이 도출될 때쯤 그것을 무너뜨리는 일종의 모래성 쌓기 같은 게임을 하신다는 건가요?

김 그렇죠. 우리는 보통 문제의 답을 찾아가면서 아주 견고한 뭔가를 머릿속에서 쌓아가며 예상을 합니다. 그리고 그 결과로 세모나 동그라미 같은 일정한 모양의 답이 나와야 하죠. 그런데 저는 그게 세모가 됐든 동그라미가 됐든 답의 형태가 나타나면 거기에 뿔을 하나 단다든지 해서 뾰족하고 기이한 동그라미가 되게 하는 거죠. 우리는 보통 소설이나 이야기를 읽을 때 다음에 어떻게 될지, 인물이 어떻게 될지에 대해서 기대를 하게 되잖아요. 저는 그 기대를 일부러 배반하는 재미 그는 자신을 위대하게 만든 수식의 오류를 뒤늦게 발견한 수학자처럼 창에 이마를 대고 있다. 창밖의 낡은 건물이 드문드문 보인다. 그렇게 보인다. 건물은 눈에 덮여 있고, 그것은 곧 녹아내릴 것만 같다. 그렇게 믿고 있다. 믿어야 한다. 믿는다. 녹아내린다면. 그의 눈은 젖어 있다. 눈이 자주 젖는다. 그는 이곳으로 왔다. 왔는가. 그는 여기에 있다. 있는가. 지금은 그렇다. 그가 보는 것은 눈이지만 그의 시선은 눈 너머에 가 있다. 창이 열리지 않는다. 그렇다면 이 창은 창이라고 할 수 있을까. 의자를 들어 창에 던지는 장면을 본 적이 있던가. 창은 깨지지 않고 의자 다리가 부러질 것이다. 부러진 의자 다리를 보며 그의 눈은 다시 젖어 들어갈 것이다.

천장에 달린 환기구를 통해 방 안의 공기는 적절히, 과연 적절하다는 것은 무엇인가, 유지되고 있다. 그렇게 믿자 믿을 수 없는 정도로 방 안의 공기가 탁하게 느껴진다. 환기구를 통해 먼지들이 방 안으로 쏟아져 내리고 있는 것이 보인다. 그동안 그는 왜 그것을 보지 못했는가. 환기구는 그의 손이 닿을 수 없는 높은 곳에 있다. 올려다보면 아찔한 높이에서 아래를 내려다보는 것만 같은 현기증이 일어난다. 계속 느껴보고 싶은 현기증이다. 이곳의 장점은, 그러니까 이 방을 택한 이유는 높은 천장 때문이었다.

너무 높지 않나요?

목소리가 들렸는데, 그렇다, 그는 혼자 있는 것이 아니다. 어떤 목소리와 함께 있다. 목소리가 들리지 않을 때 그는 생각하고, 그가 생각할 때 목소리가 다시 들린다. 목소리의 형체. 형체의 목소리. 그것은 아주 단순한 구조와 기능을 가진, 어떤 장치다. 그는 장치

또 다른 합

를 중요하게 봅니다.

박 재미있네요. 인도나 동남아 쪽에서는 아침마다 곡식 가루로 정성을 다해 만다라를 만들고 나서 그 만다라를 버려둔다고 해요. 곡식 가루가 바람에 날리고 새들이 와서 쪼아 먹고 하면서 만다라는 이지러지고 흩어지죠. 그러면 그 다음날 아침에 또다시 정성을 다해 그날의 만다라를 만든다는 거지요. 이런 과정 자체가 매우 물질적이지 않나 싶어요. 선생님의 소설 쓰기 과정이 이와 가깝다 싶네요.

김 예, 바로 그런 과정 자체가 만들기의 시작과 끝이죠.

박 저는 선생님 작품을 읽으면서 문장들이 후각을 자극한다는 느낌을 받았어요. 2013년 인디트랜스 세미나에서 언어의 물질성과 감각에 관해 한 이야기도 흥미롭게 들은 기억이 있는데요. 후각성, 또는 넓게 얘기해서 감각성과 물질성이 선생님 작업에서 어떤 의미를 갖나요?

김 제 글에서 냄새가 난다거나 후각적이라는 느낌을 받는 것은 제가 의식적으로 그런 요소를 작품에서 활용해서인 듯합니다. 소설에서는 실제 묘사를 보통 시각적으로 하는데, 저는 시각적인 묘사도 중요하지만 다른 감각들, 후각이라든지, 특히 청각과 촉각을 어떻게 언어로 만들어낼 수에 속해 있고, 속고 있다. 장치는 곧 그녀로 불릴 것이다. 여기 있는 동안 그가 그로 불리는 것처럼. 그가 그녀에게 장치의 기능을 하는 것처럼. 그런 적은 없다. 그는 그녀에게 장치가 될 수 없고, 그녀를 그라는 장치에 속하게 만들 수 없고, 그러니 속일 수도 없다. 그는 목소리를 무시하고 천장을 올려다보았다. 높아서 좋은 것은 천장이고, 인간이라면 높은 곳을 올려다 볼 수 있는 곳에 위치해 있어야 한다. 그는 자신의 생각에 밑줄을 그을 뿐 목소리의 주인을 쳐다볼 생각은 하지 않았다.

김태용, 장편 『벌거숭이들』(2015) 중에서

있을까 하는 고민을 의식적으로 했어요. 사실 물질성이라는 것이 잘 잡히지 않는 것이죠. 하지만 언어와 언어 사이에서 관계 맺어지는 이미지나 장면들이 냄새나 소리를 유발해 순간적이나마 물질적으로 감각되는 경우가 있어요. 그런 면에서 물질성을 이야기할 수 있을 것 같습니다.

오 언어가 읽는 사람으로 하여금 촉각, 청각, 후각 같은 감각을 불러일으키는 것을 언어의 물질성이라고 보신다는 건가요?

김 그렇죠. 제가 언어의 물질성에 대해 미처 의식하지 못하고 있을 때였어요. 사운드 아트를 하는 류한길 씨가 제 첫 장편을 보고 약간 충격을 받았다는 거예요. 전혀 의미가 없는 어휘들이 이야기의 끈이 느슨해진 상태에서 문자로 그림도 그리고, 그 어휘들을 소리 내어 읽었을 때 이상하게 만들어지는 어떤 구절들을 보고 류한길 씨가 자극을 받았다는 거죠. 그래서 류한길 씨와 같이 음악 작업을 하게 됐어요. 그 친구가 눈으로 읽는 순간 소리가 들리는 것 같은 물질성을 느끼게 되는 것이 기쁘기도 하고, 힘도 얻고, 배우기도 했습니다. 그러면서 스스로를 확인하게 됐습니다. 문학 하는 사람들은 주제 의식이라든가, 이것이 왜 이렇게 되는가를 논리적으로 설명하는 편인데, 사운드 아티스트들은 그냥 직관적으로 문장에서 소리를 들으니까 그것이 더 흥미롭다고 생

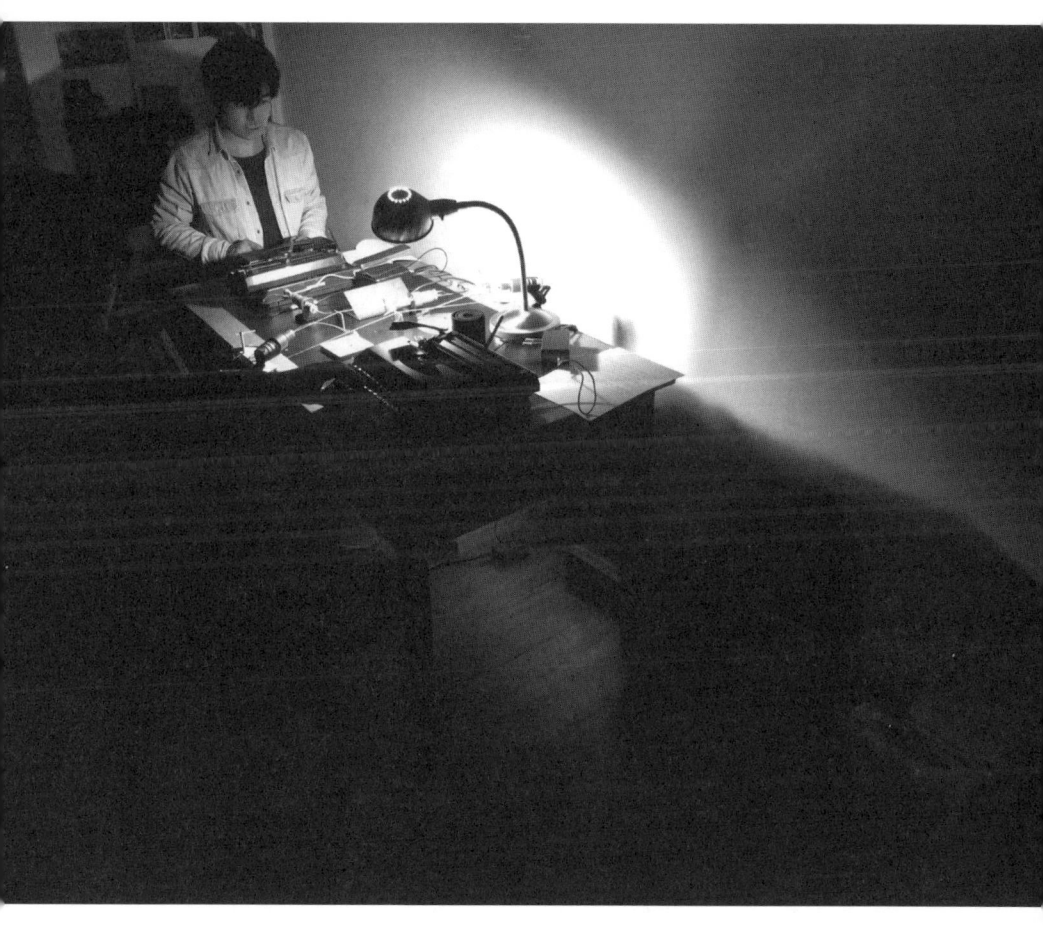

사운드 퍼포먼스 그룹 A.Typist의 공연, 김태용, 류한길, 로 위에, 스위스 취리히, 2014년 2월 25일

각되었습니다.

박 글쓰기와 사운드 작업이 선생님에게는 어떻게 연결되어 있나요?

김 첫 장편 이후에 소리에 대한 인식이 바뀌었어요. 주변의 모든 소음을 좋아하고 궁금해하게 돼서 지금은 우연히 어떤 소리들이 반복적으로 들려올 때 관심을 기울이고, 가끔 녹음을 하고 있어요. 두 번째 장편을 쓸 때부터는 의도적으로 청각적 요소들을 많이 넣게 되었어요. 특히 독자들에게 외부 환경을 자극시키기 위해 청각적 요소를 많이 활용합니다.

오 장편에 쓰셨던 의성어들이 방법론이나 언어적인 사고 영역에서 이뤄질 텐데요. 그런데 노이즈들은 비언어적이라 할 수 있는데, 두 번째 소설에서 그런 비언어적 노이즈를 녹여서 쓴 방법론은 어떤 것이었나요?

김 연극적 방법론을 차용한 것이죠. 연극적 대사를 소설 공간에 펼쳐놓으면 때론 과장되고 거북하게 들리고 읽힙니다. 또한 인물이 무언가 바라보고 움직일 때 나는 소리에 집중에 표현해보려고 했지요. 그 소리가 반복적으로 들려올 때 음악성을 띤 문학적 노이즈가 되지 않을까 생각했습니다. 반복적인 소음들에 집중하며 독백 위주의 작품을 썼어요.

박영선

박영선, 〈청테이프를 보다〉, 디지털 프린트와 설치, 청테이프, 종이, 벽, 2009-2016 ⓒ박영선

박 수학자 최재경 선생님은 수학적인 모티브로 소설을 쓰는 작업에 관심이 있으십니다. 2014년 인디트랜스 협업 프로젝트 '연결할 도시'에서 공감각적 도시를 위한 설계도 작업의 한 단계로서 세 편의 소설이 생산되었는데, 소설가로서 어떻게 보셨나요?

김 참여한 작가분들과 잘 알고, 제게는 워낙 익숙한 소설 패턴들이었지만, 흥미로웠습니다. 최재경 선생님의 소설은 처음부터 계산에 의해서 세계를 만들어가고 싶어 하는 것 같은 느낌이었는데요, 이야기는 미궁에 빠져 있는 것이지만 앞뒤가 딱딱 맞아떨어진다는 점에서 놀라웠어요.

오 예술가들이 과학에 접근할 때는 전문성의 벽이 높다고 많이들 느끼는데, 만남의 벽을 해결할 방안에 대한 의견이 있으신지요? 인디트랜스 세미나에서 물리학자와 대화한 것이 작업에 어떤 영향을 미쳤나요?

김 뒤의 질문에 대한 답을 먼저 하자면, 당시 청탁받은 소설이 있었는데 SF였습니다. 자연스럽게 우주 이야기를 쓰면서 암흑 물질 이야기를 쓰게 되었는데 많은 자극이 되었습니다. 저는 소설을 쓸 당시 우연히 벌어지는 일들을 활용해서 왜곡을 하는데, 인디트랜스 세미나에도 소설을 쓰기 위해 갔던 것 같습니다. 평상시에 접할 수 없는 기회였고, 소설을 다채롭게 쓸 수 있는 좋은

박영선, 〈또 다른 시간-경포대해수욕장〉, 젤라틴실버프린트, 1997 ©박영선

계기가 되었습니다. 융복합이란 것을 돈을 줘서 하라면 할 수야 있겠지만, 사실 그것이 과연 좋은 결과를 낳을지는 모르겠습니다. 현재 한국 문화계에서 일어나는 융합적 기획들 대부분이 '융복합'이라는 말에 속고 있는 것 같기도 합니다. 어느 기관에서 지원을 받든 안 받든, 당장의 결과를 노리면 어떤 것도 안 되는 것 같습니다. 인디트랜스처럼 길게 보고 과정에 집중하면서 논의를 지속하는 방향이 좋을 것 같습니다.

박영선, 〈인왕산과인왕산과〉, 폴라로이드 사진, 1997-2000년 ©박영선

박영선, 〈인왕산과인왕산과〉, 폴라로이드 사진, 2000년 12월 어느 하루 ©박영선

부록
인디트랜스의 활동 과정

* 인명 표기에서 배열의 순서가 특별한 의미를 갖지 않는 경우 가나다순을 기준으로 했고, 존칭과 직함은 가급적 생략했다.

2012년
5월

고등과학원 초학제 연구 프로그램이 발족되었다.
패러다임-독립연구단이 연구 활동을 시작했다.

6-8월

한국에서 최초로 시작된 본격적인 초학제 연구 프로그램에 학자들이 관심을 보이면서 비공식적인 작은 공부 모임이 만들어졌다. 김시천(철학), 박부성(수학), 박영선(사진), 성민규(과학사회학), 송종인(철학), 오준호(매체예술), 최강신(물리학) 등 총 7명의 연구자가 참여했고, '인디트랜스(Indie-Trans) 세미나'라는 이름을 붙였다.

몇 번의 준비 모임에서 세미나 진행 형식과 내용을 아래와 같이 결정했다.
1. 팀원들이 각자 주제를 몇 개씩 제안하고 그 주제들을 모아 연결도를 만든다.
2. 매달 하나의 주제를 정하고, 발제자가 미리 발제문을 팀원과 공유한다.
3. 팀원 전원이 각자의 연구 분야에서 그 주제가 어떻게 다루어지는지를 A4 용지 1장 정도의 논평문으로 써서 공유한다.
4. 세미나에서 만나 발표와 토론을 한다.

8월 24일

1회 인디트랜스 세미나 개최
주제 하나의 몸, 두 가지 시선
발제 김시천
논평 박부성, 박영선, 성민규, 송종인, 오준호, 최강신

세미나 진행을 맡은 초학제 공동연구원 송종인의 타계로 세미나가 중단되었다.	8월 말
남은 팀원들이 과학자들과의 교류를 강화하는 방식으로 형식을 바꾸어 세미나를 재개하려고 했으나 성사되지 못했다.	9월
인디트랜스 재개를 위해 박영선, 오준호가 주일우와 협력해서 프로그램을 새로운 방식으로 진행하기로 하고, 고등과학원 초학제 운영위원회와 패러다임-독립연구단(책임: 서울대 철학과 교수 김상환)의 활동 승인을 받았다. 일회성 발표를 피하고 여러 번 개인적 대화를 나눈 뒤 도출되는 주제에 관해 공동 발표를 하는 방향으로 진행하기로 했다. 당시로서는 생소한 과학자와 예술가의 만남에 조정자의 역할이 필요하다고 생각되어 오준호와 주일우가 조정을 맡기로 했다.	10월
대화가 성공적으로 이루어질 수 있도록 팀을 짜기 위해 초학제 연구에 참여 의사가 있는 과학자들에게 설문 조사를 실시했다. 설문 조사 결과를 바탕으로 2013년에 1년간 진행할 과학자-예술가 공동 발표 팀 구성 작업을 진행했다. 세미나의 다양성과 창발성을 높이기 위해 초학제 연구에 관심 있는 다양한 영역의 연구자와 예술가들이 모여 인디트랜스 그룹을 구성했다. 그룹원들은 매달 고등과학원에서 개최되는 과학자-예술가 공동 발표 세미나에 지속적으로 참석해서 공동 발표를 듣고 함께 대화하기로 했다. 1월 발표 팀인 물리학자 이기명과 조각가 김주현의 사전 대화가 고등과학원에서 2회에 걸쳐 진행되었다.	11-12월
인디트랜스 세미나가 재개되었고, 웹 페이지가 고등과학원 초학제 연구 프로그램 패러다임-독립연구단 안에 개설되었다. 다음과 같은 인디트랜스 소개 글을 웹 페이지에 올렸다.	2013년

"과학과 인문, 사회, 예술 분야의 폭넓고 자유로운 만남이 초학제적 수준에서 실현되기 위해서는 각 분야 연구자들의 지속적인 대화가 구체적 주제를 중심으로 이루어질 필요가 있다. 또한 기존의 학제 내, 학제 간 연구에서 제기되기 어려운 초학제적 문제를 발견하고 발전시키기 위해 새로운 만남의 형식을 모색할 필요가 있다. 인디트랜스 그룹은 이러한 초학제적 주제와 형식의 모색에 관심과 열의를 지닌 자연과학자와 인문·사회·예술 분야 연구자, 그리고 다양한 장르의 예술가들이 모여 이룬 초학제적 공동체다. 그룹원들은 관심사별로 팀을 이루고 공유된 주제에 관해 자유롭게 토론하는 세미나를 2013년부터 진행하고 있다."

2013년 한 해 동안 11개 팀의 공동 발표와 1개의 초청 강연이 개최되었다.

공동 발표 세미나의 경우 모든 팀이 사전 대화를 팀별 사정에 따라 1-6회 정도 가졌다. 사전 대화에는 과학자, 예술가, 해당 팀의 조정자, 박영선이 참석했다. 온라인으로 개별적인 대화도 자유롭게 이뤄졌다. 사전 대화 과정에서 합의된 주제를 가지고 과학자와 예술가가 공동 발표를 준비하고 세미나를 열었다.

매월 도출된 주제와 공동 발표 팀, 개최 일정은 다음과 같다.

1월 10일	경험과 실재: 보이지 않는 실재에 대한 과학적 경험과 예술적 경험 이기명(양자장론과 초끈이론) - 김주현(조각)
2월 14일	곡면의 특성: 극소곡 면의 수학적 특성과 건축에서 곡면의 문화적 특성 최재경(미분기하학) - 함성호(건축, 시)
3월 14일	초청 강연 성장하는 불안정성으로의 실험 김윤철(예술, 전자음악 작곡)

문학적 메타포와 물리적 실재   **4월 12일**
전웅진(입자물리학)-서준환(소설)

양면성, 그리고 빼기의 방법론   **5월 10일**
이필진(초끈이론)-박영선(사진)

위상수학과 영상 미술: 위상학적 구상과 영화적 구조   **6월 13일**
김인강(위상수학)-이행준(실험영화)

극단적 질문들: 과학과 과학소설의 사고실험   **7월 15일**
이강영(입자물리학)-정소연(과학소설)

부름과 불응: 또 다른 질문과 방법들   **8월 14일**
배윤호(영화 연출, 공간 디자인)-한유주(소설)-오재우(미술)-
심제민(매체예술, 공연 연출)

되돌림 : 우주를 닮은 무한 소리 예술   **9월 16일**
박창범(천체물리학, 우주론)-권병준(사운드 디자인)

과학과 예술에서 측정과 매개의 문제   **10월 18일**
최강신(입자물리학)-오준호(매체예술)

스핀 하프 머신: 스핀 하프 현상의 시각화   **11월 11일**
김재완(양자정보학)-이준(매체예술)

숨겨진 세계, 드러난 언어   **12월 12일**
고병원(고에너지물리학)-김태용(소설, 텍스트 사운드 퍼포먼스)

2014년 2013년에 진행된 공동 발표 세미나 과정에서 과학자와 예술가 사이의 융화와 상호 이해가 진전되면서, 공동 발표 세미나에서 발견된 문제들을 보완하는 새로운 형식을 모색했다.
2014년에는 협업 세미나, 그리고 정기 세미나 및 심포지엄의 두 갈래로 진행했다.

1. 협업 세미나를 매달 2회 이상 개최했다.
2. 정기 세미나와 심포지엄을 2-3개월에 한 번씩 개최했다.
세미나 진행 세부 내용은 아래와 같다.

1. 협업 프로젝트 도시-에 (dossier)

'도시-에' 팀은 근대적 효율성을 바탕으로 하는 공간 미학의 한계를 21세기의 전 지구적 보편성과 한국적 특수성의 맥락에서 검토하고, 그 한 대안으로서 '과학적-예술적으로 가능한' 공감각적이고 관계적인 도시 공간을 탐색하는 초학제 연구를 수행했다.

기획-진행
박영선, 함성호

위상-소설 팀
서준환(소설), 최재경(미분기하학), 한유주(소설)

물질-행위 팀
김제민(매체예술, 공연 연출), 배윤호(영화 연출), 오재우(미술), 이기명(초끈이론), 전웅진(입자물리학)

진행 지원
이인협(매체예술), 양동훈(철학)

1월 하나의 구체적 주제를 정하고, 소수의 팀원이 집중적으로 대화할 수 있는 협업 프로젝트를 인디트랜스 그룹원들에게 제안했다.

함성호가 근대 도시 공간의 문제를 해결하기 위해 행위 중심의 '공감각적 도시 공간'을 과학자와 예술가들이 모여 함께 모색해 보자고 제안했다.
김제민, 배윤호, 서준환, 오재우, 이기명, 전웅진, 최재경, 한유주가 제안에 공감하고 합류하여 1년간 진행될 협업 팀이 구성되었고 세미나가 시작되었다.
한유주가 팀의 이름으로 '도시-에(dossier)'를 제안했다. 도시-에는 한국어로는 '도시(都市)+에'이면서 불어로는 'dossier' 즉 서류(보관함), 기록, 사건 등을 뜻한다.

2월

첫 세미나에서 함성호가 쓴 아이디어 제안서에 대한 설명을 듣고 토론했다.
두 번째 세미나에서 최재경이 과학과 예술이 만날 수 있는 도시 공간 모델로 4차원 하이퍼큐브를 제안하고 그에 관한 글을 공유했다. 전웅진이 차원의 변화에 대해 예술가들에게 설명하고 숨겨진 차원에 관한 글을 써서 팀원들과 공유했다. 함성호가 뫼비우스 입체 공간에 대해 얘기했다.
세 번째 세미나에서 함성호가 뫼비우스 입체 공간의 종이 모형을 가져와 설명하고 대화했다.

3-6월

건축학자 김정인 교수가 세미나에 참석해서 동아시아의 전통 공간과 근현대 도시 공간의 특성에 대해 발표하고 도시 공간의 대안을 수학적으로 접근하는 방식에 대한 의견을 개진했다.
도시의 모델을 물질적으로 만들어 제시하기보다, 1차적으로는 가능한 관계 공간의 개념적 구조를 모색하는 방향으로 대화가 진행되었다.
서준환과 한유주가 카프카의「변신」에서 시공간성의 문제, 허먼 멜빌의『필경사 바틀비』에서의 고착된 시공간의 문제를 이야기했다. 한국어에서 주어가 생략되는 현상과 우리가 근대적 시공간을 구성해가는 과정에서 부딪히는 문제들, 소설적 공간이 도시 공간, 위상학적 공간과 맺는 관계의 다양한 사례를 제시하

	고 함께 대화했다. 팀을 진행의 편의상 위상-소설 팀과 물질-행위 팀으로 구분했다.
	도시-에 팀원의 연구를 위한 참고 문헌 자료집을 만들어 공유하고, 세미나에서 관련 주제들에 관해 대화했다.
7-8월	위상-소설 팀 세미나에서 협업 팀의 공감각적 도시 공간의 설계도가 소설로부터 시작되는 방향으로 나아갔다. 위상학과 소설의 결합 작업이 필요하다는 데에 팀원들이 공감했다.
	최재경, 서준환, 한유주의 소설 설계도가 생산되었다.
	팀원 전원이 세 작품을 함께 소리 내어 읽고 감상과 후속 작업에 관해 대화했다.
9-12월	후속 작업의 세부를 보다 더 탐색하기 위해서 고등과학원 과학자들을 초청해서 각 연구 분야와 내용에 대해 집중적으로 이야기를 듣고 팀원들이 질문하는 세미나를 3회 가졌다. 공간과 차원의 문제, 자연 생태 공간과 수학적인 공간의 연결 가능성을 논의하면서 후속 설계도와 협업 마무리 방안에 관해 논의했다.
	수학자 최재경과 물리학자 전응진은 협업 기간 내내 거의 빠짐없이 세미나에 참석하여 수학과 물리학에 대한 예술가들의 질문에 언제나 쉽고 재미있게 충분히 답해주고 대화했다.
2. 정기 세미나와 심포지엄 체계와 예술	2013년 공동 발표 세미나에서는 다루어진 많은 주제들 중에 보다 발전시켜야 할 것들을 협업 팀 도시-에의 주제와 연결시켜 다시 생각해볼 수 있는 넓은 장(場)이 마련되기를 기대했다. '체계와 예술'을 대주제로 하고 관련된 몇 개의 작은 주제들을 연결하여 세미나를 조직했다. 다양한 분야 발표자들을 여러 명 초대해 세미나를 진행한 경우, 일방적인 기획과 요청보다는 발표자들이 사전에 만나 대화하는 과정을 통해 발표의 내용이 그들의 만남 과정에서 초학제적으로 변화, 조율될 수 있기를 기대했다. 2월, 4월, 11월의 정기 세미나와 12월에 개최한 심포지엄의 경우,

발표자들이 사전에 미리 만나 서로의 영역과 관심사에 관해 대화했다.

수학 + 존재 + 시   2월
집합론, 강제법, 실제와 가상의 대화
김병한(수리논리학)
알랭 바디우, 수학적 존재론과 그 너머의 시
장태순(철학)
시적 사건과 수학적 사건
함성호(건축, 시)

소리 + 몸 + 과학   4월
공연과 담화 버려진 객체 뒤의 음악
류한길(음악)
숭력과 몸 사이에서 말하기
정영두(안무)
형태, 소리, 과학
이필진(초끈이론)

리사이클링 시네마: 데이터베이스적 상상력과 아카이브적 상상력   6월
유운성(영화 평론)

소리   11월
물질과 소리
박창범(천체물리학, 우주론)
소리 또는 악(樂): 혜강의「성무애락론」으로부터
한지훈(음악미학)
공연과 담화: 소리의 물질성과 사건성 속에서
진상태(음악)
논평 김윤철(예술, 전자음악 작곡), 함성호(건축, 시), 류한길(실험 음악), 윤원화(매체 연구, 번역)

12월	한국어, 그 시간과 공간
	한국 근대 자유시의 기원: 노래의 상실과 우울
	박슬기(한국 현대문학, 문학비평)
	한국 문학의 시간
	이영준(한국 현대문학)
	혼돈 속에서 개념 세우기
	김진석(철학)
	논평 서준환(소설), 한유주(소설), 함성호(건축, 시)
	심포지엄 물질과 에너지
	암흑 물질과 암흑 에너지
	전웅진(입자물리학)
	물질과 기, 그리고 기의 수련
	이용주(종교학)
	사물의 풍경과 탈인간적 미디어 생태학
	오준호(매체예술)
	공연과 담화 빛과 무거움
	김윤철(예술, 전자음악 작곡)
	논평 류한길(음악), 한지훈(음악미학), 김수철(문화 연구), 윤준성(매체미학), 이기명(초끈이론), 함성호(건축, 시)
2015년	도시-에 팀의 공식적 연구 기간은 끝났지만 팀원들이 고등과학원에 모여 마무리 작업을 위한 세미나를 여러 차례 열었다.
1월	함성호가 최재경, 서준환, 한유주의 소설에 이어 연결합 도시의 설계도 초안을 만들었다.
4월	물질-행위 팀의 배윤호, 김제민, 오재우가 공연에 대한 각자의 구상을 발표했다.

도시-에 팀의 마무리를 위한 행사에 관해 각자의 진전된 구상을 다시 이야기했다.	**7월**
공연을 포함한 심포지엄을 열고, 인디트랜스 활동에 동참했던 과학자, 예술가들의 대담을 진행하고 그 기록 영상을 제작하기로 했다.	
김제민이 모든 팀원이 연출자이자 배우로 동등하게 참여하는 형식의 공연을 제안했고, 즉석에서 팀원들과 행위 연습을 했다.	
배윤호, 오재우, 박영선이 과학자와 예술가의 대담을 진행하고 기록 영상을 촬영했다.	
협업 마무리 심포지엄 준비를 진행했다.	**8월**
김윤철이 공연 준비 과정에서 합류하여 공연을 위한 알고리즘 제작과 공간 디자인을 맡았다.	
김태용(2013년 12월 인디트랜스 세미나 공동 발표)이 공연에 합류했다.	
모두 김윤철의 스튜디오 로쿠스솔루스에 세 차례 모여 공연 세부를 논의하고 연습했다.	
고등과학원 1503호에서 공연 〈흩어진 합〉의 리허설을 했다.	**8월 27일**
심포지엄 '연결합 도시'를 개최했다. 심포지엄 진행 내용은 다음과 같다.	**8월 28일**

인디트랜스 협업 팀 도시-에의 심포지엄
연결합(連結合) 도시

2015년 8월 28일 저녁 7시
고등과학원 1호관 5층 세미나 룸 1503호

공연

〈흩어진 합〉

김윤철, 김제민, 김태용, 박영선, 배윤호,
서준환, 김제민, 최재경, 한유주, 함성호

상영

다큐 〈연결합 도시〉

강연

인디트랜스와 연결합 도시
박영선
과학과 예술의 연결합
최재경
연결합 도시, 그 조우(遭遇)
함성호

2017년 4월 인디트랜스 그룹의 초학제 연구 활동을 정리, 기록한 고등과학원 초학제연구총서 제6권 『체계와 예술』, 제7권 『연결합 도시』 발간.
과학자와 예술가의 대담 영상 〈연결합 도시〉와 공연 〈흩어진 합〉의 기록 영상 공개.

관련 웹 페이지 주소

고등과학원
http://www.kias.re.kr/

고등과학원 초학제 연구 프로그램
http://newton.kias.re.kr/trans2/

패러다임-독립연구단
http://conf.kias.re.kr/trans/paradigm/

인디트랜스 세미나
http://conf.kias.re.kr/trans/paradigm/indie-trans/

과학자와 예술가의 대담 영상 〈연결합 도시〉
https://youtu.be/PDILt9-YFLI

공연 영상 〈흩어진 합〉
https://www.youtube.com/watch?v=CV3ioxXL-bw&feature=youtu.be

2017년 3월 박영선 정리

물리학자 이기명 교수와 조각가 김주현 작가가 발표한 2013년의 인디트랜스 공동발표 세미나 첫 회를 마치고 참석한 그룹원들이 기념사진을 촬영했다. 왼쪽에서부터 지그재그 방향으로 오재우, 이기명, 김주현, 이강영, 박영선, 김수환, 함성호, 정소연, 김홍중, 최재경, 서준환, 전응진, 배윤호, 서영채, 주일우, 이상수, 오준호, 이관수, 유운성, 이준. 2013년 1월 10일 고등과학원 세미나실 1423호.

인디트랜스 공동발표 세미나에서 수학자 김인강 교수와 실험영화예술가 이행준 작가가 '위상수학과 영상미술: 위상학적 구상과 영화적 구조'라는 주제로 공동발표를 했다. 2013년 6월 13일 고등과학원 1호관 2층 회의실.

함성호 시인이 하이퍼큐브에서 바깥으로 확장되는 차원들을 정육면체 '안으로' 확장시키는 것이 '시'라고 이야기했다.

렘 콜하스의 「정크 스페이스」를 함께 읽고 도시 공간 설계에서 제기되는 '가치와 욕망'이라는 두 기준의 충돌 양상에 관해 대화했다. 2014년 7월 11일 위상-소설 팀 세미나, 고등과학원 세미나실 1424호.

세 편의 완성된 소설 「수미쌍관」-「튜브맨」-「없」을 도시-에 팀원들이 모두 돌아가며 낭독한 뒤 이후 작업 진행에 관해 대화했다. 위상-소설 팀과 물질-행위 팀 전체 세미나. 2014년 10월 27일 고등과학원 2층 회의실.

김윤철 작가의 스튜디오 로쿠스솔루스에서의 공연 준비 모임. 2015년 8월 12일.

김제민이 몸과 행위, 시간의 관계를 어떻게 표현할 것인가를 얘기하며 팀원들의 동작 연습을 이끌었다.
2015년 7월 1일 고등과학원 1424호.

'오늘 각자가 직접 했던 일상적 동작 중에 다섯 개를 떠올려서 연결해 연습한 뒤 2분 동안에 표현하라'는 김제민의 주문을 받고 한유주가 표현했다. 2015년 7월 1일 고등과학원 1424호.

도시-에 팀의 협업을 마무리하기 위해 팀원이 모두 모여 상의와 연습을 한 뒤 기념사진을 촬영했다. 왼쪽에서부터 전응진, 배윤호, 박영선, 한유주, 함성호, 서준환, 김제민, 최재경, 오재우. 2015년 7월 1일 고등과학원 1호관 앞뜰.

참고 문헌

김승옥, 2004,「서울, 1964년 겨울」,『무진기행』, 문학동네.
김진석, 2001,『이상현실, 가상현실, 환상현실 — 초월에서 포월로 3』, 문학과지성사.
김진석, 2017,「포월에서 월포로」,『체계와 예술』, 고등과학원 초학제연구총서 6, 이학사.
로브그리예, 알랭, 2003,『질투』, 민음사 세계문학전집 84 , 박이문, 박희원 옮김, 민음사
르페브르, 앙리, 2011,『공간과 생산』, 양영란 옮김, 에코리브르.
르페브르, 앙리, 2013,『리듬분석 — 공간, 시간, 그리고 도시의 일상생활』, 정기헌 옮김, 갈무리.
리오니, 레오, 2013,『프레드릭』, 최순희 옮김, 시공주니어.
멜빌, 허먼, 2014,『필경사 바틀비』, 공진호 옮김, 문학동네.
바하만, 잉게보르크, 1998,『추락하는 것은 날개가 있다』, 김재혁 옮김, 자연사랑.
박상륭, 2014,『죽음의 한 연구』상, 하 문학과지성 소설 명작선 11, 12, 문학과지성사.
박영선, 2013,「기억과 상상, 그 사이에서」,『과학의 지평』, No. 48, 고등과학원.
박영선, 2017,「언더프린트의 담벼락」,『체계와 예술』, 고등과학원 초학제연구총서 6, 이학사.
서준환, 2017,『다음 세기 그루브』, 문학과지성사.
아감벤, 조르조, 2014,『도래하는 공동체』, 이경진 옮김, 꾸리에.
애벗, 에드윈, 2009,『플랫랜드 - 모든 것이 평평한 2차원 세상』, 윤태일 옮김, 늘봄.
이상, 2005,「날개」,『날개 — 이상 단편선 1』, 문학과지성사 한국문학전집 16, 김주현 엮음, 문학과지성사.
이상, 2012,「지도의 암실」,『이상소설전집』, 민음사
이영준, 2017,「한국문학의 시간」,『체계와 예술』, 고등과학원 초학제연구

총서 6, 이학사.

임경규, 2014, 「정크스페이스와 유토피아의 변증법」, 『문학과사회』 Vol. 27(2), pp. 432-446.

전웅진, 2017, 「암흑 물질과 암흑 에너지」, 『체계와 예술』, 고등과학원 초학제연구총서 6, 이학사.

제임슨, 프레드릭, 2014, 「미래도시」, 『문학과사회』, Vol. 27(2), pp. 447-478.

조세희, 2000, 『난장이가 쏘아올린 작은 공』, 이성과힘.

조윤설·조택연, 연도 미상, 「조택연 신경 미학의 DDP 산책」, 홍익대 미술대학 산업디자인과 자료.

조이스, 제임스, 2001, 『젊은 예술가의 초상』, 이상옥 옮김, 민음사.

최재경, 「비유클리드 기하학의 역사」, http://newton.kias.re.kr/~choe/noneuclid.html

카뮈, 알베르, 2011, 『이방인』, 민음사 세계문학전집 266, 김화영 옮김, 민음사.

카프카, 프란츠, 2010, 『변신』, 윤순식 옮김, 누멘.

캐롤, 루이스, 2013, 『이상한 나라의 앨리스』, 한유주 옮김, 허밍버드.

콜하스, 렘, 2014, 「정크 스페이스」, 『문학과사회』, Vol. 27(2), pp. 479-516.

크랭, 마이크·나이절 스리프트 엮음, 2013, 『공간적 사유』, 최병두 옮김, 에코리브르.

한유주, 2013, 『불가능한 동화』, 문학과지성사.

함성호, 2011, 『철학으로 읽는 옛집 — 조선의 성리학자들은 왜 건축에 중독되었는가?』, 유동.

함성호, 2012, 『반하는 건축 — 함성호의 반反하고 반惑하는 건축 이야기』, 문예중앙.

함성호, 2017, 「흔적의 사유와 길 자체」, 『체계와 예술』, 고등과학원 초학제연구총서 6, 이학사.

황순원, 1991, 「링반데룽」, 『너와 나만의 시간』, 황순원 전집 4, 문학과지성사.

王弼 注, 1973, 『老子道德經』, 商務印書館.

Koolhaas, Rem(director), 2001, *Project on the City*, Harvard Design School.

엮은이와 지은이의 자기소개

박영선

어려서는 시인, 소설가, 화가, 음악가, 철학자 등등이 되고 싶었다. 지금은 딱히 무엇이 되었다고 하기 어려워 대외적으로 '사진가'라고 말한다. 여기저기 돌아다니며 잡다하고 깊이 없이 이것저것을 배우고 가끔씩 만들기도 했다. 고등과학원 초학제연구 프로그램에서 인디트랜스 세미나를 만들고 지속했던 것이 지금까지 인생에서 순보를 낳아 키운 것 다음으로 꼽을 일이 아닌가 싶다. 상투적인 일상에서 이상한 것을 발굴해내는 약간 피곤한 사람들을 선호하는 편이다. 요사이 사진에 대한 생각이 다시 새로워지고 있다.

김윤철

예술가이자 전자음악 작곡가로 현재 베를린과 서울에 거주하며 활동하고 있다. 그의 최근작은 유체역학의 예술적 잠재성과 메타 물질(포토닉 크리스탈), 전자유체역학의 맥락에 집중되어 있다. 2016 콜라이드 국제상(유럽입자물리연구소, 스위스)을 수상했고 VIDA 15.0(스페인) 등에서 수상한 바 있다. 작품은 VIDA 15.0(스페인), Ernst Schering Foundation(독일), 국제뉴미디어아트트리엔날레(중국), Ars Electronica(오스트리아), Transmediale(독일), New York Digital Salon(미국), Electrohype(스웨덴), Medialab Madrid(스페인) 등에서 전시되어왔다. 노르웨이의 발란트예술학교, 독일 바이마르의 바우하우스대학, 독일 슈투트가르트의 메르츠아카데미 등 유럽의 주요 대학에서 강의와 워크숍을 진행해왔으며, 예술·과학 프로젝트 그룹 'Fluid Skies'의 멤버이자(2012-2014), 비엔나응용미술대학의 예술 연구 프로젝트 'Liquid Things'의 연구원으로 (2012-2015) 활동했다. 현재는 고등과학원 초학제연구프로그램 독립연구단 매터리얼리티(Mattereality)의 연구 책임자이다.

김제민

극단 '거미'와 'Creative Group M'의 대표 및 상임 연출을 맡고 있으며 현재 청운대학교 무대예술학과 교수로 학생들을 가르치고 있습니다. 체호프의 〈백조의 노래(깔하스)〉를 보고 벅차오르는 감정으로 연극을 시작했고, 키노드라마를 처음 생각해냈다는 착각에 유레카를 외치며 미디어 아트를 시작했습니다. 지금은 연출가이자 미디어 아티스트로 활동하고 있으며, 저에게 작업은 여행과 같아서 정주하지 않는 삶의 축복입니다.

김태용

소설가. 소설집 『풀밭 위의 돼지』, 『포주 이야기』, 장편소설 『숨김없이 남김없이』, 『벌거숭이들』을 출간했고 '자끄 드뷔망'이란 필명으로 시집 『뿔바지』, 『자연사』, 『겨울말』을 출간했다. 사운드 아티스트 류한길, 로 위에와 함께 사운드텍스트 그룹 'A. Typist'를 결성해 공연을 하면서 언어와 소리의 충돌과 결합을 시험하고 있다. 현재 서울예술대학교 문예창작과에서 소설 창작을 가르치고 있으며 문학의 언어를 기반으로 다양한 매체 예술 언어와 실현에 관심을 갖고 글쓰기의 영역을 확장하려고 한다.

배윤호

경험의 과정이 빠르고 단순해져가는 시대에 무엇을 관찰하고 자신의 경험 과정을 어떻게 표현하고 담을 수 있을까를 고민하다 다큐멘터리를 찍기 시작하였다. 〈하늘에 간 박물관〉(2009), 〈서울역〉(2013), 〈옥포 조선소〉(2015), 〈키들랏 타히믹의 대나무카메라〉(2017) 등의 장편 다큐멘터리를 만들었으며, 공동체 상실에 관한 다큐멘터리를 촬영 중이다. 현재 중앙대학교 예술대학 공연영상창작학부 공간연출전공 부교수로 재직하고 있다.

서준환

2001년 『문학과 사회』로 등단한 후 소설집 『너는 달의 기억』, 『파란 비닐인형 외계인』, 『고독 역시 착각일 것이다』, 『다음 세기 그루브』 등과 장편소설 『골드베르크 변주곡』, 『로베스피에르의 죽음』을 출간했다. 그밖에 『알렉스』, 『주말 소설가』, 『어린 왕자』 등 다수의 번역서를 냈다. 그때그때 다르지만 최근에는 PC-FI(맥북을 이용해 몇 가지 음향 기기를 세팅해놓고 스피커로 음악 듣는 일)에 관심이 있다.

오재우

회화와 미디어 아트를 전공했고, 사회 안에서 미술로 불리는 무엇과 미디어의 발전에 따른 환경과 인식의 변화 관심을 가지고 작업을 진행하고 있다. 2008년 서울시립미술관에서 열린《Sema2008》전을 비롯해 국립현대미술관, 서울시립미술관 등에서 열린 전시에 참여하였고 서울스퀘어, 미술관, 서울 일대 등에서 몇몇 프로젝트와 퍼포먼스를 기획하였다. 2009년 아트스페이스 휴에서 개인전《만성적 판단 유보》을 가졌고, 2011년 아트라운지 디방에서 두 번째 개인전《Collector's Choice》를 가졌다. 이 프로젝트는 2012년 뉴질랜드 웰링턴에서 확장된 방식으로 전시되었다. 2015년《홍상표 작가만들기》를 통해 사회 안에서 예술가의 조건과 창작에 대한 질문을 던지는 작업을 하였고《도시 어르기》를 통해 도시를 무대로 만드는 퍼포먼스를 기획하기도 하였다. 2016년에는 전통음악을 하는 소리꾼과《깊은 사랑》이라는 공연을 구성해나가면서 현재 한국과 전통 그리고 미래에 대해서 고민하며 작업하고 있다.

이기명

이론물리학자. 콜롬비아대학교에서 물리학 박사 학위를 받고 현재 고등과학원 교수로 재직 중이다. 양자장론, 끈이론과 M이론에 걸친 다양한 연구를 하고 있다. 최근에는 M2 브레인과 M5 브레인에 대한 연구를 진행 중이다.

전응진

서울대학교에서 물리학 박사를 받은 후, 독일 뮌헨 공대, 이탈리아 이론물리연구소 등에서 연구원으로 근무하였고, 서울대 연구교수를 거쳐 2002년부터 고등과학원 교수로 재직 중이다. 중성미자와 암흑 물질의 성질을 탐구하고, 새로운 현상의 예측과 검증을 통하여 표준 모형을 넘어서는 이론을 정립하기 위한 연구를 수행하고 있다.

최재경

고교 시절 좋아했던 책은 아인슈타인 전기와 황순원 소설집이었다. 재미있어서 읽고 또 읽었다. 한때 소설가도 꿈꿔봤지만 결국 수학자가 되었다. 그리고 이따금 수학 문제를 풀고 정리를 증명하고 논문으로 발표하며 30여 년을 살아왔다. 그러나 어떤 한 문제는 여러 해 풀려고 노력해도 안 되었다. 뭐 대단한 문제는 아니었다. 그러나 풀릴 듯 안 풀리는 문제 앞에서 내가 한심하다 못해 내쉬는 탄식은 갈수록 쌓이기만 하였다. 마침내 나는 그 마음의 고통을 덜기 위해 한 편의 시 비스무리한 것을 쓰게 되었다. 희미한 옛사랑의 그림자가 수학에 짓눌린 내 마음에 위안을 선사한 것이다. 그 이후로 나는 옛사랑을 가끔 찾아보고 있다.

한유주

소설가. 『달로』, 『불가능한 동화』 등의 소설을 냈다. 녹립 출판사 울리포프레스를 운영하고 있다. 소설을 소설로 만드는 요소들에 대해 관심이 있다.

함성호

초등학교를 두 번 들어갔다. 도저히 산수를 이해할 수 없었다. 틈만 나면 만화당에서 살았고, 기계체조 시 대표 선수였다. 중·고등학교 때는 석고 데생을 지겹게 했다. 그즈음 이상한 무기력증에 편했는데, 보다 못한 작은형이 입시 학원 대신 합기도장에 넣어주었다. 대학 때는 소형 영화제작에 참여했다. 조명, 연출, 심지어 연기도 했다. 그때 영월에 촬영 갔다가 처음 박쥐를 보았다. 방위 소집 해제당하고 설악산 도문동 작은누이네 집에 틀어박혀 하도 심심해서 세계 문학 전집을 읽었다. 그렇게 읽다가 보니까 다 읽게 되었다(처음으로 만화 아닌 걸 집요하게 봤다). 도스토옙스키의 『카라마조프가의 형제들』을 읽고 처음 문학이란 걸 생각하게 되었다. 거기서 보낸 3개월 동안 혼자서 한 달에 감자 한 말씩을 전 부쳐서 먹어치웠다. 그 후 시를 쓰며, 건축설계도 하고 건축 평론도 하면서 적잖이 떠돌며 살았다.

찾아보기

인명

ㄱ

김승옥 45, 47, 51, 55, 57, 59, 67

ㄴ

노자(老子) 212-213
뉴턴(Isaac Newton) 35, 112, 238, 240

ㅁ

멜빌(Herman Melville) 8, 209, 341

ㅂ

바틀비 8, 60, 62, 64, 66, 68, 70, 209, 210, 212-213

ㅇ

아감벤(Giorgio Agamben) 212
아인슈타인(Albert Einstein) 35, 39, 41, 112, 238
오르테가 이 가세트(José Ortega Y Gasset) 69
이상 62, 64, 66, 68, 120, 262, 271

ㅈ

잠자(Gregor Samsa) 47, 59, 61, 63, 67, 71

ㅋ

카프카(Franz Kafka) 45, 47, 61, 63, 67, 69, 71, 75, 341
캐럴(Lewis Carroll) 32

ㅋ

콜하스(Rem Koolhaas) 38, 42, 290, 353

ㅌ

트웨인(Mark Twain) 24

ㅎ

황순원 112, 117-118
황진이 117

사항

ㄱ

가상 25, 38, 54, 281, 343, 360

가설 41, 256, 316, 320

가족 47, 49, 59, 61-63, 65, 67, 69, 73, 133, 145, 159

감각 96, 150, 209, 284, 300, 302, 319, 324, 326,

감시망 66

개인 20, 22, 24, 26, 40, 42, 44, 47, 55, 112, 286, 306

개인주의 53, 55, 57

건축 8, 44, 46, 74, 117, 205, 252, 284, 297, 338, 341, 361

공간성 56, 58, 62, 64

공산시각 266

공감각 6-8, 330, 341, 342

공공성 46

과학 5-7, 9, 23, 31, 35, 77, 183, 205-206, 236, 238, 240, 248, 250, 254, 256, 258, 260, 266, 267, 270, 276, 278, 280, 282, 284, 288, 292, 294, 296, 298, 300, 302, 306, 308, 310, 314, 316, 320, 330, 337-346

과학적 체계 256

관계 7, 8, 22, 31, 35, 52, 54, 57, 59, 65, 67, 70, 118, 120, 146, 182, 205, 256, 302, 314, 318, 326, 341, 356

관계의 방향 31

관계적인 도시 공간 340

관리 21, 23, 167, 205

구시대 공동체의 마지막 폐허 54

구조 8, 35, 36, 41, 323, 339, 341, 350

구조적 동형성 52

구조주의 49

그림자 24, 26, 28, 36, 97, 142-143, 162, 207, 271, 365

그림자놀이 209

근대 21, 26, 49, 55, 59, 62, 65-66

근대 도시 40, 42, 51, 53, 64-65, 67

근현대 48, 341

기억 75, 89, 113, 118, 129-138, 140-141, 144-149, 152, 159, 167, 203, 239, 265, 270, 278, 288, 324, 360, 368

기하학 257, 258, 266, 268, 277, 338, 261

ㄴ

나선 97-98

『난장이가 쏘아올린 작은 공』 24

노동 24, 74, 160

누보로망 64

『눈의 여왕』 26

ㄷ

대수학 266

도시 6-10, 21, 23, 25, 29, 31, 36, 38, 40-51, 56-60, 61-70, 73-75, 77, 99-100, 147, 155, 160, 162, 165-166, 169, 179, 188, 204-206, 209, 213, 239, 252, 258, 274, 276, 284, 286, 290, 299, 312, 330, 340-342, 345-346, 353, 358

도시 공간 6-7, 58, 72, 77, 340-342, 353

도시 위상학 258

도시의 변화 63

ㄹ

링반데룽 95-96, 98, 109, 118, 180

ㅁ

매듭 73, 111, 124, 211, 213, 304
매체 28, 30, 52, 54, 262, 271
메르헨 24, 26, 32, 34
멜랑콜리 316, 318, 320
모델 21, 23, 24, 25, 32, 34, 38, 50-51, 56, 58, 64, 72, 77, 102, 109, 205, 206, 213, 278, 341
뫼비우스의 띠 8, 58, 68, 115, 119
무위 212
문학 22, 24, 26, 28, 30, 32, 45, 47, 49, 55, 67, 73-75, 90, 209, 238, 248, 250, 254, 258, 260, 314, 316, 318, 320, 326
물리학 204, 206, 254, 258, 314, 342
물리학자 5, 6, 237, 289, 314, 330, 337, 342, 348
물질 24, 35, 36, 53, 55, 270, 300, 314, 316, 318, 320, 340, 341, 342, 343, 344, 354, 362
물질성 324, 326, 343

ㅂ

백화점 52, 54-55, 60, 62, 64
법 46, 58, 62, 66
「변신」 45, 47, 59, 61, 65, 67, 73, 341
불확정성 원리 22
비-존재 212
비-행위 212

ㅅ

사운드 285, 326, 328

사이버 스페이스 304
사진 24, 26, 30, 32, 36, 109, 111, 271, 302
상상(력) 29, 30, 49, 58, 66, 112, 114, 124, 130, 204-205, 236, 262, 264, 270, 272, 276, 286, 296, 308, 314, 343, 360
서울 21, 42, 44, 45, 47, 51, 53, 57, 59, 68, 135, 138, 146, 155-156, 160-161, 199, 241, 271, 293, 297, 315
「서울, 1964년 겨울」 45, 51, 59, 69, 73
소리 9, 34, 63, 96, 98, 107, 121, 123, 125, 129, 130, 132, 134, 143, 144, 148-150, 152, 155-157, 164-165, 197, 201, 203, 213, 215, 263, 271, 285, 297, 323, 325, 326, 328, 339, 342, 323, 363, 364
소설 7-8, 24, 29, 31-32, 34, 36, 50, 54-64, 66-68, 71-74, 89-90, 113, 117-118, 120, 209, 213, 238, 240, 252, 262, 264, 267, 286, 304, 320, 322, 324, 328, 330, 342, 344
수학 22, 24, 36, 39, 41, 50, 68, 91, 93, 97-98, 112-113, 115, 116, 117, 120, 204, 205, 254, 256, 257, 258, 262, 263, 264, 266, 282, 288, 338, 341, 342, 343, 350, 365
수학자 6-7, 32, 89, 97, 109, 111 , 112, 119, 264, 266,269, 322, 323, 330
수학적 모델 205, 206
수학적 상상력 58, 262, 21, 23, 38
쓰레기 162-168
시공간 6, 8, 9, 35, 39, 41, 43, 45, 47, 49, 51, 53, 57, 59, 61, 63, 65, 212, 215, 271, 341
시공간의 기하학적 구조 35
시공간적 좌표축 45, 47, 49, 63

ㅇ

안데르센 동화 26
알고리즘 9, 215, 226-232, 304, 306, 345
암흑 물질 294, 314, 316, 318, 320, 330
양자역학 22, 39, 288
『어린 왕자』 24, 34
언어의 물질성 324, 326
에너지 35, 199, 201, 266, 278, 288,344, 360
에너지 플랜 201-202
연결합 7-9, 116-118, 178-180, 204-206, 209, 213, 215, 267, 274, 276, 284, 286, 288, 304, 330, 344
예술 5-7, 9-10, 21, 23, 28, 31, 45, 56, 69, 71, 77-80, 90, 113-115, 181, 183,197, 199, 205-206, 213, 254, 256, 262, 267-268, 269, 270, 271, 274, 276, 278, 280, 282, 284, 286, 292, 294, 296, 298, 300, 302, 308, 310, 314, 316, 330, 336-347, 350, 360, 361
예술적 상상력 262
오온(伍蘊) 209
욕망 28, 40, 42, 44, 48, 49, 50, 51, 52, 53, 54, 60, 66, 68, 70, 72, 162, 353
우주 32, 35, 37, 39, 58, 296, 308, 314, 320, 330, 339
위상, 위상학, 위상수학 6-7, 36, 50, 52, 54, 56, 58, 64, 68, 117, 258, 272, 304, 339, 340, 341, 342, 350, 353, 354
유클리드 공간 68, 266
윤리 24, 47, 49, 53, 57, 62, 63, 75
윤리적 몸살 63
『이상한 나라의 앨리스』 32

『인어 공주』 26

ㅈ

자기동일성 66
자본주의 40, 48
자유주의 55, 57, 65
재생 205
정의 8, 31, 49, 260
「정크 스페이스」 38, 72
좌표 35, 45, 57, 65
좌표축 45, 47, 49, 53, 63
주어 240, 341
주체 49, 73
중력 35, 36, 39, 41, 343
지각 119

ㅊ

천장지구 8, 212-213
체계 10, 21, 62, 136, 256, 342, 360
체계화 236, 238
초끈이론 37, 41, 248, 254
추상성 165
추상적인 공간 119, 150
추상화 24, 72

ㅌ

타블로 비방 271, 273
타자 68, 166
탈주체 49
텍스트 30, 49, 56, 58, 61, 63-64, 69, 71-72, 75

ㅍ

프라하 47

피터팬신드롬 34

『필경사 바틀비』 58, 60, 62, 64, 66, 68, 209, 341

ㅎ

하이퍼큐브 22, 31, 36, 50, 77, 79, 206, 209, 341, 352

행위 7, 8, 9, 21, 23, 31, 36, 40, 48, 54, 66, 91, 98, 120, 180, 199, 201, 204, 205, 271, 285, 345

행위 중심의 도시 21, 23, 205-206, 341

행위자 215, 231

『허클베리 핀의 모험』 24

현대 21, 22, 32, 38, 40, 62, 64, 68, 72, 162, 165

현대 도시 165-166, 213, 300

현대 사회 71

현대 예술 199

현대 자본주의 40

현대문학 22, 23, 49

현대인 21, 70, 271

환유 69

효율 21, 23, 205, 340

흔적 8-9, 96, 201-202, 315

흔적의 사유 201